融媒体·新视听研究丛书

主动作为

新闻媒体推动社会文明进步的实践探索

许强 著

中国传媒大学出版社
·北京·

图书在版编目(CIP)数据

主动作为:新闻媒体推动社会文明进步的实践探索/许强著.--北京:中国传媒大学出版社,2023.12

ISBN 978-7-5657-3501-1

Ⅰ.①主… Ⅱ.①许… Ⅲ.①传播媒介-影响-社会主义精神文明建设-研究-中国 Ⅳ.①G206.2②D648

中国国家版本馆 CIP 数据核字(2023)第 229756 号

主动作为:新闻媒体推动社会文明进步的实践探索

ZHUDONG ZUOWEI:XINWEN MEITI TUIDONG SHEHUI WENMING JINBU DE SHIJIAN TANSUO

著 者	许 强
策划编辑	沈刘红
责任编辑	沈刘红
封面设计	拓美设计
责任印制	李志鹏
出版发行	中国传媒大学出版社
社 址	北京市朝阳区定福庄东街 1 号 邮 编 100024
电 话	86-10-65450528 65450532 传 真 65779405
网 址	http://cucp.cuc.edu.cn
经 销	全国新华书店
印 刷	艺堂印刷(天津)有限公司
开 本	710mm×1000mm 1/16
印 张	17
字 数	286 千字
版 次	2023 年 12 月第 1 版
印 次	2023 年 12 月第 1 次印刷
书 号	ISBN 978-7-5657-3501-1/G·3501 定 价 78.00 元

本社法律顾问:北京嘉润律师事务所 郭建平

自　序

尽微薄之力助文明进步

一

1989年7月，我迈进中央电视台的大门，成为新闻中心采访部的一名记者，当时的我满怀激情，对世界充满好奇。30多年过去了，新闻工作已经成为我生命中的一部分，我对它心存敬畏，我相信新闻的力量。

作为记者，我制作了"殡葬改革""北京出租车拒载"等报道；作为制片人、部门主任，我参与策划了"国庆50周年庆典""澳门回归""黄河小浪底截流"等直播，组织了"打击号贩子""小升初"等作品。在新闻中心的领导岗位上，我推出了"大国工匠""重读抗战家书"等一系列现象级的电视新闻作品，弘扬"爱国""敬业"的社会主义核心价值观；我和同事们坚守在"汶川地震""王家岭矿难""东方之星"号的救援现场，记录生命的顽强与珍贵；参与指挥了"朱日和阅兵""国庆70周年阅兵""建党100周年庆祝大会"等大型直播报道，感受着祖国日益强劲的脉搏。

从一个人的单打独斗，到带着团队冲锋陷阵，从一步步摸索、试错到为报道建立规范，从做新闻到审片子，从第一次受到观众的赞誉到获得20余次中国新闻奖，34年新闻人的生涯，竟如白驹过隙。

常常有人问我，你如何定义新闻人，怎么才能成为一个好的新闻人？怎么才能做出好的新闻报道？有秘籍吗？在自媒体飞速发展的今天，新闻人的工作还有价值吗？

刚当记者时的我也曾经苦苦寻求这些问题的答案,三十四年的经历,让我越来越相信一个道理——"绝知此事要躬行。"

二

2021年2月25日,习近平总书记在全国脱贫攻坚总结表彰大会上发表重要讲话,庄严宣告,我国脱贫攻坚战取得了全面胜利。8年的持续奋斗,832个贫困县全部摘帽,12.8万个贫困村全部出列,现行标准下近1亿农村贫困人口全部脱贫,如期完成了新时代脱贫攻坚目标任务!这是人类减贫史上史无前例的伟大实践,这是彪炳史册的人间奇迹!

在中央广播电视总台(以下简称总台)众多时政直播中,这是其中的一场。当时,我正在总台新闻中心的直播线上,前方团队用精准无误的画面向全世界传播了这个伟大的事件。当时的我心潮澎湃——这就是我们的时代,这就是中国!这就是新闻人的血脉,新闻人的土壤!

当代中国正经历着我国历史上最为广泛而深刻的社会变革,也正在进行着人类历史上最为宏大而独特的创新。作为新闻人,我和我的同事有幸参与其中,共同见证、亲历这个时代的伟大实践,记录和传播这些不可磨灭的火热记忆。

以人民为中心,心系人民,讴歌人民,就是要求我们转作风改文风,俯下身、沉下心,察实情、说实话、动真情,努力推出有思想、有温度、有品质的作品。一个波澜壮阔的伟大时代,一个日新月异的中国,14亿团结奋斗的中国人。我们没有理由不用心、不用力、不用情讲好"时代的故事",讲好"中国的故事"。

三

在最好的时代讲最好的故事,是新闻人的梦想。什么是好故事?如何找到好故事?怎样才能把好故事讲好?我想,这些问题最好的答案是:到一线去,到现场去!好新闻是"用脚走出来的",好记者"脚下有泥,心中有光"。

20世纪90年代初,我刚刚进入电视台,总会遇到一些资深记者不太愿意干的"小活儿",比如"传统服务行当重现北京街头",大家都嫌题材小,我去吧;"北京推行殡葬改革,举行第一次骨灰入海仪式",其他记者忌讳,我愿意拍……那些剃头师傅、擦鞋匠的絮絮叨叨,海葬撒灰人嘴里的生生死死,普通人的悲哀与欢喜,那些袅袅的人间烟火气,构筑了我记者生涯的底色。

2008年汶川地震发生后,我和同事们当天乘军用运输机抵达地震灾区现场,第一时间向北京发回报道,第一时间满足观众的收视需求。在这些"第一时间"的背后,是无法排解的灰暗与悲伤。现场目光所及,尽是残垣断壁和遇难者的遗体。但是我们不能让这种情绪通过电视蔓延开去,而是要努力给人们鼓励和信心!

于是,通过央视的屏幕,我们看到了在震后危房中坚持作业的救援队员、看到了在废墟中爬进爬出的现役将军、看到了"敬礼娃娃""可乐男孩"……看到了伤痛之后的一次次尝试、一次次感动、一次次成功。"汶川地震救援"报道,不但客观上推动了救援工作的进展,更以其前所未有的高关注度,促使全民族直观地看到了生命的顽强、珍贵和乐观、坚持。

我作为中央电视台《新闻联播》等新闻节目的把关人,深感责任和使命重大。央视启动了"联播头条"工程,近年来推出了《十八洞村扶贫故事》《脱贫军令状》等一批说事与说理并举的节目,系统阐释习近平总书记系列讲话精神和治国理政新理念,在新闻界和社会上产生了强烈反响,这些作品传达的都是正能量,而这些正能量正是推动社会进步的基础。从四川昭觉县"悬崖村"到湖南湘西的十八洞村,再到广西融水县的大里村……我们用数千则报道见证了这些乡村不仅摘下了穷帽子,而且"农业强起来了,农村美起来了,农民富起来了",老百姓的日子越过越红火。

新闻现场,就是新闻记者的战场。抵达、了解、融入,才能最大限度地接近真相,才能最真切地感受到当事人的处境。在这个战场上,没有拳拳到肉的历练,就没有字字珠玑的文章,更捕捉不到叩击灵魂的画面。在媒体融合发展的今天,我们的采写思路和方式或许在变,但职责和使命不变,新闻人的战场不变。

无论是职场新人还是业界的大咖,对采访永保兴奋状态,对屏幕永持敬畏之心,对观众永怀虔诚之意,对新鲜事物永怀好奇心和探索精神;用脚力丈量,用眼力观察,用脑力思索,用笔力书写,我们永远在路上。

四

在中国共产党历史展览馆的展厅里,有一副李大钊亲笔书写的对联——"铁肩担道义,妙手著文章",这几乎是所有新闻人踏进新闻行业时的座右铭。守望公平,捍卫正义,做社会进步的推动者,做公平正义的守望者;这件事知易行难。

曾经,恶意拒载成为北京市出租车行业的"顽疾",老百姓怨声载道。甚至有过乘客被司机故意甩下车去,直接摔致昏迷的案例!为了调查拒载的根本原因,我带着同事们把摄像机往箱子里一藏或是用衣服把机器一裹,就钻进了一辆辆"面的"。一趟趟出租车坐下来、一次次拒载亲历下来,真相终于大白。随后,这组调查报道在央视连续播出了整整12天,在社会上引起了巨大反响,直接推动相关管理单位对北京市的出租车市场进行了大幅度的治理和行业规则的深入修订,一举扭转了北京街头"十辆出租九拒载"的局面,并且深刻影响了全国的出租车行业建设与城市发展管理。

还有"警惕电信诈骗""小升初择校调查""文明旅游出行""交通安全在行动"等多个系列的新闻作品,都在点滴之间以建设性监督影响社会、成风化人。

有人说,建立规则太难了,改变人心更是难上加难。仅凭一则报道,难以拆除偏见的围墙,也难以改变行业的乱象。

我们要相信"相信的力量","好多人往后的时候,你要往前;很多人失望的时候,你要看到希望"。终有一天,偏见可以慢慢被消除,规则会不断建立,制度将步步完善。在报道时,我们看到了问题,迎着问题上;如果一篇报道不行,那就一组报道,如果一年的关注还不够,那就十年。驰而不息,久久为功。

五

大艺术家罗丹曾经说过:"生活中并非没有美,而是缺少发现美的眼睛。"对新闻人物的挖掘也是如此。

我们曾经有一个栏目叫《真诚·沟通》,它一反以往容易出现的形象高大的典型宣传的方式,聚焦的对象大都是普通人。我们努力捕捉的,不是一个人或者一个群体如何优秀,而是他的一种有价值的状态和感觉,这种状态和感觉,大家都乐于分享。我们追求"尖锐的打动,安静的震撼"。沟通,意味着一种交流前后的变化和反差,或者,对这种变化的期待。心理有了某种失衡,才需要沟通。我们找到的不是客观物化的解决办法,而是寻求心态和谐的思维方式。

比如铁路巡路员计文革的故事。30多年来,他一直是中国最北端、黑龙江漠河的巡路员,每天的任务就是每当火车要过来时,按要求把相关的物件整理得整整齐齐,然后立正敬礼,目送火车远去。那一段铁道上虽然只有他一个人,但他丝毫不含糊持续三十年"简单的、庄重的坚持"。比如大勺哥——他每天凌晨3点钟,就带着14口锅去摆摊,靠这个挣钱,供自己的孩子上大学。他爱自己的孩子,供养孩子,他通过辛苦的合法劳动,而不是投机取巧。他很陶醉自己的生活,每天生意一结束,就哼着曲儿,高高兴兴地回家。这种状态和心态值得尊敬,我们就是要弘扬这种踏踏实实做人的精神。

再比如农民工兄弟老董,在工地上啥活儿都干、什么人都帮,旁人都笑话他是"傻子",十五年后他当上了公司的副总经理,因为他样样懂、样样通。他的表达不太好,但有一句话打动了我,他说,"老实人多干活不是吃亏,干得越多,懂得越多!"这是多么朴素的人生智慧啊!

2017年被很多人称作是"短视频元年",而我们在2002年,已经开始了这种用"精短影像沟通心灵"的电视实践了。用90秒的片子,刻画一个人和他的精神,传递意义和价值,引发观众的思考,与观众进行心与心的沟通。很多观众和我交流时,会提起他多年前在《真诚沟通》中看过的某个人说过的某句话,"击中"了他,"警醒"了他,让他"在那段灰暗的日子里看到了一道光",这于我,是莫大的欣慰。

我们还有一档节目叫《大国工匠》,到去年已经做到第十季了。朋友戏言,这节目够大牌的,比好多综艺节目还长寿!这档长寿的节目,没有一个明星,没有一个名人;记录的都是不被人们留意的"匠人"。我们把这个最普通的工匠群体搬上了最高舞台,有焊接火箭"心脏"的高凤林,有钟表修复师王津恪,有为C919打磨零件的胡双钱……《大国工匠》让人们看到,"爱岗敬业,视职业为生命"的他们,同样是伟大的人。我们在节目策划之初提出的"工匠精神",不仅成为全国两会政府工作报告中专门提到的"关键词",更赢得了全社会的认可、尊敬和大力倡导。

修身琢业,匠人匠心,我在采访中感悟,也历练着自己的工匠精神。

六

2010年3月28日,山西王家岭煤矿发生重大事故,153名工人被困井下,生死未卜。救援行动推进得非常艰难,新闻频道连续直播了三天,仍然没有等到好消息。最初蜂拥而至的其他媒体都已经纷纷撤离。此时,我身上背负着巨大的压力,外部的,有关方面说透水事故很难有人生还,救援的"黄金72小时"都过了,还没有救出人来,你们电视台就别直播了,等到最后报个结果得了;内部的,前方记者已经在寒风野地里"露营"三天了,非常疲惫,而且车辆、设备、直播的卫星线路都在不断耗费成本,是不是可以减一减?停一停?

在这样的重压之下,我不想退缩,也不能退缩。我还清楚地记得,在3月31日晚上的新闻总结会上,我说,第一,前方的兄弟们辛苦了!我已经调派后勤部门带上物资前往支援,希望大家能再加把劲!第二,人员不能撤,直播不能停!直到找到井下每一位矿工的下落!

在人命关天的时刻,我们唯有相信,唯有坚守!第五天,奇迹发生了,井下传出敲击声!第八天,受困矿工开始陆续升井!当时矿工们是从两个矿口同时升井的,我们在每个矿口都布置了专人统计人数,把总人数用最醒目的黄色标题打在直播画面上,不断更新。每个数字都是一条人命!对当时的所有观众而言,没有什么信息比这个更重要!当一名又一名获救矿工出现在矿口,屏幕上的数字也不断跳动:从11……20……26……30……直到70……80……90……115。伴随着现场救护车不断地往来嘶鸣,导播间里掌声阵阵,编辑、导播、技术人员边切换、边鼓掌、边流泪……

八天八夜,我们与现场的救援人员一起,迎来了115名矿工的新生。当获救的矿工顺利升井时,掌声四起。我的内心充盈着一种巨大的幸福感:我的职业生涯居然还可以参与到抢救生命的过程,这是读书时没有想到的。

王家岭矿难救援直播成为中国电视新闻报道的一次新突破,关注生命本身,通过直播展现生命的伟大,也通过直播表达生命的脆弱,并在安全生产制度建设上发挥了建设性的作用。中央领导同志批示:"电视直播是王家岭矿难救援的一部分。"这次直播也受到业界专家和国际同行的高度认可,该节目荣获中国新闻奖电视现场直播类一等奖和亚广联新闻大奖。

也是在这次报道中,形成了突发事件报道的几个基本原则:一定要"准字当先、准中求快",记者要做到"速报事实、慎报原因",严守突发事件"四不"原则(不随意猜测、不影响救援、不过度渲染、不情绪化表达)。对于突发事件尤其是重大灾难事件报道,这些是原则也是底线,一步也错不得。

七

2016年2月19日,习近平总书记在党的新闻舆论工作座谈会上指出:"党的新闻舆论工作是党的一项重要工作,是治国理政、定国安邦的大事。"新闻舆论的功能得到了彰显和更加有意识、更加自觉地使用和发挥。

也是在此次座谈会上,习近平总书记将新闻舆论工作者的角色精准定位为"四者"——引导广大新闻舆论工作者做党的政策主张的传播者、时代风云的记录者、社会进步的推动者、公平正义的守望者。"党的政策主张的传播者",是新闻舆论工作者为党为民的角色定位。"时代风云的记录者",明确了新闻舆论工作者这一职业角色的职业行为。"社会进步的推动者、公平正义的守望者",为新闻舆论工作者明晰了这一职业角色的责任和义务。"四者"的角色定位,是党中央对新闻工作者的要求,也是新闻工作者的本分。

"四者"理念恰好切中了新闻事业、新闻工作的规律和要害!我作为一名新闻工作者,就是要用永不停歇的新闻实践,去践行习总书记所提出的"四者"先进理念——在一线反映人民心声,用报道记录时代精神;用行动传播中国声音。

作为一名新闻工作者,我曾经在采访、编辑、策划、制片人、监审的岗位,在一场场新闻报道中主动作为,记录时代风云,褒扬、推动这其中的文明进步,每一帧画面、每一秒声音,都已经成为社会文明进步之路上的坚实脚印!新闻人的长跑还将继续,我们,永远在路上!

目 录 Contents

第一章　服务国家发展：现代化进程中的媒体使命　/ 1
　一、主动发掘典型，服务国家发展大局　/ 1
　二、精心创作节目，破译人物内心　/ 4
　三、实现个人价值、社会价值和国家价值的有机融合　/ 11
　四、打造全媒体传播，提升融合传播效果　/ 14
　五、小结：宏大叙事要善于讲好故事　/ 16
　附作品　/ 17
　　作品一：《大国工匠》系列作品　/ 17

第二章　记录时代风采：讲好新时代中国故事　/ 49
　一、把脉时代：让主题报道长筋骨　/ 50
　二、讲好故事：让主题报道换面孔　/ 52
　三、敢于突破：拓展主题报道疆域　/ 58
　四、探索新路：创新主题报道表达　/ 59
　五、小结：细微之处记录时代风采　/ 61
　附作品　/ 63

作品一:《"十八洞村"扶贫故事》/ 63

作品二:《"悬崖村"扶贫纪事》/ 82

第三章　助力社会治理:社会文明进步的媒体赋能　/ 94

一、小中见大,记录社会变迁 / 94

二、针砭时弊,捍卫社会正义 / 97

三、聚焦民生,反映群众呼声 / 102

四、水滴石穿,助推法治建设 / 105

五、小结:新闻工作者要对人民怀有深厚的感情 / 108

附作品 / 110

作品一:《一些传统服务行当重现北京街头》/ 110

作品二:《逝者如斯,魂系何处》/ 112

作品三:《北京"面的"拒载现象严重》/ 114

作品四:《号贩子相关报道》/ 123

作品五:《路权行动》/ 141

第四章　助推精神文明:凝聚现代社会的文明共识　/ 146

一、守正创新,弘扬先进文化 / 146

二、真诚沟通,传播主流价值观 / 151

三、发掘史料,振奋民族精气神 / 168

四、小结:主动作为,承担起助推精神文明的使命 / 179

附作品 / 182

作品一:《重读抗战家书》系列作品 / 182

作品二:《真诚·沟通》系列作品 / 205

第五章　恪守职业伦理：增强媒体履责的内在动力　/ 219

　一、真实客观：完整记录新闻现场　/ 220

　二、尊重生命：彰显人文主义理念　/ 225

　三、回应关切：引导社会舆论走向　/ 232

　四、小结：坚守伦理底线是媒体公信力的根基　/ 234

　附作品　/ 237

　作品一：《"3·28"王家岭煤矿透水事故》　/ 237

　作品二：《"黄手环"行动》　/ 257

第一章 服务国家发展：现代化进程中的媒体使命

全面建成社会主义现代化强国，以中国式现代化推进中华民族伟大复兴，是我国在新的征程上的奋斗目标。中国式现代化建设进程中，新闻媒体有着重要的历史使命。作为社会文明进步的推动者，主流媒体要主动作为，服务国家发展，善于从大局出发找到推动社会文明进步的关键抓手。中央广播电视总台（以下简称"总台"，2018年3月，由中央电视台、中央人民广播电台、中国国际广播电台合并而成）坚持把服务国家发展作为重要使命，在做好国家战略报道的同时，主动出击，抓住社会发展的关键环节。一些社会上的典型事件经过其报道之后甚至成为国家制定政策的参考。

一、主动发掘典型，服务国家发展大局

从"西部开发""振兴东北""中部崛起"，到"乡村振兴""一带一路"，一系列事关国家发展全局的重大战略落地实施，这切实推动了我国经济社会的快速发展。而通过全面报道服务国家发展大局是主流媒体的职责所在。

《大国工匠》节目正是总台主动作为、服务国家发展的典型。作为总台主动策划推出的节目，《大国工匠》以"工匠"为典型，而努力培养造就更多大国工匠是党的二十大报告中的重要内容。该节目适应时代发展之需，以媒体行动切实为社会文明进步作出了探索。

对于新闻媒体来说，难点在于如何寻找这类重大主题。我们认为，关键在于契合时代特色和时代需求。无论是一篇新闻报道，还是一档新闻节目，要使之发挥推动社会文明进步的作用，就要契合时代需求和时代特色。这需要主流媒体和主流媒体人主动作为，以超强的新闻敏感把握时代的脉搏。

从源头来看,"大国工匠"的提出最早可以溯源到2015年"五一特别节目"的策划。在这次"五一特别节目"策划会上,有记者讲述了一位工匠的故事和他的思考,提出能不能做一档系列节目《寻找匠人精神》。这个故事打动和吸引了很多人。随着时代的进步,工人队伍中知识型高技能人才大量涌现,他们是新时代懂技术、能创新的佼佼者,而且国家每年都会颁发全国五一劳动奖章,可是让我们真正了解他们、走近他们的报道却不多。于是,我们准备聚焦这个群体。

《大国工匠》节目的灵感则来自记者和创业者的一次交流。这位创业者讲述了一位老人坚持用手工打造晶体管收音机的故事,因为他觉得只有手工打造才能给人带来美妙的听觉感受。这位创业者说,在这个有些浮躁、沉不下心来的社会里,老人追求极致的匠人精神感动了他。这次交谈对我们的创作团队有很大的触动,我们也在想,为什么一谈到匠人精神,大家总喜欢说瑞士钟表、德国制造?难道中国真的缺少匠人精神?还是说我们忽视了这种精神的存在?

从节目设想到最终推出,这个系列节目在名称上经历几番变化和调整。从《大国匠人》到《大工匠》,再到最终确定《大国工匠》,虽然只是几个字的重新排列组合,但背后却是大家思路一次次激烈碰撞后形成的共识,那就是凸显节目对以"工匠"为代表的劳动者的尊敬,反映节目对"匠心"这一劳动价值与精神的深层追求。在明确了节目定位和人物选择后,我们把节目切入点选择在"彰显中国制造业最高水平的大工程"上,如此一来,"最高水平的大工程"和"技艺超群的最基层工匠"对接在一起,主题报道和时代诉求之间形成了很好的契合点,这也为整个报道的成功奠定了基础。

就这样,创作团队从日常工作中,敏锐地捕捉到一个重要议题。平时不受关注的工匠们,经过节目的报道之后,受到社会各界的广泛关注,"大国工匠"在我们主动作为之下上升为国家议题,大国工匠成为现代化进程中的一支重要力量。

2022年4月27日,首届"大国工匠"创新交流大会在京开幕。中共中央总书记、国家主席、中央军委主席习近平发来贺信,向大会的举办表示热烈的祝贺,并在"五一"国际劳动节到来之际,代表党中央向广大技能人才和劳动模范致以诚挚的问候,向广大劳动群众致以节日的祝贺。习近平在贺信中强调,技术工人队伍是支撑中国制造、中国创造的重要力量。我国工人阶级和广大劳动群众要大力弘扬劳模精神、劳动精神、工匠精神,适应当今世界科技革命和产业变革的需要,勤学苦练、深入钻研、勇于创新、敢为人先,不断提高技术技能水平,为推动高质量发展、实施制造强国战略、全面建设社会主义现代化国家贡献智慧和力量。新修订的《中华人民共和国职业教育法》2022年5月1日起正式施行,新法明确规定了职业教育与普通教育具有同等重要地位,为未来中国培养更多的"大国工匠"提供法律支撑。

总台新闻频道连续8年推出系列节目《大国工匠》,是对社会变化和时代呼唤的一种敏锐洞察,是新闻媒体所承担的"社会瞭望者"这一功能的生动实践。

"光盘行动"是推行文明用餐理念的重要举措。为推动"厉行节约、拒绝浪费"深入人们内心和日常生活,总台新闻频道围绕"浪费"和"节约"话题展开一系列集中报道,对推进"光盘行动"起到了重要作用。自2013年我国开展"光盘行动"以来,点菜适量、剩餐打包等文明用餐的理念开始深入人心,但是一些餐饮浪费的现象仍然存在。勤俭节约的传统美德,反映出外在"节用"和内在"节欲"的辩证统一。厉行节约、拒绝"舌尖上的浪费",还需要从我们每一个人做起。厉行节约、反对浪费也是实施国家粮食安全战略的必然要求。餐饮浪费不是小事,事关我国粮食安全,事关社会道德风尚,事关良好作风的养成。习近平总书记高度重视粮食安全问题,把粮食安全纳入国家安全大局。新闻频道解读习总书记制止餐饮浪费的重要指示,通过实地调查、专家访谈、街头采访等形式,向全社会曝光典型浪费行为,为制止餐饮浪费行为支着。采用系列报道的形式,营造"厉行节约、反对浪费"的社会风尚,强调制止餐饮浪费的重要意义,聚焦各地餐饮行业,让"勤俭节约之风"再度兴起。

新闻频道于2020年8月11日播出《餐饮浪费 如何制止？餐桌浪费现象仍有发生》,独家挖掘"大胃王"吃播乱象。选取当时自媒体流行的所谓"大胃王"直播这种极端案例,点名批评某些自媒体"大胃王"吃播催吐,浪费严重。该报道独家制作,具有时效性、精准度以及引领性。报道点名批评吃播浪费后,多家媒体跟进报道,起底"吃播"行业乱象,对"大胃王"吃播浪费、催吐、推销等行为进行批判。相关微博热搜阅读量达13.7亿次,引发舆论聚焦吃播浪费、催吐等行业乱象,呼吁打击和引导并行,倡导"吃播"行业良性发展。斗鱼、抖音、快手等多平台相关负责人也作出回应,将加强对美食类直播内容的审核,对吃播内容有浪费粮食,或以假吃、催吐、宣扬量大多吃等方式博眼球的行为,平台给予删除作品、关停直播、封禁账号等处罚。在新的时代背景下,新闻频道强化媒体功能,履行媒体职责,彰显媒体主动服务国家战略所带来的影响力,推动《中华人民共和国反食品浪费法》明文处罚"大胃王吃播"(十三届全国人大常委会第二十八次会议表决通过该法,根据该法,制作、发布、传播暴饮暴食视频节目的,最高罚款10万元)。

新闻频道《东方时空》栏目于2020年8月12日播出《"剩宴"为何难禁》,集纳"大型餐馆 聚会宴席仍是浪费'重灾区'""管住浪费 餐饮企业有'妙招'""餐饮酒店 源头抓起 考核倒逼 减少餐饮浪费""食堂自助餐称重计费 厨余垃圾减少3/4"等议题,组合式、全方位、多维度、多层面、立体化地展示新闻事件全貌,揭示社会现状,扩大新闻影响力。报道深入一线实地探访,聚焦各地餐饮行业。河北石家庄、浙江嘉兴、安徽合肥等地的餐饮行业根据实际情况推行了不同的举措,比如"小份菜""半份菜""拼盘套餐"等点单新选择,实行分餐制、自助餐称重等就餐新方式。各地也多角度找问题,例如要求点餐员在食客点餐时进行指引,利用月度考核去规范点餐员工作。一方面,《"剩宴"为何难禁》报道向全社会推广制止餐饮浪费的好经验、好做法;另一方面,新闻镜头也呈现了餐饮企业前台、电梯走廊等显眼位置随处可见的"以俭养德文明用餐""文明餐桌公约"宣传语,以此唤起公众粮食安全危机意识,让制止餐饮浪费行为的重要意义深入人心。

新闻频道于2020年8月13日播出的《焦点访谈》同样采用纪实手法,以"一粥一饭 不易且重大"为主题,画面直观呈现因多下单而浪费的菜肴源源不断地被扔进后厨垃圾桶,如实地反映出发生在公众身边的餐饮浪费现象。中国科学院地理科学与资源研究所研究员成升魁道明了正确的消费观,"我们鼓励消费不等于鼓励浪费,刺激消费不等于刺激浪费",提醒公众时刻保持粮食安全危机意识。报道还结合中国科学院地理科学与资源研究所和世界自然基金会联合发布的《中国城市餐饮食物浪费报告》,深刻指出当前餐饮浪费现象普遍存在、亟待改变,制止餐饮浪费对于保障我国整体粮食安全意义重大。

在倡导"光盘行动"中,总台《东方时空》《焦点访谈》《共同关注》《新闻1+1》等系列品牌节目,以"制止餐饮浪费 厉行勤俭节约"为主题进行了广泛报道和深度解读。新闻频道围绕"制止餐饮浪费 厉行勤俭节约"的报道是持续性的,新闻媒体积极作为,以深入浅出的报道内容、贴近生活的实地采访、润物无声的传播效果,推动全社会制止餐饮浪费行为,有力度,有声势,有效果,有担当。

二、精心创作节目,破译人物内心

在互联网环境下,人们每天接触大量的信息,却不可能逐一查看。这对媒体来说,就要提高作品的感染力和吸引力,否则很难在信息海洋中脱颖而出。新闻媒体服务国家战略,仅仅有宏观的宣传报道,很难吸引人们去关注,选题的确定只是一个开始,节目的创作、人物个性的体现和内心的揭示,才是更大的挑战。

为此,《大国工匠》在节目创作上精心策划。《大国工匠》系列节目,在新闻频道播出时每集约10分钟,而在《新闻联播》中播出精编版时,则每集平均不足5分钟。这样的节目时长,在央视算不上大制作,但却产生了异乎寻常的大影响,这得益于全体创作人员对节目创新的执着追求。

首先是采访环节的平等交流。记者作为记录者和报道者,采访中不能有高高在上的姿态,而要深入民众、深入基层。在采访大国工匠时,记者深入生产一线,将目光对准现实,将镜头聚焦生活,真诚地与"大国工匠"们平等交流,倾听他们的心声,记录他们的足迹,以说理不说教、传输不灌输的新文风新样态,实现了主题报道的精准传播。

其次是对细节的把握至关重要,这有助于更好地理解人物精神世界。《大国工匠》节目中展示的工匠师傅们干的都是精细活儿,常常一干就是几个小时。为了展现这些单调但精微的工作,记者们尝试采用了100微距的摄像头,力争使每一个微细的画面都展现出精妙的美感。滴水掘金的潘从明师傅能从矿石废渣里提取含量极少的铂族贵金属,而且能凭一双肉眼,看出萃取溶液中贵金属和杂质的含量,他的这项绝技也恰恰是节目采访的最大难点(如图1-1)。记者在11天的采访中,使出浑身解数,穷尽各种手段,力图展示潘从明的绝技。为了真实呈现核燃料操作师乔素凯的工作,记者深入最危险的核燃料厂房,每次走进核电站控制区核燃料厂房,都要经过五道密码门、穿七件套的衣服,每天至少拍摄七小时。这期间,记者不能吃、不能喝、不能接打电话,甚至不能上厕所。

图1-1 《大国工匠》潘从明:滴水掘金 精炼人生

工匠韩利萍是操作数控机床的,她手上的动作很少,要在镜头上出彩,拍摄难度很大。为了解决韩利萍工作场景单调的问题,摄像师自带了微单和稳定器,通过运动镜头,使整个操作环节和厂房的镜头都变得灵动起来。拍摄川藏铁路爆破王彭祥华时,编导在西藏海拔3000多米的铁路施工现场驻扎了半个月,经历了10多次隧道爆破,真实记录了爆破后出现的险情和彭祥华的果断处置,以及其在危难面前的挺身而出。这些细节不用太多语言,真实地呈现就感动了无数观众和网友。而在拍摄古丝绸修复师王亚蓉时,记者用了半个月的时间拍摄王亚蓉重现东周丝绸原貌的过程。由于丝绸和泥土混在一起,复原工作极其精细,编导捕捉到了王亚蓉用小镊子捡砂砾、用毛笔一点一点拂去泥土的细节。尤其是在忘我工作时,她竟然用嘴轻抿毛笔尖,完全忘记了这些都是从古墓里挖掘出来的东西,这个小小的细节,感动了无数的观众,也让观众对这位古丝绸修复工匠肃然起敬(如图1-2)。

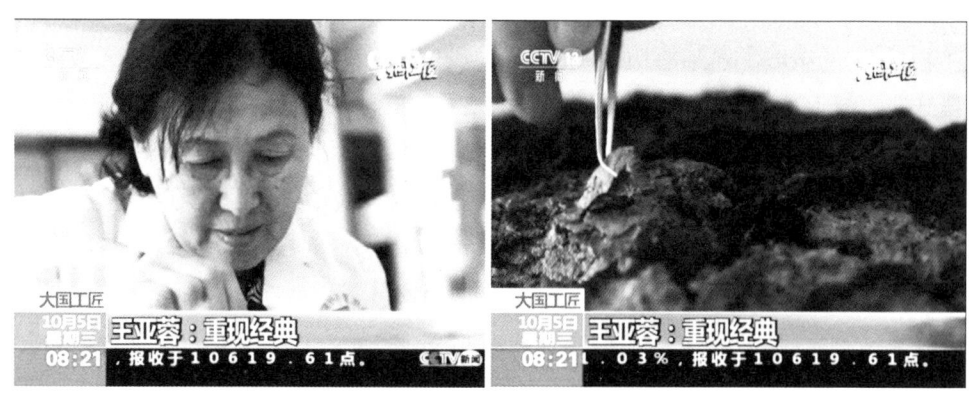

图1-2 《大国工匠》王亚蓉:重现经典

在《大国工匠》节目中,这样的细节成为故事的主要情节,也成为破解大国工匠心灵的密码,观众和网友通过这些细节,进一步了解了他们的内心世界,走进了他们的精神家园。正是所有创作人员认真对待每一个镜头、反复精选每一帧画面,才最终为观众呈现了一部有深度、有锐度也有温度的优秀新闻作品。也通过这样一次新闻实践,我们打造了一支追求完美、坚韧不拔的具有"工匠精神"的新闻队伍。

再次,要善于根据采访对象特点进行采访,挖掘深层次信息。在新闻报道过程中,采访对象是重要一环,不善言辞的采访对象是对记者能力的考验。想要讲好各位大国工匠的故事并不容易,因为他们有着一个共同的特点——不善言辞。一位徒弟这样评价他的师傅，师傅干活"没的说"，不干活时也"没的说"，可是如果师傅都没的说，电视报道就没法做了。

不善言辞的工匠如何适应电视拍摄的要求？其实，这些大国工匠的精神世界，很多都体现在了他们的工作中，所以尽管拍摄时间紧张，但记者还是沉下心来和采访对象接触，去寻找和挖掘他们身上最质朴、最触动人心的东西。

各位师傅刚开始有些不适应，身边突然多了几个如影随形的人，除了睡觉、上厕所，记者几乎所有时间都和他们待在一起，师傅们工作时，记者就在旁边观察他们干活儿时的神态……他们休息时，记者就和他们一起休息，同一张桌子吃饭、聊天……在这个过程中，记者听到了一句句发自灵魂深处的质朴"金句"。

最后，对电视节目而言，好的拍摄是讲好故事的基础。讲好《大国工匠》故事，拍摄非常不易。由于师傅们干的都是精细活儿，镜头很难表现。不仅如此，师傅们的工作动作很单一，焊接、打磨、钻孔，一干就是几个小时，而且纹丝不动，画面也很难丰富。为此，记者采用了很多办法。通常师傅干几个小时，记者就拍几个小时，但真正拍摄的镜头却并不多，大部分时间都在琢磨用光和拍摄角度，为了抓拍师傅工作时的手部细节，摄像师将 Go Pro（一种运动相机）绑在自己的手腕上进行抓拍。此外，摄制组还启用 5D Ⅱ 等新设备，并配备强大的灯光和音频设备，甚至采用无人机航拍等手段，堪称"武装到了牙齿"，极大地拓展了主创人员发挥想象力的空间。跟随工匠骑车上班的运动镜头，聚焦微米级工具的微距镜头，完全跟随人物动作的主观镜头，大气磅礴的航拍镜头，这些在普通新闻报道中不常见的镜头，不仅凸显了匠人的质朴和专注，更传达出一种独特的劳动之美。

给火箭焊"心脏"的高凤林师傅从事的氩弧焊发出的弧光，对眼睛的伤害是电焊光的5倍。采访的时候，高凤林师傅多次提醒记者，不要直视弧光，对眼睛不好，可是为了展现高师傅细微的焊接工艺，记者每次拍摄时都坚持不用防护罩，而是近距离拍摄氩弧焊的弧光（如图 1-3）。每拍完一组镜头，记者都不得不闭会儿眼睛，调整一下。创作团队用心体会，精心拍摄，最终将几位大国工匠的故事，有血有肉地呈现在观众面前，让观众在为师傅们精湛技艺惊叹的同时，也被他们的故事感动。

媒体创作节目时，除了上述采访和创作上需要解决的问题，还面临一个普遍问题：如何在短时间内完成节目制作？新闻报道讲究"时度效"，不能在合适的时间推出作品，节目效果可能就会受到影响。对记者来说，制作节目并非按部就班的程序化工作，赶时间是家常便饭。在短时间内完成新闻节目制作，是每一位新闻人都可

图1-3 《大国工匠》火箭"心脏"焊接人:高凤林

能面临的工作状态。

《大国工匠》节目制作时间非常紧迫。因为主创人员把2/3的时间都用在了给节目定位和大海捞针式寻找采访对象上,最终给记者留下的采访时间,最长的5天,最短的只有3天。为了完成报道任务,记者也是在用强大的精神力量和踏实肯干的匠人精神支撑。

为便于沟通,《大国工匠》报道团队建立了微信工作群。创作人员在这个工作群里进行沟通,大到采访拍摄要求,小到一个镜头、一句话的调整,大家集思广益。整个团队都是在以匠人之心打造完美作品,体现出其对新闻事业的满腔热爱、对新闻作品的高度负责。正是因为有这种精益求精的团队作风,他们才最终打造出这样的精品力作。

这群不平凡劳动者的成功之路,不是进名牌大学,拿耀眼文凭,而是默默坚守,孜孜以求,在平凡岗位上,追求职业技能的完美和极致,最终脱颖而出,跻身"国宝级"技工行列,成为一个领域不可或缺的人才。

第一批8位大国工匠的故事一经播出,立刻在社会上引起强烈反响。

管延安:港珠澳大桥钳工。以匠人之心追求技艺的极致,让海底隧道成为他实现梦想的平台。

高凤林:火箭发动机焊接第一人。30多年来他始终做着同一件事,即为火箭焊"心脏"。"很多企业试图用高薪聘请他,甚至有人开出几倍工资加两套北京住房的诱人条件。"但是高凤林却说,"我们的成果打入太空,这样的满足感用金钱买不到"。他为国奉献的精神,令我们感动。

周东红:宣纸制造高级技师。30年来始终保持着成品率100%的纪录,他加工的纸成为韩美林等著名画家及国家画院的御用画纸。

胡双钱:创造了"打磨过的零件百分之百合格"的惊人纪录。在中国新一代大飞机C919的首架样机上,有他亲手打磨出来的"前无古人"的全新零部件(如图1-4)。

图1-4 《大国工匠》航空"手艺人":胡双钱

孟剑锋:国家高级工艺美术技师。经过百万次的精雕细琢,他在纯银果盘上雕刻出令人叹为观止的"丝巾"。

张冬伟:造船集团焊工。他的焊接质量百分百保障,且外观上完美无缺。

宁允展:CRH380A的首席研磨师,中国第一位从事高铁列车转向架"定位臂"研磨的工人,被同行称为"鼻祖"。

顾秋亮:"两丝"钳工。他锉出的产品,误差小于1毫米的1/100,相当于一根头发丝的1/10。他将中国载人潜水器"蛟龙"的组装精密度做到"丝"级,成功把"蛟龙"送入海底。全中国能实现精密度达到"丝"级的只有他一人。

报道的播出带动新闻频道同一时段收视率提升近1倍,网上好评率高达91%,如此之高的好评率十分罕见。

媒体主动作为,设置议题,单靠几期节目,效果是有限的。打铁需趁热,在第一期节目取得巨大成功之后,我们紧接着推出了《大国工匠》第二季"为国铸剑"作为"国庆节特别节目",重点聚焦军工行业技术工人。由于这类选材更加注重新闻性和揭秘性,我们以抗战胜利纪念日阅兵式中的主力装备为切入点,聚焦装备背后9位长年躬耕于军工领域、默默无闻却技艺过人、对装备研发有突出贡献的一线技术人员;展现阅兵装备的细节和研制过程,首次揭开军工技术人员的神秘面纱。节目诠释了军工领域劳动者舍小家为大家、把一切献给国防事业、为实现"两个一百年"奋斗目标、实现中华民族伟大复兴的中国梦而不懈努力的家国情怀。

报道选取的这9位大装备里的小人物,都是阅兵式主力装备背后的军工制造技术达人。

焊工卢仁峰:攻克了坦克高强度钢板焊接开裂的难关,不仅让阅兵场上的装甲方队雄壮威武,而且使装甲战车能够经得起实战考验。但谁能想到,他的左手残缺(如图1-5)。

图1-5 《大国工匠 为国铸剑》卢仁峰:单手焊接坚固"铁骑"

给歼-15舰载机生产标准件的方文墨:手工加工精度超过数控机床,突破了教科书上人类手工加工能力的极限(如图1-6)。

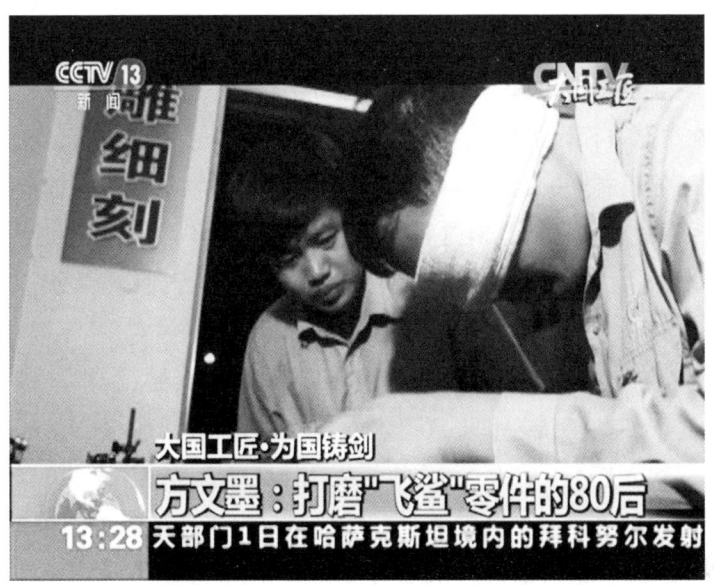

图 1-6 《大国工匠 为国铸剑》方文墨：打磨"飞鲨"零件的 80 后

为导弹发动机雕刻火药药面的徐立平：从业 28 年，伴随他的是一个火星子就可能失去生命的高度危险性工作。

为战机焊接核心电子器件的潘玉华：坚定地追求让战机零缺陷升空。

铸造导弹舱体的老军工人毛腊生：在大山深处的三线基地里，和砂子打了一辈子交道，不善言辞的他把所有的心声都吐露给了不会说话的砂子。

国防尖端武器的研发和试验，离不开这些脚踏实地、一丝不苟、埋头实干的高级技术人员。他们用自己默默的坚守诠释着"以身许国、精忠报国"的爱国情怀。9 位工匠有一个共同的特点，就是把生命中最好的时光、最大的精力都献给了他们钟爱的祖国国防事业。他们所诠释的，就是这个时代的价值灯塔。

三、实现个人价值、社会价值和国家价值的有机融合

国家发展需要每一个人的参与。在中华传统文化的影响下，家国情怀是中国人独有的文化传承，一个人个人价值的实现，往往通过其社会价值和国家价值得以呈现。因此，新闻报道要服务国家战略，推动社会文明进步，需要在实践中把个人

价值、社会价值和国家价值进行有机融合。在助力中国式现代化的实践中,这种有机融合需要媒体善于从小处入手,才能更好地引发社会的共鸣。"工匠精神"很好地抓住了这三者的契合点。

首先,在选题方面,《大国工匠》节目做到了立意高远。在中华民族几千年的文化传承中,"工匠精神"一直都在,中国式的"师徒"关系就是这种精神传承与发扬的生动体现,现在缺少的是社会对这种精神的发现。《大国工匠》节目把握住了这一时代所需,立足于火热的现实生活,积极挖掘普通一线工人身上的闪光点,通过电视这种全新视角,将其呈现在观众面前。

《大国工匠》所选取的领域,既有举世瞩目的航天、高铁、造船、桥梁、飞机等能够体现行业工匠们精湛技艺和极致追求的现代顶尖制造行业,也有名扬天下的中国宣纸制作等跟人们衣、食、住、行密切相关的传统优秀品牌工艺,还有以抗战胜利纪念日阅兵式中的主力装备为切入点的军工领域。报道在选材上可谓丰富多彩,极具代表性、社会性和新闻性,展示了中国在从"中国制造"迈向"中国创造"的历史进程中所发生的巨大变化、所取得的惊世成就。

其次,在角度方面,《大国工匠》节目做到了以小见大。《大国工匠》对"劳动"这一宏大主题的落点巧妙,没有高举高打,而是精心挑选那些最不起眼但不可或缺的岗位与工种,作为主题思想表达的切入点,以小见大,阐释了劳动的内涵和价值。节目也没有采用宏大叙事,而是真诚地以这些最为普通、最鲜为人知的平凡工匠,作为架构内容的发力点,以人说事,凸显创造的活力和魅力,通过一个个活灵活现的凡人小事,体现《大国工匠》节目所追求的"大国之路,匠心筑梦"的主题理念。这个主题理念,准确把握了"尊重劳动、尊重创造"的时代脉搏,深度契合了"劳动光荣、创造伟大"的社会风尚,更与习近平总书记所倡导的"以劳动托起中国梦"高度一致。

《大国工匠》所反映出来的大国工匠们实现个人层面的价值、贡献社会层面的价值、服务国家层面的价值,正是对社会主义核心价值观的生动阐释和具体呈现。节目动人的根本之处就在于视野是否开阔、故事是否精彩。《大国工匠》所讲述的普通人的故事,不仅展示出职业劳动者的高超技能水平,而且蕴含着深刻的价值观念,揭示了劳动精神的丰富内涵和时代价值,塑造了当代中国工人"辛勤劳动、诚实劳动、创造性劳动"的整体形象,不仅令人心怀敬意,而且让人可以学习效仿,形成了积极的社会引导和舆论鼓励。节目促进了全社会对劳动、工匠、职业技能教育的重新认识,引起了受众强烈的情感共鸣和价值认同。

最后,在节目叙事上,《大国工匠》节目做到了"德行"之厚与"技能"之美的融合,这两者在新闻报道的有效融合,无疑可以更好地发挥媒体的价值引领作用。《大国工匠》系列节目从生活中捕捉创作灵感,将工匠们的"德行"之厚与"技能"之美,巧妙而自然地融合在一起,实现了价值取向和目标认同的高度统一。

《大国工匠》讲述的是追求极致的匠人故事,节目中所选取的人物全部来自生产一线的技术工人,很多人没有大学学历,不少人是第一次接受采访。但是就是这些默默无闻的劳动者、普普通通的手艺人,成为新闻报道的对象、电视屏幕的主角。他们以出神入化的卓越技能和精益求精的职业追求,征服了亿万观众,被誉为"国宝级的工匠"。这种普通小人物身上所展示出来的敬业精神,所表现出来的家国情怀,令观众怦然心动、产生共鸣。

这种"小人物、大情怀"的节目表达方式,正是《大国工匠》不遗余力、浓墨重彩的创作所在,也是节目孜孜以求、极力彰显的艺术特色。为了实现二者的有机结合,节目从他们的内心世界出发,用诚挚的态度和平实的视角,真实记录他们平凡生活中的喜怒哀乐,以深入的采访和细致的观察,生动再现他们工作中的酸甜苦辣。节目中那一张张生动的面孔,已然不是一个个普通工匠的个体展示,而是被作为当代中国的劳动群像精心雕琢;那一个个感人的故事,也早已不是一件件成才事迹的分述,而是被看作整个民族的共同财富深度挖掘。观众在节目中,看到的不只是技艺超群的工人师傅,还看到了中国制造的工业水平,品出的不只是匠人精神,更是一种追求超越的中国气度。

节目播出后,一些网友惊叹,"原来还有这样一群人的存在",还有网友感叹,"值得骄傲的不是你的技术多么高超,而是你的信仰,你的精神""哪怕记住他们说的一句话,也是受益匪浅"。这些大国工匠的"德行"与"技能",同样精彩、同样动人。从这个意义上讲,《大国工匠》唤醒的是全社会对"匠人精神"的一次全新认知,完成的是对"岗位成才"的一次思想触动。如果一定要给"匠人精神"一个清晰定义,那就是习近平总书记所倡导的"辛勤劳动、诚实劳动、创造性劳动",让每一位劳动者都有梦想成真、人生出彩的机会,让每一位劳动者的个人梦想、幸福追求都与国家的前途密不可分,与国家的富强紧紧相连。《大国工匠》的创新实践启示我们:新闻报道一定要"有灵气",从火热生活中捕捉鲜活的创作灵感。

四、打造全媒体传播,提升融合传播效果

中国式现代化离不开新闻媒体的助力。从媒体融合战略的实施,到构建全媒体传播体系和新型主流媒体的提出,都是新闻媒体适应现代化发展的必然趋势,也是其更好地服务国家战略的内在要求。在全媒体时代,无论是报刊、广播还是电视,无论是文字、图片还是视频,单一的形态都难以实现传播效果的最大化。如何实现融合传播,提高传播效果,是摆在每一位媒体人面前的难题。《大国工匠》在这方面作出了多元化的探索。

《大国工匠》播出后,总台新媒体平台"央视新闻"不仅将大屏的内容剪辑成长视频、短视频分时段播发,还专门设计了"新媒体互动版"的《大国工匠》,这一创新取得了不错的效果。在节目形态上,其采取了三段式的节目设计,让新媒体的小屏和传统媒体的大屏无缝衔接,内容更加丰富有层次。

首先,主创团队谈幕后。节目播出前,主持人、分集主创编导就来到央视新闻的新媒体移动直播机房,通过移动直播的方式和观众交流节目报道背后的故事。记者讲述拍摄感受,与网友交流观感体验,形成互动,为接下来播出的节目预热。

在互动的过程中,主持人与主创编导还将节目中涉及的各种各样的产品和展品,比如丝绸珍品花罗、歼击机模型、第五套人民币"全家福"等予以展示,主持人为了让网友体验外科医生左右手同时开弓的不易,还亲自上场,同时用双手画"左圆右方",忙乱的场景获得了网友心理上的认同,也让网友对大国工匠们的付出与艰辛有了初步的认识。

其次,大小屏打通无缝衔接。在新媒体互动活动结束之后,央视新闻在各个新媒体播出平台,直接引入新闻频道信号,对《大国工匠》节目进行实时播放。尽管是同步频道内容,但是前面的30分钟互动已经搭建好了一种良好氛围,给网友提供了一个既可以看电视又能互动交流的小型舆论场。网友在不同的平台刷弹幕、留言,得到了与平常观看电视内容完全不一样的体验,充分释放了他们渴望交流与分享的欲望。

最后,发挥 UGC 直播优势。在频道节目结束之后,央视新闻新媒体平台充分发挥 UGC 移动直播系统的强大优势,将大国工匠的家人变为央视新闻移动直播的内容生产者,将互动的镜头直接带进大国工匠的家中。有的工匠的女儿拿着移动

镜头直播自己的妈妈,有的工匠的儿子在镜头前替所有的网友采访自己的父亲。直播工匠未晓朋时,因为时间太晚了,未晓朋的儿子想睡觉,突然哭闹起来,未晓朋不得不让妻子把孩子带到小屋。这种情况在过去堪称播出事故,但在新媒体平台上,却成了网友眼中有趣的真实日常。这样的交互方式,将原本看似遥不可及的工匠,拉到了观众面前,让观众体会到"工匠精神"就在身边,不仅增加了节目的趣味,更深化了节目的宗旨:让"工匠精神"深入人心。

《大国工匠》系列节目正是把握了时代主题,契合了时代需求,才具有了激荡人心的力量。节目以见物、见人、见精神的创作手法,以落细、落小、落实的艺术追求,以用力、用心、用情的创作态度,实现了节目价值内核与思想内核的完美统一,用多彩乐章奏响了时代旋律,用真挚情感展现了现实生活,用理念创新彰显了时代魅力。《大国工匠》系列节目突出了新闻性、故事性和思辨性,深入全面地展示了当今我国产业大军中能工巧匠的绝技和风采,为讲好中国故事、传播中国精神积累了宝贵经验。

从2015年到2023年,《大国工匠》系列节目陆续播出,"大国工匠""工匠精神"等成为社会热词,"工匠精神"成为社会对高技能人才的最高褒奖。2019年2月,国务院印发《国家职业教育改革实施方案》,提出加大力度培养更多的高技能人才。2022年5月,新的《中华人民共和国职业教育法》正式施行。一路走来,《大国工匠》系列节目紧扣时代脉动,在呼应国家整体战略思考上发挥了积极作用。

习近平总书记强调,技术工人队伍是支撑中国制造、中国创造的重要力量。2022年的"五一"国际劳动节,总台新闻频道再次推出《大国工匠》系列节目,将目光聚焦在国家重要工程项目的一线技术工人们身上。他们中,有深海机器人的领航员,有为神舟飞船"关门"的总装师,有北京冬奥会5G网络的搭建者,还有为中欧班列保驾护航的焊接大师等。他们执着专注、为国奉献的实干精神和精益求精、不断创新的探索科学精神,深深印刻在我们的大国重器、超级工程当中,他们担当起了中国从"制造大国"走向"制造强国"的历史使命。《大国工匠》系列节目讴歌的正是这种普通中国人的劳动精神、工匠精神,是对习近平总书记提出的"劳动最光荣、劳动最崇高、劳动最伟大、劳动最美丽"宏大主题的精准诠释。

五、小结：宏大叙事要善于讲好故事

新西兰学者艾伦贝尔认为，新闻工作者是这个时代的职业讲故事者，新闻记者的工作就是要找故事和讲故事。可以说，讲故事是记者的一门重要手艺。对记者来说，就要求其会找故事，会构思故事，会讲述故事。

讲好故事，基础在于着眼大事。发现故事是讲好故事的基础，而国家大事是源源不断的故事源泉。主流媒体要把围绕中心、服务大局作为基本职责，要有大局意识，着眼于国家大事，从宏大议题中发现具体故事。对新闻记者来说，其要从全局高度全面看待事物，保持对形势的敏锐性，聚焦国家战略。《大国工匠》之所以成功，正是抓住了"劳动"这一永恒主题，顺应时代的趋势和国家发展的需求，从党和国家发展需要重视工匠精神的大局高度入手，呈现我国一线技术工作者的细致、钻研和奋斗精神，体现我国一线技术工作者的精神面貌。

讲好故事，关键在于找准切入点和着力点。宏大主题不等于宏大叙事，新闻工作者要善于从小处着手，找准故事的切入点。在具体工作中，其一方面要善于从国家发展大局中找到具有代表性的具体的议题和对象。这既需要大局意识，也需要新闻敏感，只有两者很好地结合，才能准确把握事关大局的工作切入点。另一方面，新闻工作者在大局意识的基础上，要遵循新闻传播规律，挖掘感人的故事，从人物、事物的细节入手，这样的作品才能引发受众的情感共鸣。

讲好故事，核心在于"讲好"故事。一个"好故事"能不能"讲好"，是对新闻工作者水平的考验。这要求新闻工作者从形势出发，根据形势需要，主动策划，设置议题，引领时代潮流。作为时代的瞭望者，其要根据国家战略需要主动出击，挖掘那些能够体现时代内涵的重要议题，尤其是抓住那些具有普遍意义、示范意义和榜样作用的典型故事。《大国工匠》紧紧围绕工匠这个较为边缘却又至关重要的群体，反映他们对技术的精益求精，这正是中华民族生生不息的动力，也是民族复兴所需要的动力。这是节目播出引发广泛关注和热议的重要原因。

随着媒介技术的变革，讲故事的方式也在变化。新闻工作者要发挥新媒体传播优势，把握社交媒体和移动终端广泛应用的趋势，注重传播方式的开放性、交互性及传播形态的融合性、多样性，善于利用各种新技术和融媒体手段讲述新闻故事，提升主流媒体报道的吸引力和影响力。

对主流媒体的新闻工作者来说,不仅需要精湛的业务水平,还需要主动作为,即围绕事关党和国家事业的宏大主题,主动从生动的社会实践中发现能够彰显时代精神、满足时代需要的典型,通过典型报道使之发挥榜样、示范、引领作用。《大国工匠》节目最终推动"大国工匠"被纳入国家战略,可以说是新闻媒体主动作为、利用新闻报道推动社会文明进步的生动案例。

当前,我国正处于全面建成社会主义现代化强国、实现第二个百年奋斗目标、以中国式现代化全面推进中华民族伟大复兴的新征程上,经济社会发展的过程中有着无数感人的故事、人物、事件。作为时代的记录者,新闻工作者需要培养大局意识,用战略的眼光审视大局和趋势,用战术的思维找准能够体现时代的主题,用细腻的记录叙述宏大主题的点点滴滴,用生动的故事为时代发展树立典型,在个人价值实现和社会价值建构中建立起更加紧密的情感联结。

附作品

作品一:《大国工匠》系列作品

播出时间——2015年4月29日
播出栏目——《朝闻天下》《新闻直播间》等
标题——火箭"心脏"焊接人:高凤林
【引子】嫦娥发射+电焊焊弧转场
【正文】

38万公里,是嫦娥三号从地球到月球的距离;0.16毫米,是火箭发动机上一个焊点的宽度;0.1秒,是完成焊接时间允许的误差。在中国航天,53岁的高凤林是发动机焊接的第一人。现在,他又在挑战一个新的极限,为我国正在研制的新一代长征五号大运载火箭焊接发动机。

焊接这个手艺看似简单,而在航天领域,每一个焊接点的位置、角度、轻重,都需要经过大脑缜密地思考。

【现场】焊接现场(如图1—7)
【正文】

高凤林正在焊接的是长征五号火箭发动机上的喷管,仅在这个喷管上就有数

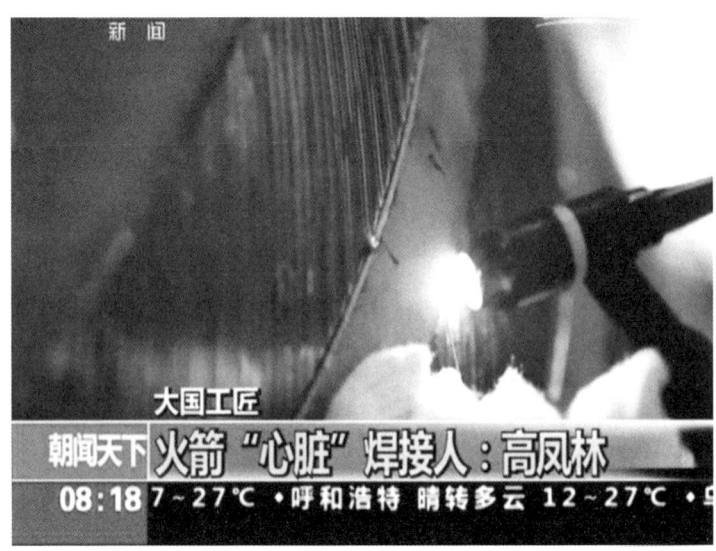

图 1-7　高凤林焊接现场

百根几毫米的空心管线。管壁的厚度只有 0.33 毫米,高凤林需要通过三万多次精密的焊接操作,才能把它们编织在一起,焊缝细到接近头发丝,而长度相当于绕一个标准足球场两周。

【同期】航天科技集团一院焊工　国家高级技师　高凤林

我们要紧盯着,特别像我们这些微小的焊缝,我们要紧盯着它,你一眨眼出去了。如果这段需要十分钟不眨眼,那(我)就十分钟不眨眼。

记者:你能做到十分钟不眨眼?

那怎么着,我给你瞪瞪。

【正文】

高凤林的自信来自刚入行时的勤学苦练,航天制造要求零失误,这一切都需要从扎实的基本功开始。发动机是为火箭提供动力的,被称为火箭的心脏,对于焊接工作来说,一点小小的瑕疵可能就会导致一场灾难。因此,对于焊接工人来说,焊接不仅需要高超的技术,更需要细致严谨,而这一点,高凤林上班第一天,就从老一代航天人身上感受到了。

陈继凤,中国第一代氩弧焊工,也是高凤林的第一位师傅。

【同期】高凤林的师父　陈继凤 85 岁

开始(高凤林)也是我教的,那时候有工作台,一手是这样,这(手肘靠工作台)

不行,你得架起来,就像我们写大字,你得拿起来,你不拿起来不行,你就不能大出气,你要这样,焊缝焊不了,焊不好。

记者:呼吸怎么练?

呼吸你出气,你憋着点儿呗!

【正文】

从姿势到呼吸,严苛的训练都出乎高凤林的意料,而发生的另一件事,更让高凤林铭记一辈子。

【同期】航天科技集团一院焊工 国家高级技师 高凤林

上一块试片,要拿过来正面反面看一看,当时因为试片刚焊完比较烫,我一拿起来,稍微烫一下手,我随手就给扔地下了。

【正文】

高凤林没有想到,就这样一件小事,却遭到师傅的严厉批评。

【同期】航天科技集团一院焊工 国家高级技师 高凤林

师傅很严肃地说,你要尊重你的工作对象。

【正文】

尊重工作对象,这就要求对工作要有正确的态度,师傅的话,让高凤林对自己的工作有了新的认识

【同期】航天科技集团一院焊工 国家高级技师 高凤林

我没事儿就练,甚至在吃饭的时候也在练。

记者:吃饭时候怎么练?

吃饭的时候练送(焊)丝,拿着筷子,反正等着也是等着。

【正文】

戴上焊接面罩,这是一个普通的操作动作,但是对于高凤林来说,却是进入一种状态。

【同期】航天科技集团一院焊工 国家高级技师 高凤林

扣上面罩的一刹那,自然地,什么都不能想,不能有丝毫闪失。

【正文】

每次有新的火箭型号诞生,对于高凤林来说,就是一次次的技术攻关。最难的一次,高凤林泡在车间,整整一个月几乎没合眼。

【同期】航天科技集团一院焊工 国家高级技师 高凤林

头几宿还有些师傅跟我熬到 12 点,又过了几天,只有一两位师傅跟我熬到 3 点,后来再过几天,这些师傅说那你就自己做你自己的吧,我也非常理解,我说那你们都回去吧。

记者:你不累吗?

累,那怎么不累,但是一种毅力的驱使。我就必须(要)拿到这个结果。我们家没有脱头(发)的,但是我脱头(发)了。

【正文】

高凤林说,他的时间,80%给工作,15%给学习,留给家庭的只有5%。而只要有一点点时间,他都会陪老人,接孩子。

【同期】航天科技集团一院焊工 国家高级技师 高凤林

有一次我出现的时候,她(女儿)会蹦起来,爸爸接我来了,大叫,就扑向(我)。所以这几次给(幼儿园)阿姨吓一跳,这孩子今天怎么了,怎么这个状态。当时扭头一看是我,她说,我说呢,(幼儿园)阿姨跟我们开玩笑,原来是稀客。

【正文】

高凤林高超的技艺,让很多企业试图用高薪聘请他。甚至有人开出几倍工资加两套北京住房的诱人条件。

【同期】航天科技集团一院焊工 国家高级技师 高凤林

诱惑力还是比较巨大的,你说谁能不心动,都是人。

【同期】高凤林妻子 李丽英

我动心了,我说那你就去呗,还给房子,给那什么,他说,我不去。

【同期】航天科技集团一院焊工 国家高级技师 高凤林

每每我们看到我们生产的发动机,把卫星打到太空,一种成功以后的自豪感,你说金钱能买到吗?给我挖走了,得不到一种民族认可的满足感。

【正文】

正是这份满足感,让高凤林一直以来都坚守在这里。35 年,130 多枚长征系列运载火箭在他焊接的发动机的助推下,成功飞向太空,这个数字,占到我国发射长征系列火箭总数的一半以上。

【现场】高凤林整理,陆续关灯的镜头。

【正文】

火箭的研制离不开众多的院士、教授、高工,但火箭从蓝图落到实物,靠的是一个个焊接点的累积,靠的是一位位普通工人的咫尺匠心。

每天,高凤林都是最后一个下班,离开前,他都会回头看一看。

【同期】航天科技集团一院焊工 国家高级技师 高凤林

看着它金光灿灿的外表,在我们心目中认为它是一个完美的艺术作品。还有一句描述,这是我们的"金娃娃",是由我们手底下诞生出来的。(如图1-8)

图1-8 《大国工匠》节目截图

【同期】高凤林的同事

大国工匠

技术精湛

善于发现

谦虚

首先得动脑

善于钻研

学习吧

脑力跟体力相结合

一个榜样

他们做出来的东西可靠性就是比别人要更好一些

【同期】航天科技集团一院焊工 国家高级技师 高凤林

不断地把握事物的发展过程,不断地追求极致,应该是我们人类努力的方向,也是我们操作人员努力的方向。

播出时间——2015年4月30日

播出栏目——《新闻直播间》《24小时》等

标题——孟剑锋:錾刻人生 追求极致

【导语】

再来看《大国工匠》的系列报道。錾刻,是我国一项有着近三千年历史的传统工艺,在去年北京举行的亚太经合组织领导人非正式会议期间,送给各国元首的国礼当中,有一个是金色的果盘里放了一块柔软的丝巾,很多人就用手去拿,这才发现那不是纺织品,而是一块用纯银錾刻出来的艺术品,它就出自錾刻工艺师孟剑锋之手。(如图1-9)

图1-9 节目截图

【同期】北京工美集团技工 国家高级技师 孟剑锋

我每天要穿过大半个北京城去上班,就感觉现在人们的生活节奏越来越快了,都是匆匆忙忙的,我也一样,但是呢我一进到这车间,心一下就安静下来了。

第一章 服务国家发展:现代化进程中的媒体使命

【正文】

在这个80年代(20世纪)的老厂房里,孟剑锋和其他技工一起,熔炼、掐丝、整形、錾刻,一件件精美的作品就这样在他们手里诞生了。

孟剑锋手里拿着的叫錾子,敲击不同的錾子,就会在金属上留下不同的花纹。北京APEC会议上,送给外国领导人和夫人的国礼,一个像是草藤编织,有着粗糙质感的果盘,里面有一条柔软的银色丝巾。为了分别制作出果盘的粗糙感和丝巾的光感,孟剑锋反复琢磨、试验,亲手制作了近30把錾子,最小的一把在放大镜下做了5天。

【同期】北京工美集团技工 国家高级技师 孟剑锋

您看现在,这么窄的面上,1个面上有20多道细纹,每一道细纹大约应该有0.07毫米,就相当一根头发丝那么细。加工这个的时候,可能这个不小心会锉没了。

【正文】

开好錾子仅仅完成了制作国礼的第一步,最难的是,在这个厚度只有0.6毫米的银片上,有无数条细密的经纬线相互交错,在光的折射下才形成了图案,而这需要进行上百万次的錾刻敲击。只要有一次失误,就前功尽弃。

【同期】北京工美集团技工 国家高级技师 孟剑锋

赏心悦目这东西,所以说你得要把它做到极致是吧。

【正文】

追求极致,这是孟剑锋给自己提的标准,为了做出支撑果盘的这4个中国结,孟剑锋的右手曾经起了厚厚的一层茧子。

【同期】北京工美集团技工 国家高级技师 孟剑锋

因为以前咱们编中国结,一般都是绳的,比较软的物质去编。

记者:可以穿过来穿过去。

对,穿过来很舒服,但是银的这个物质就是不一样,穿过去已经硬了,你再想穿到这个花底下,再穿过去已经不可能了。你还得去退火,把它退软了,然后再去窝下一个结。

【正文】

用银丝手工编织中国结,所有的技师想都没敢想,准备用机械铸造出来,再焊接到果盘上,但是,铸造出来的银丝上有砂眼,尽管极其微小,孟剑锋心里却怎么也过不去这道坎。

【同期】北京工美集团技工 国家高级技师 孟剑锋

像手工的东西,每一件作品它会有自己独特的一个生命力,把它做得更完美。(如图1-10)

【正文】

倔强的孟剑锋为了用银丝手工编织这个中国结,手上起了一层又一层的大泡。

图1-10 孟剑锋接受采访

【同期】孟剑锋妻子

就连起来的这样的,一个一个的大泡。心里反正,看着挺心疼的。

【同期】北京工美集团技工 国家高级技师 孟剑锋

起了一层,铰下去,再起。

记者:直接起了以后铰下去?

对,第二天干了以后,提溜起来拿指甲刀直接咔咔一铰。

记者:多疼啊

可能第二天又起一个泡。

【同期】王府井路人的赞叹

这个工(艺)确实是挺不错的,挺漂亮的哈。

【正文】

如今,孟剑锋已经是国家高级工艺美术技师,但是他对自己还是有些不满意,他觉得要干好工艺美术这行还应该懂绘画,现在一有时间他就和爱人一起出去写生、练素描。

孟剑锋说,有一天,他一定会拿出一个像样的绘画作品,就像练锉平、做錾刻那样,他就是要超越自己,追求极致。

【同期】

我觉得最看重的是,有没有对艺术这种执着性,这执着性就是你对这个行业是不是喜欢,首先你要喜欢,你不喜欢它,你就不会把你的感情,把你的所有(的)精力投入(到)这件事情上。

播出时间——2015年5月1日
播出栏目——《朝闻天下》《新闻直播间》等
标题——"两丝"钳工顾秋亮

【导语】

深海载人潜水器有十几万个零部件,组装起来最大的难度就是密封性,精密度要求达到了"丝"级。

而在中国载人潜水器的组装当中,能够实现这个精密度的只有钳工顾秋亮,也因为有着这样的绝活儿,顾秋亮被人称为"顾两丝"。(如图1-11)

图1-11　节目截图

【同期】各岗位注意,布放潜水器

【正文】

(1公斤,是深海中1个指甲大小的面积上要承受的水压)1丝,只有0.01毫米,也就是一根头发丝的1/10这么细;载人潜水器身上所有密封面的装配精度,必须控制到几丝,这样才能确保潜水器在深海里既不漏水,又能缓冲巨大的水压。在中国载人潜水器的组装中,能实现这个精密度的只有顾秋亮。送走了"蛟龙号",顾秋亮又接到了一个新的挑战——组装中国首个自主设计制造的4500米载人潜水器。

【同期】顾秋亮

"蛟龙号"的载人球是在俄罗斯定制的,现在我们这个载人球是我们自己制造的,安装的难度就是在球体跟玻璃的接触面,要控制在0.2丝以下。

【正文】

0.2丝,只有一根头发丝的1/50。用精密仪器来控制这么小的间隔或许不算难,可难就难在载人舱观察窗的玻璃异常娇气,不能与任何金属仪器接触。因为一旦摩擦出一个小小的划痕,在深海几百个大气压的水压下,玻璃窗就可能漏水,甚至破碎,危及下潜人员生命。因此,安装载人舱玻璃,也是组装载人潜水器里最精细的活儿。

【同期】顾秋亮

照相机的镜头是玻璃的,比这个还要硬一点,这个太软。手的指甲都不能碰。小心再小心,我们装用这个吸盘,都是用橡皮吸在这上面的,然后把它提起来,反面把它手托住,把它擦干净。

【正文】

除了依靠精密仪器,更重要的是依靠顾秋亮自己的判断。

【同期】顾秋亮

看,靠手摸。

【正文】

用眼睛看,用手摸,就能做出精密仪器干的活儿,顾秋亮并不是吹牛。即便是在摇晃的大海上,他纯手工打磨维修的潜水器密封面平面度也能控制在两丝以内,因此人们叫他"顾两丝"。

别看现在的顾秋亮这么牛,当初做学徒时,没少挨师傅的骂。

第一章 服务国家发展:现代化进程中的媒体使命

【同期】顾秋亮的第二个师傅 张桂宝

进来的时候还比较调皮,经常骂,有的时候就像说什么呢,像茅坑里面的石头一样又臭又硬。

【同期】顾秋亮

有一个活没干好,他说你这个人干活不动脑子,人家不会放心让你干的,你这个活报废率太高了,我是带不了你,你还是另请高明吧。感觉到心里蛮难过的,师傅不带我,是把我扫地出门了。

【正文】

师傅们严厉的调教,让顾秋亮慢慢收住了心,用最笨的办法练习基本功。

【同期】顾秋亮

10公分(厘米)的一块方铁,放在台虎钳上,这么高,要锉到将近0.5公分(厘米),就是5毫米厚。

记者:锉了多少个这样10厘米的钢板?

大概15、16块吧,锉刀我都用断有几十把了。

【正文】

一遍遍地锉钢板,一遍遍地动脑筋琢磨,渐渐地顾秋亮手里的活儿有了灵性,做的工件全部免检,"两丝"的名号也渐渐被叫响了。

【同期】顾秋亮

随便你高也好低也好,这个面不管你在哪个位置锉,也要把这个手,把锉刀要端平。就像人家跑步拿着一碗水,不能让水泼在外面。现在余光大概我估计是0.2丝,不相信你拿头发来试试。

记者:试一下。

好的。

记者:我拔根细的。

再细的我都要压住。来吧,压住了吧?抽不出了吧?

【正文】

2004年,"蛟龙号"开始组装,顾秋亮和他师傅级的前辈们一起被抽调到这个项目上。而且凭着"两丝"的功力,顾秋亮被任命为装配组组长。他们最大的挑战就是确保潜水器的密封性。

【同期】"蛟龙号"总体主任设计师 首位试航员 叶聪

如果发生问题的话,它是很恐怖的,几十个兆帕的压力,如果突然施加到载人舱内,那就像水刀切割一样,后果不堪想象。

【正文】

"蛟龙号"是我国首个大深度载人潜水器,组装起来没有可以借鉴的经验,顾秋亮他们只能一点点摸索。

【同期】顾秋亮

像打太极拳一样的,摸出功夫出来的。因为你不动脑子去摸,摸不出这种感觉的,就像人跟人之间有感情一样,你时间长了以后感觉就是有感觉了。你看我的手,两个手基本(都)没有纹路了,都磨掉了,我打卡都刷不上卡的,那个指纹没用,现在我只能让无名指去刷。(如图1-12)

【正文】

刚参加"蛟龙号"项目时,"顾两丝"名气大,他原来所在的实验室一直希望他能回去,收入能多一半,这对于他这个单职工、女儿上学急需用钱的家庭来说,能起不少作用。

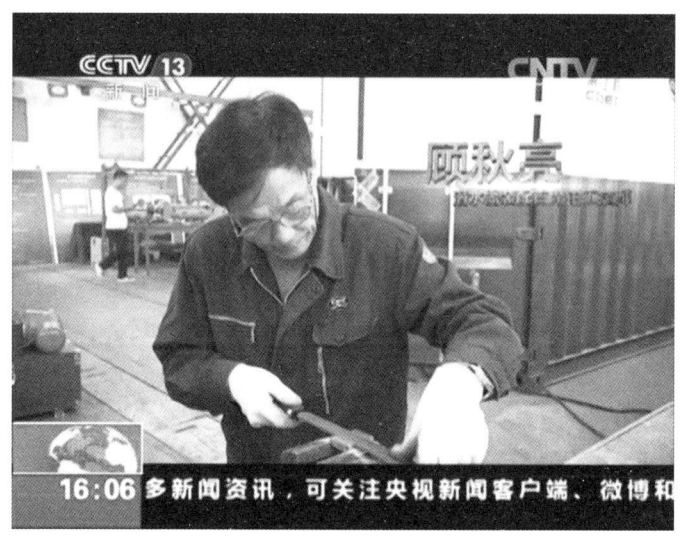

图1-12　顾秋亮在工作中

【同期】顾秋亮的妻子

想是肯定想的,但是怎么办呢,这边领导就是需要他,把他调过来的。

第一章 服务国家发展:现代化进程中的媒体使命

【正文】

收入的增加让顾秋亮也有小小的动心,但最让他动摇的还是"蛟龙号"的第一次海上试验。对于极度晕船的顾师傅来说,出海就是对身体极限的挑战。

【同期】顾秋亮

一个星期之内我就吃了一包方便面,吃啥吐啥,一个人在3个月里面瘦了13公斤,我跟我女儿也说笑话,最好的减肥到船上去不吃不喝,一个星期下来保证你瘦。

记者:当时为什么没走?

潜航员把生命都交给我了,我当时一走的话,就是感觉到有点舍不得。包括潜水器就像我的儿子一样的,我要考虑到把它抚养长大。

【正文】

托付生命的信任,让顾秋亮留了下来。3000米,5000米,7000米,随着"蛟龙号"不断升级的技术攻关,顾秋亮更是没有什么时间能够照顾到家里。尤其是7000米海上试验,船刚刚启航,他就接到妻子打来的电话。

【同期】顾秋亮

她当时医院里面检查出来好像是怀疑恶性肿瘤。

【同期】顾秋亮的妻子 吴静霞(落泪)

当时感觉发生了一个天大的事情,就我跟我女儿两个人,想想没人帮我,我怎么办呢。后来他们那个工会、支部、领导都来安慰我帮助我。

【同期】顾秋亮

查出来不是恶性的,我回来以后两个人抱在一起哭。

【正文】

工作43年来,顾秋亮感觉最亏欠的就是家人。今年10月份,顾秋亮就要退休了。最近,已经60岁的他正抽空学开车,打算退休后的时间全部用来陪家人。

【同期】顾秋亮

今年60岁了,后面没有60了,所以说在后面的10年20年里面,祖国这么大,出去转悠转悠。陪着夫人。

【正文】

目前在中国,深海载人潜水器有两个,组装工作都是由顾师傅牵头。4500米载人潜水器或许是他组装的最后一台潜水器,载人舱的玻璃装好了,他还是那么精

29

细,那么专注,反复确认它的安全性。

【同期】顾秋亮

信任你一次两次、一年两年是很容易的,好多次没用,要一辈子信任是很难的,自己满意了,人家才会满意。

【同期】"蛟龙号"总体主任设计师 首位试航员 叶聪

开始下潜之前,他要把压铁上面的安全销拔掉,这个时候我们会在舱内看到他给我们示意,顾师傅这个招手动作简单,但是他是给我们一个很大的信心。

【编后话】

的确,让人信任一次两次、一年两年容易,要一辈子信任很难。顾秋亮43年来,用他做人的信念,埋头苦干、踏实钻研、挑战极限,追求一辈子的信任。

这种信念,让他赢得了潜航员托付生命的信任,也见证了中国从海洋大国向海洋强国的迈进。

播出时间——2015年5月2日
播出栏目——《朝闻天下》《新闻直播间》等
标题——航空"手艺人":胡双钱

【导语】

能够研发大型客机是一个国家综合实力的集中体现。在这个处于现代工业体系顶端的产业里,手工的工人虽然已经是越来越少了,却不可替代,即使是生产高度自动化的波音和空客,也都保留着独当一面的手工工匠。

在我国也有这样一位手艺人——他就是钳工胡双钱。35年里他加工过数十万的飞机零件,但是没有出现过一个次品。

【字幕】上海浦东C919大飞机总装现场

【画面】厂房大门缓缓拉开,大飞机C919部装正在进行。钳工组工人工作场景3组镜头,老胡工作场景。金色字幕出。

【正文】

C919的首架飞机正在为早日首飞做准备。在这架有着数百万个零部件的大飞机上,有80%是我国第一次设计生产,复杂程度可想而知。

【现场】进背景声 敲打声

钳工胡双钱正在打磨大飞机上的一个精密零件。在这间现代化数控车床的厂

第一章　服务国家发展:现代化进程中的媒体使命

房里,所有工作都靠手工来完成的胡双钱像一个有些过时的"老古董",他的抽屉里装满了和他同一个年代的老式工具。

【同期】中国商飞总装制造中心高级技师　胡双钱

记者:这个我看全都是手动的工具。

这个是做(加工)钛合金用的,

记者:这个比较硬是吧?

比较硬,价钱比较大,贵一点,

记者:这是最好的一把?

最好的(余下)这都是普通的锉刀。

【正文】

55岁的老胡是上海飞机制造厂里年龄最大的钳工。在这个3000平(方)米的现代化厂房里,胡双钱和他的钳工班组所在的角落并不起眼,但是打磨、钻孔、抛光,对重要零件的细微调整,这些大飞机需要的精细活都只能手工完成。

【同期】中国商飞总装制造中心高级技师　胡双钱

有种是角度很小的,直角的(零件),(机床)它刀子伸不进去,还要靠手工来修锉什么的,就是说一个零件,你如果说很急,数控(机床)做的话要编程,但是靠我们机(械)加(工)来做,有可能在最短的时间里,就把这个零件有可能就做出来了。

【正文】

航空工业,要的就是精细活。大飞机零件加工的精度,要求达到十分之一毫米级。

【同期】中国商飞总装制造中心高级技师　胡双钱

相当于人的头发丝的三分之一这个概念的公差。(如图1-13)

记者:就是不能超过这个误差?

不能超过,就是我手感觉就是,这个螺栓放下去有点紧,但是也不是很紧很紧,这个感觉就是说。

【正文】

胡双钱的手因为长期接触漆色、铝屑已经有些发青,经他的手制造出来的零件被安装在近千架飞机上,飞往世界各地。胡双钱在这个车间里已经工作了35年,经他手完成的零件没有出过一个次品。

【同期】中国商飞总装制造中心高级技师　胡双钱

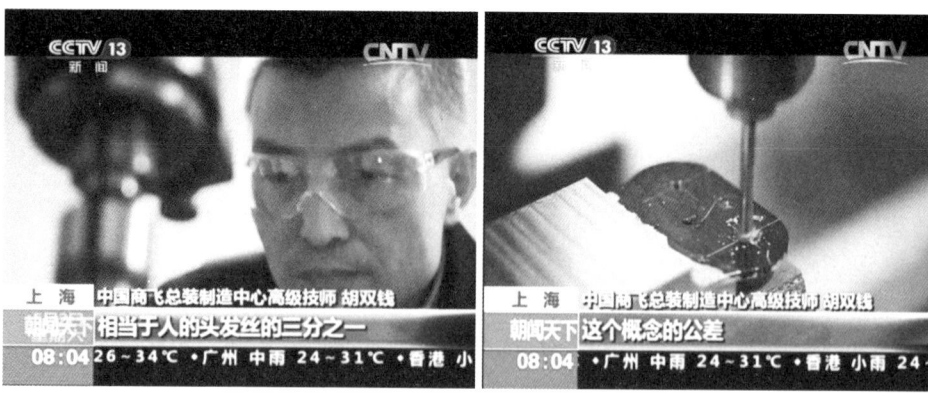

图1-13 节目截图

并不是说我什么产品出了什么错误了,我扣掉点钱好像就了事了,实际上我们的产品是关系到人家(乘客)生命,所以说和别的行业肯定是不一样的。

【正文】

在中国民用航空工业生产一线,很少有人能比老胡更有发言权。1980年,从小就喜欢飞机的胡双钱刚刚进厂,就见证了中国人在民用航空领域的第一次尝试——运10首飞。

【同期】中国商飞总装制造中心高级技师 胡双钱

那个(飞机)一下子腾空上去,发动机后面喷出来四条黑烟,很漂亮,很漂亮。很壮观这个场面,那个试飞情景一直在我现在脑海里面,一直记忆犹新。

【正文】

然而喜悦还没有散去,运10由于多种原因最终下马。原本聚集了中国航空精英的上海飞机制造厂突然冷了下来。

【同期】中国商飞总装制造中心高级技师 胡双钱

很多人都跳槽走掉了。(工资)最少的时候就是几十块吧,就是100块不到。因为我们车间也有一个人,他是搞数控编程的嘛,人家开了他3000多块(月工资),他走了,辞职。

【正文】

当时,厂门口停满了上海各大工业企业招聘技术员工的专车,作为航空钳工的胡双钱也收到了邀请。私营企业的老板甚至为他开出了3倍工资的高薪,但胡双钱拒绝了。

第一章 服务国家发展:现代化进程中的媒体使命

【同期】中国商飞总装制造中心高级技师 胡双钱

我想以后也可能还会造飞机说不定,我相信这个厂不会倒。因为这个飞机项目我想国家肯定会支持,也不可能倒闭,我们中国唯一一个总装过民航飞机的就是我们这一个点,所以我相信不会倒闭。

【正文】

就这样,胡双钱留了下来。2006年,中国新一代大飞机C919正式立项,中国人的大飞机梦再次被点燃,胡双钱也觉得实现自己梦想的时候到了。大飞机的制造让胡双钱又忙了起来,他加工的零部件中,最大的将近5米,最小的比曲别针还小。

【同期】中国商飞总装制造中心高级技师 胡双钱

就这么一点点嘛,像个钩子一样的,很小的,上面还要打孔。

【正文】

胡双钱不仅要做各种各样形状各异的零部件,有时还要临时"救急"。一次,生产急需一个特殊零件,从原厂调配需要几天的时间,为了不耽误工期,只能用钛合金毛坯来现场临时加工。这个任务交给了胡双钱。

【同期】中国商飞总装制造中心高级技师 胡双钱

一个零件(价值)要100多万,关键它是精锻锻出来的,所以成本相当高。因为是(零件上面)有36个孔,(孔)大小不一样,孔的精度要求是0.24毫米。

【正文】

0.24毫米相当于一根头发丝的直径。这个本来要靠细致编程的数控车床来完成的零部件,在当时却只能依靠老胡的一双手和一台传统的铣钻床,连图纸都没有。

【同期】中国商飞总装制造中心高级技师 胡双钱

工人都围着在看,屏息凝气,(打完)一个孔下来,量尺寸的时候,我那个心里还在跳! 我打之前,我是拿那个废料试过了,同等的材料,(如果)有一个孔不对的话,你装不上去,这个零件就报废掉了。

【正文】

打完这36个孔,胡双钱用了一个多小时。当这场"金属雕花"结束之后,零件一次性通过检验,送去安装。

【同期】中国商飞总装制造中心高级技师 胡双钱

越是难的零件、越是复杂的零件,我发觉(做)出来有点成就感。做到最后检验合格了,出去了,就是说有种成就感。而且一个晚上下来疲劳感也会消除。

【同期】胡双钱同事 钳工 曹俊杰

有难件,有特急件的总会想到老胡。半夜三更把他叫进来也是很正常的事情。

记者:别人没这待遇?

别人没这待遇,但是相反的话,他就是家里面肯定照顾的少一点。

【正文】

现在,胡双钱一周有六天要泡在车间里,这张仅有的全家福还是 2006 年照的。一年多前,老胡一家从住了十几年的 30 平(方)米老房子搬了出来,贷款买了这套位于上海宝山区的 70 平(方)米新家。作为一个一线工人,老胡没有给家里挣来更多的钱,却带回了一摞摞的奖状证书。

【同期】胡双钱妻子 李菊兰

2001 年得的是第一个奖。大奖这是第一个。

记者:质量优秀员工?

对,这个是全国五一劳动奖章,这个我保护得挺好的,不摆外面,就自己欣赏一下吧。

【正文】

今年,国产 C919 大飞机将迎来立项后的第 9 个年头,胡双钱也将迎来人生的第 55 个生日。距离退休还有 5 年,可老胡却觉得这时间太短了。

【同期】中国商飞总装制造中心高级技师 胡双钱

我回想自己的一生过来,从工作,进来工作,我是 708 工程(运 10)进来的,到我退休的话正好在这(参加)C919,也许我这个年龄(应该)退休了,不能干大飞机了,如果年龄允许的话最好再干 10 年、20 年为中国大飞机多做一点贡献,这是最好的,是我的理想。

【编后话】

运 10 下马的时候,胡师傅身边的同事一个个都离开了这个行业,但是胡师傅留了下来,因为他相信,国家一定会造大飞机。

35 年的坚守,最少的时候一个月只拿几十块钱工资,但胡师傅仍然兢兢业业,苦练技艺,几十年磨一剑,终于亲手参与制造了中国第一架新型大飞机。

胡师傅在逆境当中的坚守与执着实现了他造大飞机的梦想,而只有每一个中国人都能够实现自己的梦想,中国梦才会终成现实。

第一章　服务国家发展:现代化进程中的媒体使命

播出时间——2015年5月3日

播出栏目——《新闻直播间》《24小时》等

标题——张冬伟:LNG船上"缝"钢板

【导语】

LNG船被称为"海上超级的冷冻车",它要在零下163度的这样一个极低温的环境下,漂洋过海,来运送天然气。其实在世界民用造船领域,建造一艘LNG船的难度堪比建造一艘航母,目前也只有美国等少数国家拥有这项技术。那么在我们国家也是2005年,才有了第一批16名拥有相关焊接技术的工人,张冬伟就是其中的一位,接下来让我们一起走近他。(如图1-14)

图1-14　节目截图

【正文】

现场:一组紧凑有节奏的特写镜头

3.5米,走路可能只需要4秒钟,而张冬伟焊完一条这样长度的焊缝却需要整整五个小时。

张冬伟正在焊接的,是我国第九条LNG船的内胆,也是整个船最核心的部分,需要焊接工人将一块块薄如纸的殷瓦钢板,像做衣服一样,一块一块连接起来。(如图1-15)

35

图 1-15　张冬伟焊接现场

一条 LNG 船,殷瓦钢板焊接长度总长达 130 公里,虽然 90％是自动焊(前面可以用大船在海上行驶画面),但还有 13 公里特殊位置的焊缝,需要焊工手工完成,如果焊缝上出现哪怕一个针眼大小的漏点,就有可能造成整船的天然气发生爆炸。

【同期】张冬伟

你蹲功不好的话,你可能烧一会儿你就要站起来休息了,所以说它这个是就像练功夫一样,先要练(蹲)马步。

【正文】

殷瓦手工焊接是世界上难度最高的焊接技术,能够在超级 LNG 船上进行全位置殷瓦手工焊接的焊工,必须经过国际专利公司 GTT 的严格考核,取得合格证书之后,每个月都要重新考核一次,考核合格才能继续上岗工作。殷瓦焊接超强的电弧光对眼睛的刺激很大,并且焊接时产生的飞沫对身体也有一定伤害,刚开始做学徒时,不少同伴看师傅焊接一两个小时就走了,唯独只有张冬伟寸步不离。

【同期】张冬伟

就我跟我师父的时候,我就暗暗下定决心,我技术一定要超过师傅,我自己带徒弟的时候,我是这个心态,就是我希望我带的徒弟技术方面就可能超过我,如果说人人都能往上一个台阶的话,那我们国家像技术方面这个人才,那肯定是后继有人了。

现场:张冬伟给年轻焊工们讲解(如图1-16)

图1-16 张冬伟给年轻焊工们讲解

【正文】

殷瓦钢是一种耐超低温的钢材,薄如纸张,极易生锈,最薄的地方用手一摸,24小时后就会锈穿。所以在焊接中,不能有一颗汗珠,一个手印,这就要求工人在焊接时,不仅手上准,更要心里稳,焊工们任何的情绪波动,都有可能直接影响焊接的质量。为了磨炼自己的心理状态,张冬伟闲暇时间就去钓鱼,练性子。

【同期】张冬伟

钓鱼啊,跟我这个工作性质差不多,可能就是一直专注这个(鱼)漂,像我们工作八小时的话,有可能八个小时就一直看着它。

【同期】张冬伟

每当试航的时候,就在这个码头,(LNG船)缓缓驶向这个大海的时候,感觉就是挺自豪的。手艺这个东西是掌握在手里的,是要脑筋和手并用的,你热爱它了,你喜欢它了,你才会用心去学它,你喜欢一样东西了,你才会追求它这个内在的东西。

播出时间:2015年5月4日

播出栏目:《朝闻天下》《24小时》等

标题:高铁研磨师——宁允展

【正文】

486.1公里,这是380A在京沪高铁跑出的最高时速,它刷新了高铁列车试验运营速度的世界纪录。

如果把高铁列车比作一位长跑运动员,车轮是脚,转向架就是他的腿,而宁允展研磨的定位臂就是脚踝。

【同期】南车四方股份公司高级技师 宁允展

下面的轮对是通过节点,跟那个定位臂插接在一起的,插进去的,然后定位臂通过螺栓固定,这个节点固定在定位臂上,它是保证这个轮对紧固,不让这个轮对产生这个松脱现象。(如图1-17)

【正文】

每片转向架的体重有1.1吨,定位臂落在四个车轮的节点上,每个接触面不足10平方厘米,当列车以时速300公里运行时,接触面承受的冲击力有二三十吨。缝隙大了,车轮可能会松脱;如果完全焊死,转向架就无法再打开,影响列车检修。

宁允展负责的这道工序,不只在中国,全世界所有高铁生产线上,都要靠手工研磨。按照国际惯例,留给手工研磨的空间只有0.05毫米左右,也就是相当于一根细头发丝。磨小了,转向架落不下去,磨大了,价值10几万元的主板就报废了。

【同期】南车四方股份公司工艺师 刘佛贵

0.1(毫米)的时候,国内大概有十几个人能干,15个人左右,到了0.05(毫米)的时候,别人都干不了,目前就只有他能干,是这样的状态。

【正文】

初中毕业后,宁允展考上了铁路技校。2006年,成为第一位学习380A型列车转向架研磨技术的中国人,宁允展成了高铁研磨的第一把手,很快还当上了班长。可是,没过多久,他却找到领导说不想当班长,还是让我干活吧。

【同期】南车四方股份公司高级技师 宁允展

我还是操作,我感觉我是比较拿手的,还是我擅长的东西。

【正文】

在这个三十多平(方)米的小院里,大部分地盘都是宁允展的,这些磨具,是他自费在网上买的,不是为了别的,就是为了练手艺。

【同期】宁允展妻子

慢慢地也就接受了,也就理解他了,人和人就是这样想法不一样,你要理解他,支持他的工作,必须支持他所有的想法。

【正文】

随着380A冲刺高速成功,宁允展投入到了更高速度列车的生产,并在工作中不断地研发新项目,新工艺,先后获得5项国家级技术专利。

图1-17　宁允展接受采访

【同期】南车四方股份公司高级技师　宁允展

工匠就是凭实力干活,实事求是。想办法把你手里的活干好,这就是你的本分,这份手艺继续干下去

记者:干到什么时候?

干到我干不动为止。

播出时间:2015年5月5日

播出栏目:《朝闻天下》《新闻直播间》等

标题:捞纸大师——周东红

【导语】

著名的国画家李可染曾经说过:"没有好的宣纸,就做不出传世的好国画。"而一张宣纸从投料到成纸,需要一百多道工序。

其实决定宣纸成败的就是捞纸这道工序,周东红就是一名捞纸工,国内不少著名的书画家都点名要他做的宣纸。(如图1-18)

图1-18 节目截图

【现场】

捞纸现场。

【同期】中国宣纸股份有限公司捞纸工 周东红

我做了三十多年,我对这个纸的感觉,就是我做出来的每一张纸都有它自己的灵魂。

【正文】

他就是周东红,他和搭档正在做的就是"捞纸",两个人抬着纸帘在水槽中左右晃动,一张湿润的宣纸便有了雏形,整个过程不过十几秒。但是宣纸的好与坏、厚与薄、纹理和丝络就全在这一"捞"上。

【同期】中国宣纸股份有限公司捞纸工 周东红

叫一帘水靠身,二帘水破心。一帘水靠身下水,靠身就是双手摆下来搭到水面上面,不要动。二帘水破心,要从正中间下水,用(双手)舀水往前走大概十五公分(厘米)左右。给我们的浮动要求是上一两、下一两。

【正文】

这上下一两,指的是做成的每刀宣纸的重量不能超过上下一两的误差,也就是说做成的每张宣纸的重量误差不能超过1克。

【同期】中国宣纸股份有限公司捞纸工 周东红

你不要小看这一两,它代表着宣纸的品质。你这个纸给捞薄了,这一张纸到书法家手上用,肯定是达不到效果。我这双手也就好比一杆秤。我这三十年来,我捞的每一刀纸误差都不超过一两,这就是我的手艺。(如图1-19)

图1-19　周东红接受采访

【正文】

周东红和他的搭档每天都要重复这样的捞纸动作一千多次。周东红现在是当地出了名的捞纸大师,每年经他手捞出的纸就超过30万张,没有一张不合格。看着周东红捞纸如行云流水,其实在他刚进厂的时候,他差点就放弃了这个行业。

【同期】中国宣纸股份有限公司捞纸工 周东红

半年多慢慢地我就感觉出来,怎么这么一张纸,我感觉到我还是捞得不行呢,因为我记得那时候,最深的是,有一个月我们两个人起早摸黑地干了一个月,一个月的任务都没完成,在当时我就感觉出来,还不是这么简单的一回事,我想放弃捞纸这个行业。

【正文】

但是老周是一个很要面子的人。他一想,自己好不容易从一个农民变成了国有企业的技工,在亲戚朋友眼里也算是个有出息的人,如果辞掉工作怎么有脸回去见人。从此以后,他静下心来拜师学艺,勤学苦练。

【同期】中国宣纸股份有限公司捞纸工 周东红

我天天早上起来早一点。夏天天气暖和一点好一点,在冬天,你那个手伸到那个冰冷刺骨的水里面,我们那时候那一双手(长了)冻疮,怕死人的,就是(长了)冻疮,你也要下水去捞纸,为了找这种感觉,我要是不捞的话,我要过几天再捞,再去找那种感觉,就没有,就找不到那种感觉,我也忘记了,所以在那之前,勤学,就这么勤学,苦练,为什么叫苦练呢,苦练就是我天天就如此,天天就是找这种感觉,就是找这个纸的平衡度。

【同期】周东红妻子 张晓霞

经常(凌晨)一两点起床就去捞纸了,捞到下午五六点才下班,时间很长最早他十二点半就走了,你想想十二点半对于不是这个行业的人,他还在玩,他已经去槽子上班了。捞纸车间的就只能做半夜夫妻。

【同期】中国宣纸股份有限公司捞纸工 周东红

一般的为什么像我们捞纸工要找女朋友那时候就很难呢,难就难在这个时间比较长,你没有时间出去到处跑,因为我们往这个槽沿边上一站就是十几个小时,一天干到晚,基本上就是十几个小时,天天如此。

记者:那你是怎么追到女朋友,就是你现在的老婆?

我现在的老婆,我们是青梅竹马。

【同期】周东红妻子

我觉得他很傻。看电视讲笑话,讲一句不该讲的话,有时候就什么我爱你、你爱我,有时候我问他一句,我嫁你这么多年,跟了你,我都没有听到你讲这三个字。他讲那个电视里面都是假的,怎么可能是真的?我还要讲吗?我心里面晓得。

【正文】

老周说,最初从事捞纸行业,是为了生计,但是这么多年下来,他已经慢慢地爱上了这一张张宣纸。

第一章 服务国家发展:现代化进程中的媒体使命

【同期】中国宣纸股份有限公司捞纸工 周东红

许多人点名要求我来帮他们做这种纸,那我心里不也是一种荣誉感吗。

【正文】

老周现在考虑的是怎样能把这门手艺给好好传下去。赵志刚,是老周的徒弟,和他同一批拜老周为师的有十个人。

【同期】周东红的徒弟 赵志刚

当时招的十个人跟我一批进来的,大概一半走了。

记者:他们为什么走了?

首先第一个也辛苦。要起早摸黑。这个工作也单调枯燥得很。还有一个就是潮湿,时间长了大概会有关节炎什么的。

【正文】

老周说,宣纸是老祖宗留下的东西,已经有1500多年历史了,一张宣纸从投料到成纸需要经历三百多天,一十八个环节,一百多道工序。但是现在他和他身边做宣纸的人已经是越来越老,愿意学这行的年轻人是越来越少了。

【同期】中国宣纸股份有限公司捞纸工 周东红

你首先你要耐得住寂寞,你才能干得下来。因为现在的年轻人他都想到外面去闯一闯、到外面去看一看。

【同期】周东红妻子

有时候我跟他开玩笑,我讲你今年五十岁了,你想捞到什么时候?他讲不管,反正我能捞我就捞,我就喜欢捞。他就这样子的。

【同期】中国宣纸股份有限公司捞纸工 周东红

中国有一句古话说行行出状元,我换了一种工作,不一定能干到现在这个成绩,我能坚持到现在,那我心里不也是一种荣誉感吗?

【编后话】不忘初心 方得始终

捞了一辈子纸的老周,前几天,刚刚获得了他人生中的第一个全国五一劳动奖章。虽然在造宣纸这个行当,周东红已经是响当当的人物了,但是无论酷暑严寒,他依然坚持每天都要长时间地下水捞纸,他说只有这样才能让手的感觉一直在。

周东红说,他不知道什么叫做工匠精神,但他知道要做好一件事,就必须(要)勤学苦练。也正是带着这样一个念头,30多年以来,经过周东红捞的近千万张纸,没有一张是不合格的。还是那句话,不忘初心,方得始终,周东红在传统技艺上的精益求精和极致追求,让他不仅体会着劳动的快乐,也增添了传承人类非物质文化遗产的自豪感。

播出时间:2015年5月6日
播出栏目:《朝闻天下》《新闻直播间》等
标题:深海钳工——管延安

【导语】

正在建设的港珠澳大桥连接珠海、澳门和香港,是迄今为止世界上最长、施工难度最大的跨海大桥。而工程当中最大的挑战就是要在茫茫大海当中修建一条5.6公里的海底隧道,长度、规模、施工工艺都是我国首次尝试,因此一些经验丰富的老技师都面临着全新的挑战,而钳工管延安就是其中的一个。(如图1-20)

图1-20 节目截图

【正文】

因为要避让空中航线和海面货轮,港珠澳大桥两头是桥面,中间用一条5.6公里的海底隧道连接。考虑到地质条件和生态保护,海底隧道并没有采用传统的挖掘作业,而是用33节水泥沉管在海底一一对接而成。一节沉管长180米,宽38米,高11.4米,重量近八万吨,相当于八万辆小轿车的重量,这么重的东西下沉到四五十米的深海中与另一根对接,误差要以毫米计算,可以说是海底绣花。海底隧

第一章 服务国家发展：现代化进程中的媒体使命

道完全封闭，大型机械无法进入，对接时只能依赖事先安装好的各种操作设备。

【同期】中交港珠澳大桥岛隧工程项目总工程师 林鸣

相当于我们有一双无形的手，延伸到海底，完成各种指令，哪怕就是有一个小的环节一个螺丝钉出现意外的时候，轻则导致我们整个安装工作的延误，重则整个工程，一千多亿的投资都会面临一些危险。

【正文】

钳工管延安正在安装的叫截止阀，沉管对接时，它的作用是控制入水量，调节下沉速度，从而让两节隧道在深海中精准对接。同样是安装阀门，拧螺丝，如果是普通设备，只需要牢固稳定就行了，但在深海中操作，要做到设备不渗水不漏水，安装接缝处的间隙必须小于一毫米。

【同期】

记者：一毫米你肉眼是没法判断的，你靠什么去判断它呢？

港珠澳大桥岛隧工程首席钳工 管延安：

螺丝孔和螺丝帽里面有一个凹点，放进去之后就有那个感觉，手的感觉你就可以拧进去。

【正文】

凭着手上的感觉，就能判断一毫米的间隙。从2013年港珠澳大桥完成第一次海底隧道对接到现在，经管延安的手安装的设备已经成功对接16节海底隧道，操作零失误。管延安的技术不仅超越了当时挑中他的师傅，连两名大学生都成了他的徒弟。

【同期】

管延安的师傅 李树雨：

没发现有人可以替代他的，我也替代不了说实在的。

管延安徒弟 甘增超：

一眼就看出来了，干活儿确实是非常利索麻利，这个不服是不行的。

【正文】

别看管延安现在这么牛，刚刚到港珠澳大桥海底隧道当钳工时，满怀信心的他，就遭遇了一次不小的打击。第一次安装设备，干过20年钳工的他轻车熟路，半个小时就完成了，没想到，模拟调试时，设备漏水了。所幸只是测试，问题又很快解决，没有造成太大损失，但上百名工友几天的活儿白干了，一切必须从头再来。

【同期】港珠澳大桥岛隧工程首席钳工 管延安：

大家对我有一种看法,就说你看看,过来之后,糊糊弄弄地把这个东西装上,装上之后,你看看出这个问题。

【正文】

这一次失败,让管师傅认识到,港珠澳大桥的活儿是一次全新的挑战,技术必须更加精益求精。他索性把宿舍搬到了设备仓库附近,从早到晚地练习。

【同期】港珠澳大桥岛隧工程首席钳工 管延安

最难的地方就是研磨这个阀口,这上下两个阀口一个动面一个定面,需要研磨得严丝(合)缝,之后才能不漏不渗。

记者:误差允许的是多少?

这个没有误差,必须是零卡零的,严丝(合)缝地配合。有一个阀我连续拆了三到四次,我就是装好了,我也把它拆下来,重新再把它打乱,打乱之后我重新再装一遍。(如图1-21)

图 1-21　管延安接受采访

【正文】

要找到最佳感觉,需要耐心,更需要时间,平时半个小时就能安好的设备,在这里需要四五个小时。为了训练自己的手感,干活的时候,管师傅很少戴手套。

【同期】港珠澳大桥岛隧工程首席钳工 管延安

如果你戴着手套上这个螺丝,你那个手感跟不戴手套肯定是两个样的。(不)戴手套可以把这个螺丝的这个手感,找到最佳位置。如果你戴着手套,隔着一层手套,隔着一层布,那个最佳感觉就找不到。

【正文】

从这个小口爬进去,顺着梯子下到底部,海下十几米,就是管师傅的工作区域,隧道内密不透风,闷热潮湿,他每天要在这里工作近十个小时。

【同期】管延安的妻子 张翠华

他又累又苦,再怎么累,怎么苦,他从来不和我说,上次有回和我说天热,和他一起来的我的一个外甥,他说姨,这边天热,每天头上都是汗,拿矿泉水瓶子装,能装三瓶子。肯定是受罪,不热哪能淌出汗来。

【同期】港珠澳大桥岛隧工程首席钳工 管延安

我不怕吃苦不怕累,就是这个样执着,我认准的事,我需要把它完完好好地干好,必须把它圆满地干好,不管出现什么问题,我会走到底。

【正文】

管师傅的家,远在千里之外的青岛,这两年,他很少回家,连今年春节都没有和家人团聚,妻子对此还比较理解,但13岁的儿子怨言很多。

【同期】港珠澳大桥岛隧工程首席钳工 管延安

他说爸爸回来吧,不要在外边了,太远了,咱们多长时间没见过面,这个样子,就是隔得远了之后,他也想我。

【正文】

不过,随着儿子慢慢长大,也开始理解父亲干的工作了。

【同期】管延安的妻子 张翠华

我孩子说,妈妈,爸爸是干国家工程的。什么是国家工程,我就问孩子,我装不知道,他说干港珠澳大桥。

【正文】

现在,港珠澳大桥海底隧道对接工程已经完成近半,全部工期结束还需要两到三年时间,五年深海钳工的职业生涯,让管延安成为我国从事这项工作的第一人。他说,参与国家工程,是自己抛家舍业的初衷,也是甘受寂寞的精神支撑,更是他铭记终生的荣誉。

【同期】港珠澳大桥岛隧工程首席钳工 管延安

我的心愿就是(将来)开着车到香港去,从咱这个海底隧道走一圈转一圈,因为这是我在这边干了这么多年,一节管一节管对接起来的,对它也有感情。也有可能(将来)孙子领着我,那样我就会跟孙子说,当时这是爷爷一块儿在这边奋斗过的地方。

【编后话】

管延安只有初中文化,却成为安装海底隧道对接设备的第一人,甚至专业院校的大学生都成了他的徒弟。能够成就这一切,是管延安对技工这个职业的尊重,管延安以匠人之心追求技艺的极致,让海底隧道成为他实现梦想的平台。每个大工程的背后,都离不开这些技工人才,他们是颗闪光的螺丝钉,是中国制造不可或缺的人才。

第二章　记录时代风采：讲好新时代中国故事

社会进步，文明发展，总留有痕迹，媒体正是记录时代的重要载体。在推动社会文明进步之时，媒体靠着对时代风采的记录，发挥着不可替代的作用。然而，对于社会中发生的无数事情，媒体不可能做到"有闻必录"，这就需要其选择好时代的重要主题并做好主题报道。对党和政府来说，每一个时期的发展，都有重大主题和重大部署。

做好主题报道并非易事。有人说，新闻报道是时间的作品，更是时代的作品。主题报道尤其如此。主题报道是新闻媒体弘扬主旋律、开展理想信念教育、培育社会主义核心价值观、引导社会舆论的有效载体。而重大主题报道，是新闻媒体围绕党和政府的重大决策、重大部署、重大活动及相关社会热点所进行的集中而且大规模的战役性报道，是主旋律报道的重中之重。一则好的主题报道，思想始终在场，时代精神清晰可见，深刻与生动如影随形，相得益彰。对主流媒体人而言，做好主题报道，既要常常修炼，又要实时更新。所以，把主题报道做好并不容易。

做主题报道，如逆水行舟，不进则退，还会有失舵的风险。正如有学者指出："主题报道守成易、开新难，须常怀警戒之心，时刻保持托举状态，防止惯性下沉。"[①]"主题报道如何创新？如何打动更多年轻的受众？如何打造出正向叙事的爆款？如何才能画出更大的同心圆？"这是在媒体深度融合发展的背景下，我们需要不断思考的问题，也需要更多的实践。

从《"十八洞村"扶贫故事》到《"悬崖村"扶贫纪事》，从《家风是什么》到《沿着高速看中国》等诸多大型主题报道，总台新闻人一直在积极进行创新探索，一批批既叫好又叫座的作品不断涌现。

---

① 张涛甫.记录新时代，主题报道当有新作为[J].新闻战线，2018(9):66-68.

一、把脉时代:让主题报道长筋骨

记录时代,推动社会的发展,需要媒体把握时代主题,做好主题报道。主题报道是"主题+报道"的组合体,主题报道的魅力来自"主题"和"报道"的琴瑟和鸣。所以主题报道要把故事讲好,又不能止步于讲故事。好的主题报道,故事中一定有"筋骨"的支撑。如果只是把故事讲得很热闹,却忘记了为什么讲这个故事,观众看完这个故事只是沉浸于情节的一波三折,那么,这可能是记者"因为走得太远,忘记了当初为什么出发"。

做好主题报道,表达方式很重要。选择哪种表达方式,选择讲什么故事,故事背后体现怎样的主题,都需要报道者在深刻领会重大主题战略意义的前提下,用新闻专业视角进行思考,对核心主题进行策划、提炼,再付诸实施。要把"主题"中的政治话语转化成公众所能理解的公共话语,才能实现政治议题的有效抵达。比如做党的二十大的宣传报道,就要全面、系统、准确地理解党的二十大精神,把精神学通学透,而不是把会议文件、报告平移到报道中,在报告中摘录一些话语,再与采访到的案例进行拼接。

做好主题报道,要有思想和灵魂。毋庸置疑,主题报道不是思想缺位、价值缺席的"零度写作",要有思想,要见时代;脱离了这些,报道再好看也没有"筋骨"、缺少"灵魂"。同样是"悬崖村"的故事(如图2-1),有些报道会这样呈现:那里的孩子

图2-1 《朝闻天下》"悬崖村"扶贫纪事

下山去上学，家长就像放羊一样用绳子或布带拴在孩子腰间，牵着他们往山下去；有的老人感觉自己时日不多，担心过世之后亲朋好友不能上山来送终，就请人把自己背到山下，找间房子住着等死……整个报道充溢着贫困、惊险、艰辛甚至绝望，在新媒体平台上可以火。我们是选择将这些内容简单处理然后大肆传播出去，去博眼球、打造所谓的"爆款"，以增加微博的粉丝数和点击率，还是克制住这种冲动，用深入的调查为脱贫攻坚展现出建设性的样本？

如果镜头里只有苦与难，只有悲观和绝望，既没有价值，也不符合事实。我们关注的是真正在脱贫道路上的艰难探索，我们研究问题、给人以希望，不是三五天的走马观花，也不是今天爬山、明天爬山、后天还是爬山的重复传播，而是真正持之以恒、用之以心，肩负媒体责任和家国情怀的报道。只有这样的报道，才会有时代深刻的烙印——它记录了时代，而时代赋予它"筋骨"和"灵魂"。

记录时代的主题报道必然蕴含思想和价值，但这种报道如何具有感染力和亲和力，让观众喜闻乐见呢？正如有些人提出的，背负着这样的"重担"，主题报道还会好看吗？故事还能讲精彩吗？为此，我们总结了两条经验。

一是"高开低走"。"高开低走"如何理解？比如《"十八洞村"扶贫故事》（如图2-2），该报道立足习近平总书记"精准扶贫"这一宏大的国家命题，精选村民施六金的思想变化为全片"暗线"，并通过村民评议扶贫干部工作成效、水桶村复制十八洞村经验、苗寨相亲会等一个个生动的故事细节，呈现了"精准扶贫"重要思想在基层农村的鲜活实践。我们看到，在这些小故事中，高远立意散发出了泥土的芳香。

图 2-2 《新闻联播》治国理政新实践"十八洞村"扶贫故事

二是"天线地线"巧妙勾连。天线是大局,是政策;地线是老百姓的生活百态。我们的报道就是要找到两者的关系,以新闻报道的方式体现出来。正所谓,"天线地线,穿针引线",我们干的是"连天接地"的工作。"十八洞村"的故事中,主创人员把习近平总书记的时政镜头与"走基层"式的故事表达有机结合,巧妙勾连"天线地线",主题主线类报道的传统表达进行了创新。"悬崖村"的故事中,记者关注的是中国特色减贫道路上一个特殊的群体,中国脱贫攻坚战中最难啃的硬骨头,这是脱贫路上艰难而有益的探索。

总台的"海采"报道也很好地体现了这一点。2014年春节,央视在《新春走基层》系列报道中,推出了一档调查节目《家风是什么》,让国人在"家"的概念最为浓烈的春节,在与家人朋友难得的团聚中,重提一回"家风",一起好好想一想"家风是什么"。这个话题一经推出,立即在社会上、网络上、媒体同行中引发强烈共鸣,"家风"成为千家万户团圆宴上的一个"热词",引发了全社会对继承"中华优秀文化传统"以及弘扬"社会主义核心价值观"的大讨论。

"家风是什么"这个"海采"话题不是一拍脑门就想出来的。2013年10月31日,习近平总书记在中南海同全国妇联新一届领导班子成员集体谈话并发表重要讲话,他谈道:"要注重发挥妇女在弘扬中华民族家庭美德、树立良好家风方面的独特作用。""家风"这个选题就是来源于习近平总书记的这次讲话。中央领导评价这个节目是弘扬社会主义核心价值观的成功案例,有利于爱家、爱国风气的形成,在整个社会中弘扬中华传统文化、传递正能量,这样的节目不仅在节假日可以做,平时也可以做。

2015年央视春节期间的"海采"话题"你为谁点赞"也是从习近平总书记的2015年新年贺词中获得的选题灵感。这些节目播出之后,反响非常好,在引起受众共鸣的同时,凸显出全社会共筑"中国梦"的决心和毅力。

二、讲好故事:让主题报道换面孔

党和政府的重大主题、重要战略、重要部署是国家发展的关键支撑。作为党、政府和人民的耳目喉舌,主流媒体主动作为,积极开展主题报道,是承担社会责任的应有之义,也是推动社会文明进步的重要力量。由于主题报道涉及重大主题,容易出现宣传味、说教腔,而受众需要的是实用信息,因此受众可能对主题报道产生反感情绪。为此,我们要在宏大主题中找到微观叙事方式,让主题报道能够入脑入心。将重大主题化为一个个鲜活的人物和故事,从细节入手,讲好故事,可以增强主题报道的可读性,让主题报道更接地气。

在全面建成小康社会的今天,精准扶贫和乡村振兴是重要的时代主题。如何做好这类主题报道?总台对"十八洞村"的报道提供了经验。2016年2月13日至17日,《新闻联播》连续播出五集《治国理政新实践"十八洞村"扶贫故事》(如图2-3),被专家称为"新闻连续剧"。

图 2-3 《新闻联播》截图

这个报道让习近平总书记提及,最重要的原因就是故事讲得好。《"十八洞村"扶贫故事》与很多人印象中的主题报道不一样,没有严肃的说教,处处充满了喜感。五集报道,总的来说是一个完整的"扶贫故事"——习近平总书记到十八洞村考察,首次提出"精准扶贫"的重要思想,于是当地政府派驻工作队驻村蹲点,探索扶贫新模式。大故事中还有若干个小故事,村民们没有意识到这次扶贫是要"拔穷根",像以往一样等待"扶贫工作队"分钱;村民施六金从阻工到主动让出一亩多地为村里修建停车场;扶贫工作队队长龙秀林带领农民种植猕猴桃,却在村民评定中得了倒数第一;村民施全友的"脱单"(因结婚而脱离单身汉身份);十八洞村举办相亲会以及附近村寨水桶村村支书麻妹英带着村里的单身汉赶来"搭顺风车"、现场取经等。一个又一个真实、鲜活的人物,一个又一个精彩又出人意料的情节,就如同一把把勾住观众的小钩子,让观众看完一集还想再看下一集,一直看到结局。

讲好故事,要先立人物。新闻报道必须以人为本,《"十八洞村"扶贫故事》同样遵循了这一原则。比如十八洞村的施六金(如图2-4),为了不让扶贫工作队在自己的稻田里树电杆,带头阻止扶贫工作队的农网改造工作,在村里当干部的堂弟领着施工队偷偷把活干了,施六金为此闹到了村委会:"你想错了,亲兄弟明算账,你为公我为私。"报道团队就精心选取了这个"心里总是打着小算盘,看上去还有些自私"的村民施六金作为节目的主线人物之一:2014年年初,施六金因为不配合全村的农网改造,在群众测评中排名倒数第一,后来经扶贫工作队近一年的"对症"帮扶,施六金的思想发生很大转变,在村里各项公益事业中表现积极,脱贫致富的干劲越来越足。施六金的成功转变,也让扶贫工作队更加明白了"扶贫先扶志"的重要性。

图2-4 节目截图

报道中的配角同样精彩。比如,湖南花垣县水桶村村支书麻妹英,是一位在县委书记的带领下前往十八洞村取经的女干部。她在取经中正碰上十八洞村筹办相亲会,就在心里打起了"小九九",因为水桶村还有不少光棍汉,她回村动员他们参加十八洞村的相亲会。这些人物特点鲜明,语言生动,个性丰满,与影视剧中的人物相比,毫不逊色。

讲好故事,要捕捉细节。与人物同样重要的是细节,细节与人物是相辅相成的。作为报道团队,选定了人物,还需要用大量的细节去丰满他(她),使这个人物更可亲可感。同样以施六金为例,他在十八洞村的群众测评中得分最低,因此他家的"星级牌"上只有两颗星,施六金偷偷地把"星级牌"扯掉了。生动的细节令人忍俊不禁,给报道平添了几分谐趣。

清澈、简练、聚焦、有细节、有诱惑力、能唤起人们的好感,这是新闻学者李希光所认为的好新闻的标准。通俗地说,一则主题报道,如果既有鲜活、生动的人物,又有让你心中一动或开怀一笑的细节,还能看到人物命运的变化、人性的善恶与美丑、人们对美好生活的向往与追求,大家自然要为它点赞、叫好。

今天的新闻人讲好中国故事,既是新闻传播的本职工作,也是时代赋予的重要责任。习近平总书记在党的十九大报告中指出,"讲好中国故事,展现真实、立体、全面的中国,提高国家文化软实力"。他还亲切地勉励广大新闻工作者:"我们有本事做好中国的事情,还没有本事讲好中国的故事?我们应该有这个信心!"这是主题报道创新探索过程中,最清晰的指向和最坚定的信念。新闻人只有从这个高度上来认识"讲故事",才能讲出好故事。

讲好故事,要采访到位。主题报道做得好不好,关键在于采访是否到位。有些刚入行的新人总在追问,做好主题报道有没有秘诀?"伴随式采访"或许是最好的捷径。伴随式采访意味着记者要深入受访者的生活中,"全身心地投入""脚上沾满泥土""感受热气腾腾的生活"。

《"十八洞村"扶贫故事》这部"新闻连续剧",比影视剧市场上绝大多数的电视剧拍摄时间都长,主创人员连续跟拍了两年之久。如果算一算拍摄的素材与播出的时长,片比达到了 160∶1。这个报道之所以做得好,有那么多的矛盾冲突,有那么多真实可信的现场和精彩绝伦的"神同期",就因为采访组下了真功夫,他们与村民们吃在一起,住在一起。

在拍摄上,除了常规的摄像,报道团队还动用了航拍器材,在村里安装了 4 个远程遥控摄像头,完整地"偷拍"了村民评议、集体相亲等几场关键"大戏",捕捉到了人物最真实的表情和对白,才使得这组报道如此真实可信、情感动人。2016 年,十八洞村村支两委与全体村民商议,授予央视报道团队的 9 名记者"荣誉村民"称号,这说明村民对记者的认可。

经过多年探索,"讲故事"越来越多地被运用于主题报道。2016 年 5 月,央视推出的《"悬崖村"扶贫纪事》(如图 2-5)也是这样一组"沾泥土""冒热气""带露珠"的优秀作品。

图 2-5 《朝闻天下》截图

四川省凉山彝族自治州昭觉县支尔莫乡阿土列尔村,也被媒体和公众称作"悬崖村",它高踞悬崖峭壁之上,进村之路步步惊心(如图 2-6)。"悬崖村"所在的四川大凉山,是全国十四个集中连片贫困地区之一,也是全国最大的彝族聚居区。当地山高路远、土地贫瘠,自然条件极度恶劣,是脱贫攻坚最难啃的硬骨头。

图 2-6 节目截图

2015年12月,央视记者到"悬崖村"之后,第一个感受是,不要说做报道,进村就不是一件容易事!要进村,只能攀爬800米高的悬崖,普通人来回一趟要走10个小时,历史上失足坠崖的人不止一个。

为了真实记录下这里的变化,记者克服恐高症,排除万难,系着安全绳,冒着生命危险在悬崖上跟踪拍摄,完整记录了扶贫"第一书记"爬悬崖进村住下,从一开始面对语言和习俗的差异,到打破隔阂,一点点走进彝族群众心里,一点点讨论、研究扶贫之路,并最终带领彝族老乡们走上脱贫之路的故事。

在记者来到这里之前,当地很少有外人来过,媒体自然就更少见。而我们的记者五次往返"悬崖村",山上一间废弃的土坯房就成了记者的"临时招待所"。艰苦的环境没有让记者退缩,他们老老实实地扎下去,用笨办法,下苦功夫,从前期调研、拍摄,到节目最后播出,前后花了近六个月的时间。

正如记者所说,"有的时候,可能只能用最笨的办法,才能做成最难的事"。扶贫工作要啃最硬的骨头,我们的报道也是一样。

记者在村里与村民同吃同住近一个月,而后又在昭觉县采访近50天,其间还走访了国务院扶贫办、四川省扶贫移民局、四川省发改委、凉山州政府等多个政府机关、部门,采访了大量官员、专家、学者,深入调研了解其贫困的原因、暴露出的问题、解决的办法和未来的规划。

报道播出后,在社会各界包括境外都引起巨大反响。短短一年间,凉山州、昭觉县统筹财政资金100万元,为阿土列尔村修建了更加安全稳固的钢梯,替换掉过去的藤梯。幼教点从山下建到了山上,还通了手机4G信号,修建起了村卫生室。

《"悬崖村"扶贫纪事》这则报道播出了,但记者并没有从"悬崖村"撤退,新闻频道还在持续关注。两年后,当地政府将周边的大峡谷、原始森林和高山草甸,整合成一个风景区——"天空之谷"。依托景区,村民也搞起了旅游。看到村里的变化,外出打工的年轻人积极返乡创业,创出了"悬崖村"当地的白酒品牌。2020年5月,悬崖村迎来历史性的一刻——搬家。昭觉县启动了四川省最大的易地扶贫搬迁项目,悬崖村的84户贫困户告别世代居住的悬崖,搬迁到县城安置点。

记者在报道的过程中,已经深度参与到他们脱贫攻坚的战斗中,与村民在同一个战壕里摸爬滚打,一路探索,一路期待,共同见证"云端的巨变"。这样的报道必然是生动的,这段历程也是珍贵而难忘的。

由此可见,一篇好的报道并不是轻易得来的。习近平总书记指出:"基层干部要接地气,记者调研也要接地气。"我们唯有扎根人民生活、扎根实践沃土、扎根基层实际,才能锤炼出过硬的脚力、眼力、脑力、笔力。根扎得越深,大地给你的馈赠也越多。所以,一定要更多地走出去,到基层去,到生活中去。

三、敢于突破:拓展主题报道疆域

主题报道一定是正向叙事吗?主题报道当然需要在社会反应上是一个正向的效果,但报道的题材是不是一定都是传统意义上的"正向主题"?有一些监督性的内容是不是能够放进去?在2021年澎湃新闻主办的"2021外滩新媒体峰会"上,业界同人也曾探讨过这个问题。我们认为,可以在主题报道中尝试监督性的内容。

2018年4月1日,新闻频道《新闻直播间》以《如此整改的"扶贫路"》为题,报道了甘肃省折达公路考勒隧道因存在工程质量等问题被举报和记者调查的相关情况。记者发现甘肃省折达公路这条事关百姓福祉的扶贫路,存在严重的质量问题,被责令加固整改后,有关部门刷个涂料就草草了事(如图2-7)。相关人员搪塞敷衍,推诿扯皮,让这条扶贫的暖心路变成了百姓诟病的寒心路。围绕着"豆腐渣公路"背后的政风问题,报道曝光了16亿扶贫公路偷工减料、整改不力。

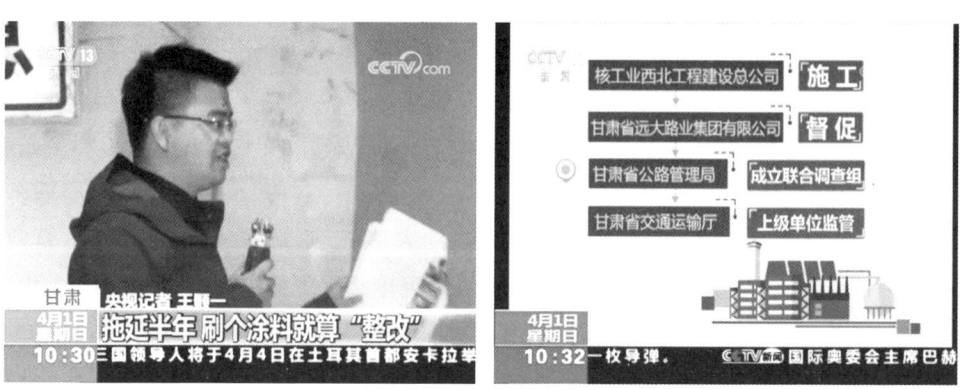

图2-7 《新闻直播间》如此整改的"扶贫路"

节目播出后,甘肃省政府致函总台,函中写明,甘肃省委书记批示:"这是一起十分典型的不作为不尽责、官僚主义、衙门作风严重的案例……必须严肃问责。"甘肃省交通运输厅当晚发布处理意见,6人停职。4月2日交通运输部派出专项督导组,赴甘肃省对报道反映的问题整改及后续处置工作进行现场督导。

这组报道不仅调查扎实、证据完整;而且主题深刻,直指政风。这则报道的背景是,党中央三令五申狠抓作风建设,坚决杜绝不作为不尽责、官僚主义和衙门作风。报道激浊扬清、针砭时弊,建设性地进行了舆论监督,充满正能量,影响重大。网友在为报道点赞的同时,对党中央的作风建设充满了信心。报道获得了第二十九届中国新闻奖二等奖。

主题报道是在一段时间内围绕一个主题展开的一系列深入系统的报道,应该是全景式、多角度、多侧面的,有时候甚至是批评性的。主题报道不能简单地与"成就报道""表扬报道"画等号,我们在做主题报道时,更应当追求的是"正面效果"。经验告诉我们,一味地表扬或者只说好话、只唱赞歌并不必然产生正面效果或正面效应;同样,对负面事实的报道并不必然产生负面效果或负面效应。"新闻报道能够产生什么样的结果或效应,与报道什么样的新闻事实与报道的方式都是紧密相关的,并不仅仅取决于报道内容的性质。只要时机合适,方法得当,拿捏有度,对各种属性新闻事实的报道都可以产生正面效应。"①

与其说"报什么"很重要,不如说"怎么报"更重要。新闻人要学会用智慧、热情和定力来驾驭更多复杂的题材,而不是自己给自己戴上枷锁,这个题材不碰,那个题材危险,主题报道地图就会越来越小。

四、探索新路:创新主题报道表达

记录时政要闻,是媒体记录时代的最重要的组成部分,时政报道能不能创新?又该如何创新?

互联网时代,总台在时政新闻报道上,积极采用人们乐于接受的新方式,创新时政新闻表达,受到广泛好评。2020年1月农历春节前夕,习近平总书记赴云南考察调研。在腾冲和顺古镇小巷里,游客偶遇习近平总书记特别兴奋,都围拢过来朝他挥手问好。习总书记与游客亲切对话:有位女子问"彭麻麻呢",习总书记爽快地回答"没来",还接了一句"快过年了,都在家忙着呢",对话引得现场欢声笑语。这有趣、有爱、有温度的一幕贴合传统节日气氛,一问一答中尽现大国领袖的亲民形象,引发网友强烈共鸣。短视频《独家视频 | "游客:彭麻麻

---

① 杨保军.准确理解"党媒"新闻报道"全面"观念与"正面为主"观念之间的关系[J].西安交通大学学报(社会科学版),2022(3):119-124.

呢？"》于当日在央视新闻客户端首发,迅速"燃爆"互联网,刷屏朋友圈,"霸占"各大网站头条(如图2-8)。

图 2-8　短视频《独家视频｜"游客:彭麻麻呢?"》

这是讲述中国故事的一次创新、一次尝试,23秒的短视频发布当天点击量23亿次,全网阅读量累计37亿次,成为点击量最高的时政视频,创下中国新闻的一项新纪录！在网友们不计其数的留言里,大家都在说:"被这一幕暖到了！总书记亲民爱民没有架子,跟老百姓像亲人一样没有距离,大家都爱您祝福您。"

回到当时的新闻现场,空间狭小又事发突然。在这种复杂的环境中,时政记者和录音师敏锐反应、全程捕捉,既抓拍到问问题的游客,又捕捉到总书记的妙语和表情,声音清晰干净;编辑在制作时以最真实的视角还原现场,还保留了摇晃的镜头,展现时政最前线的真实记录,留回味的空间给受众。这样的短视频,言语间展现大国领袖亲切质朴的一面,打动人心。

《鼓岭！鼓岭！》同样是一条大胆创新的时政微视频佳作,获得了第二十九届中国新闻奖一等奖(如图2-9)。作品讲述了时任福州市委书记习近平亲自促成的一段中外民间交往佳话。1901年,加德纳随身为传教士的父亲来到中国福建,并在这里度过了一段欢乐难忘的童年时光。

1911年,加德纳全家因故回到美国加利福尼亚州。时光荏苒,他常常眷念着鼓岭,却因为种种原因没能再回到中国。临终前,加德纳反复说出"Kuliang, Kuliang"(鼓岭的音译),而加德纳太太却不知道是哪儿。后来,加德纳太太在收拾丈夫遗物时发现了线索,她终于知道 Kuliang 是中国福州鼓岭,这个故事后来被发表

图 2-9 时政微视频《鼓岭！鼓岭！》

在中国的报纸上,引起了时任福州市委书记习近平的注意,他当即指示市外办邀请加德纳太太访问鼓岭。

报道用沙画还原历史,用采访和资料画面来深情讲述这一跨越百年的传奇。历史和现实,福州和加州,在报道中巧妙衔接。主创团队精心策划,赴福建福州深入拍摄,几经周折专访到当年这一事件的核心见证人,并反复推敲打磨沙画脚本,让沙画与影像报道的衔接更为精巧、更为顺畅。原声加沙画精巧结合的收尾,将该视频的情绪和立意都同时提升至新高度,全篇娓娓道来,温馨质朴,充满人文情怀。

这些作品被业内人士评价为"解读和挖掘时政的经典代表"。它们给我们的启示是,在融合传播的语境下,做时政宣传、做主题报道,要主动打破惯性思维,主动思考传播时政话题的新思路、塑造领袖立体形象的新方式、讲述中国故事的新方法。

五、小结：细微之处记录时代风采

国家的发展,社会的进步,时代的主题,是由无数的人物、事件、故事承载而流传的,后人通过媒体的细微记录了解了时代风采。正因如此,今天的新闻被誉为明天的历史,媒体则因此责任重大。

当前,我们正处于民族复兴的历史关键时刻,无论是党和政府的重大决策部署,还是热火朝天的民众实践,都蕴含着无数生动感人的故事。作为主流媒体,我们把这些故事挖掘出来,通过故事讲道理,记录时代主题,是责任担当的体现。当代中国正经历着我国历史上最为广泛而深刻的社会变革,也正进行着人类历史上最为宏大而独特的创新。我们没有理由不用心、用力、用情讲好"时代的故事",讲好"中国的故事"。

同时,我们也要认识到,媒体环境已经发生巨变。传播渠道从单一走向多元,传播模式从单向走向互动。移动新媒体和自媒体平台不断发展,其传播主体多极化,传播内容海量过载,传播速度远远超过杂志、报纸甚至电视。随着视频与直播突破技术门槛,互动与社交等人际传播模式对大众传播模式也产生了巨大冲击。受众对于典型人物报道、主题成就报道的态度更趋复杂,从单一接收到接受,从批判性接受到质疑。

面对社会环境和媒介环境的变迁,媒体记录时代的方式和主题报道遭遇诸多挑战,亟须创新。主流媒体记录时代,要重视主题报道,更要创新主题报道方式,提高主题报道质量和吸引力,这样才能提升主流媒体的传播力、引导力、影响力和竞争力。如何坚守主题报道的主旨要义,做好主题报道,发挥主题报道的社会功能,是新闻界需要深入探索的一大课题。

主题报道怎么做?——"守正出新,正道致远",而且一定要把创新求变的主动权牢牢掌握在自己手中。以传播核心价值观为己任的主流媒体人,要敢于坚守,敢于相信,敢于打破陈规,勇于接纳新技术,敢于向自己的惰性和惯性思维宣战。

第一,要把握时代重大主题,凸显新闻媒体的引领力。主题报道的主题要从国家战略高度出发,聚焦中国道路、中国理论、中国制度、中国文化等重大议题,围绕党和国家的重大工作部署。如此,才能彰显主题报道的时代记录功能。

第二,要创新主题报道方式,增强新闻报道的吸引力和感染力。主题报道的议题宏大,但报道视角要落到实处。要在基层实践和人民群众的火热生活中找到入口,用群众语言、群众故事、群众经验,增强主题报道的吸引力和感染力。尤其是关于党和国家大政方针的主题报道,要兼顾全面准确和通俗易懂,兼顾宏观大局与微观细节,使主题报道既体现党和政府的意志,又符合人民的心声愿望。

第三,要顺应媒体融合发展大势,提高主题报道的传播力、引导力和影响力。新兴媒体的出现改变了单向传播格局,受众的参与意愿和参与度越来越高。这种开放共享、互动交流的传播方式,要求我们改变传统传播模式,运用全媒体传播渠道和立体化传播方式,打造高质量的融媒体产品,实现主题报道效果的最优化。

做好主题报道,不仅需要记者提高业务水平,更需要其提高观念认识,从观念

第二章 记录时代风采:讲好新时代中国故事

上认识到主题报道对党的事业的重要性,从理念上转变主题报道的旧传统。

首先,要时刻牢记自己的使命。那就是让党和政府的声音,以群众喜闻乐见的方式,飞入寻常百姓家。

其次,要有同理心。新闻人要经常换位思考,在报道中强化"人民意识",观照人民生活,表达人民心声,做人民爱看的报道。如果说,一则报道自己做的时候,不相信、不爱看,怎么能指望观众相信它、接受它呢?

再次,要相信主题报道的力量。主题报道讲的是党的路线方针政策,写的是教育、医疗、住房、就业等各项社会管理举措;这些内容与老百姓息息相关。一则好的主题报道不能用点赞数、转发数、进榜单、上头条来衡量,它可能会改变一个地域、一个群体的命运,凝聚信心和力量,为国家发展、社会进步注入动力。

最后,要常干常新,"苟日新,日日新,又日新"。主题报道也是如此。一边是传播形势瞬息万变,传播环境和传播模式正在深刻变革;一边是时代日新月异,中国的改革走向深水区;承载厚望与重任的主题报道没有理由躺在陈旧的观念上,必然不断探索,不断创新。

附作品

作品一:《"十八洞村"扶贫故事》

播出时间:2016 年 2 月 13 日—2 月 17 日
首播栏目:《新闻联播》
第一集:找准"病根儿" 扶贫先扶"精气神"

【导语】

地处湖南湘西花垣县的十八洞村,因为山高路远,闭塞落后,过去穷得出了名,前些年村里年人均纯收入仅有 1600 多元。2013 年,习近平总书记来到这个苗族村寨,首次提出了"精准扶贫"的重要思想。这之后,当地派驻工作队驻村蹲点,积极探索"可复制、可推广"的精准扶贫新模式。

从今天起,本台"治国理政新实践"专栏推出《"十八洞村"扶贫故事》系列报道(如图 2-10),今天播出第一集《找准"病根儿" 扶贫先扶"精气神"》。

◇ 主动作为:新闻媒体推动社会文明进步的实践探索

图 2-10 《新闻联播》截图

【正文】

武陵山深处的十八洞村是典型的苗寨,因为寨子里有十八个溶洞而得名。过去,由于保守封闭,村民们互不往来,搞产业也是单打独斗。

【同期】湖南花垣县十八洞村村主任 施进兰

我养我的羊,你养你的猪,我有我的技术,我也相互保留,你也相互保留,所以我们各搞各的,到头来一事无成,还是照样贫困。

【正文】

2013年11月3日,在湖南考察的习近平总书记来到十八洞村,在和老乡们座谈时,第一次提出了"精准扶贫"的重要思想。(如图2-11)

【同期】

我们在抓扶贫的时候,切忌喊大口号,也不要定那些好高骛远的目标,扶贫攻坚就是要"实事求是,因地制宜,分类指导,精准扶贫",一个是发展生产,实事求是地讲,能抓什么,实实在在地抓起来。一个是从公共服务的角度,像这种贫困村,应该给它得到什么保障,给它切切实实保障起来。

【正文】

牢记总书记的嘱托,花垣县组建6人扶贫工作队进驻十八洞村,积极探索"可复制、可推广"的精准扶贫新模式,但当时,一些村民以为,工作队又和从前一样,给他们送钱来了。

图 2-11 习近平总书记来到十八洞村

【同期】

湖南花垣县十八洞村村主任 施进兰

当时我是在外面打工,我也回来。

记者:分钱?

就要回来分钱,但是我回来以后,我看就不一样了,现在工作队来了之后,他不是给我们带钱来了,(大家说)工作队来是白来了,可能没有什么用的。

【正文】

看到扶贫工作队并没有带来真金白银,大家伙都很失望,连动员会也没开成,而工作队打算进行的农网改造,更是没人响应。

【同期】湖南花垣县十八洞村扶贫工作队队长 龙秀林

你家门口要栽一根电杆,老百姓不同意。电线要从他们家门口经过,也不干,多少钱,给多少钱再说。

【正文】

村民施六金因为不同意将电杆架在自家的稻田里带头阻工,在村里当干部的堂弟领着施工队偷偷把活干了,施六金为此闹到了村委会。

【现场】湖南花垣县十八洞村村民 施六金

你想错了,亲兄弟明算账。你为公,我为私。

【正文】

村民们"等靠要"的老观念,让工作队很头疼。如果不把大家的内在动力调动起来,光靠干部唱独角戏,精准扶贫的路子也很难走下去。

【同期】湖南花垣县十八洞村扶贫工作队队长 龙秀林

要让老百姓动起来,我们的工作才有效。

【正文】

工作队首先搞起了村民评议,从"发展致富产业,支持公益事业"等六个方面,让大家互相打分,并当场公布结果。

【同期】湖南花垣县十八洞村村干部 龙书伍

倒数第一的是施六金,平均分是68.2。

【正文】

根据评议结果,村里给每家每户贴上星级牌,最高的是五颗星,施六金家只有两颗星。

【同期】湘西花垣县十八洞村村支书 龚海华

他是觉得自己呢,好像是星级化里面是最低的,当时趁我们不注意的时候,偷偷地把他家门口这个星级化牌子扯掉了。

【同期】湖南花垣县十八洞村扶贫工作队队长 龙秀林

他这一摘,我们就感觉到施六金荣辱观的感觉还是很强烈的。我觉得这个人还是完全可以教育得好。(如图2-12)

图 2-12 龙秀林接受采访

【正文】

　　山里人本来就很看重脸面,通过星级化评比,村民们对公益事业主动参与的多了,斤斤计较的少了,干起事来心就齐了。

　　十八洞村原来的道路很差,村民们出行极不方便,县扶贫工作队就决定,从修建村道入手,引导大家用双手改变现状。

【同期】湖南花垣县十八洞村驻村第一书记 施金通

　　就像坏了一个拖拉机一样,没得油了,车子没油了,你要加油以后,那么它才能动,你能不能够下来把它推一把,自己动手。

【正文】

　　石板,门前的山上就有,水泥,则由扶贫工作队协调解决,不到一年的时间里,全体村民出工出力,陆续完成了通路、通水、通电和改厕任务。

　　不仅是村容村貌。曾经在村民评议中倒数第一的施六金,思想也在悄然变化。40多岁的他,因为穷一直没成家,思想很消极,工作队就介绍他外出打工,有了收入、见了世面,施六金眼界开阔不少,村里修建停车场占了他家一亩多地,施六金一分补偿都没要。

【同期】湖南花垣县十八洞村村民 施六金

　　我不要他们补,我是说,反正像打仗吧,反正也要有牺牲的嘛,我就做出牺牲了那时候。(如图 2-13)

图 2-13　施六金接受采访

【正文】

施六金的变化,乡亲们也都看在眼里。2015年年底,十八洞村再次开展村民评议。施六金由2014年的两颗星一跃成为四颗星。

【同期】湖南花垣县委书记 罗明

新一轮的扶贫工作,真的要下苦功,下硬功,还得从精准二字上来下,就像那些好郎中给群众看病一样,他真正地把群众的病因、病根把它找准了以后,病就容易看好。这种观念的创新比很多的资金和项目,从某种角度上来讲,更重要。

第二集:选准产业 脱贫按下快进键

【导语】

2013年11月,习近平总书记在湖南花垣县十八洞村考察调研时指出,扶贫工作"不能搞特殊化,但不能没有变化"。扶贫工作组认为,"变化"不仅仅体现在村容村貌上,更要体现在老百姓的钱袋子里。十八洞村地处大山深处,人均耕地只有八分多,工作队进驻之前,全村人均纯收入仅有1600多元,面对几乎一穷二白的家底儿,产业发展的路子该如何走呢?

【正文】

十八洞村的山上有野生猕猴桃,但产量很低。扶贫工作队商量,从地势条件较好的临近乡镇流转一千亩地,引进优良品种扩大种植,村民们用政策支持的扶贫款入股,与当地农业开发企业合作运营,但许多村民想不通。

【同期】湖南花垣县十八洞村村民 石玉花

猕猴桃哪个要啊?我们这里有好多(野生猕猴桃),哪个要啊?

【正文】

道理讲千遍,不如亲眼见。四川蒲江等地,猕猴桃产业已形成规模,扶贫工作队就领着村民代表去实地参观交流。

【同期】湖南花垣县十八洞村村民 石香凤

他们那里种了那个猕猴桃,种了50亩以上的(农户)他们就买那个车,60万的,我就不知道是什么车了。就是种那个猕猴桃种出来的。

【正文】

四川一行,让不少村民吃了定心丸。但土地租金加上基础投资,预计要1600万,尽管合作企业拿了大头儿,但加上村民凑的扶贫款,总共也才600万,还有1000

万元的大缺口,有村民就建议,由县里向上级部门伸手要钱。

【同期】湖南花垣县委书记 罗明

总书记说,不能说我到了十八洞村,(你们)就栽盆景、搭风景,我就在想,要是省里边我们十八洞村去要,他给我们支持了一千万,这种可复制、可推广的作用就要大打折扣了。

【正文】

不再"等靠要",就得自己找。扶贫队领着村民代表,开始挨家找银行想办法,最终以猕猴桃产业园的土地经营权做抵押,贷到了这 1000 万。

【同期】湖南花垣县委书记 罗明

十八洞的每一户老百姓他都晓得,他们那个猕猴桃基地的资金还是他们自己(贷)出的,因为那个钱后面是要还的。

【正文】

2015 年,十八洞村按照往年惯例,由村民对 6 名扶贫队员一年来的工作成效打分。

【同期】湖南花垣县十八洞村扶贫工作队队长 龙秀林

群众的眼睛是雪亮的,你们看得更准,所以你们也给我们打一个公道的分。

【正文】

2014 年,扶贫工作队带领大家让十八洞村的基础设施焕然一新,那次村民评议,队长龙秀林得了第一名。2015 年,虽历经波折,但千亩猕猴桃园已初具规模,这次评议,龙秀林信心满满。

【同期】湖南花垣县十八洞村村支书 龚海华

第一名是我们(县民政局工会)的吴式文主席 95.12 分,第二名,石昊东局长 95.12 分。

【正文】

听到前两名都不是自己,龙秀林多少有些尴尬,但第三名、第四名,甚至第五名也不是他。结果很明显,龙秀林只能是倒数第一了。

【同期】湖南花垣县十八洞村村支书 龚海华

第六名我们的龙秀林队长 92.8 分,(分数)差距都很小。

【正文】

虽然村支书在尽量缓和尴尬气氛,但作为扶贫工作队的队长却排名倒数第一,这个结果着实让龙秀林下不了台,而村民们却有他们的道理。

【同期】

记者:大家对猕猴桃的前景不看好?

村民:不看好。不看好。

记者:(队长龙秀林)分数最低,跟大家这种意见有没有关系?

村民:肯定有。这是肯定的。

村民:有很大的关系。

【正文】

村民们说,他们要等米下锅,但即将到手的扶贫款,却被用在了猕猴桃产业园,而且三年后才能见成效,这画出来的饼填不了眼下的饿肚子。

【同期】湖南花垣县十八洞村工作队队长 龙秀林

在老百姓的眼里,我们确实还是存在一些问题,比如说在短期产业发展这块,我们去年(2014年)可能都是放空挡。

【正文】

第二天,听说消息的县委书记罗明来到十八洞村。针对大家反映的猕猴桃见效慢的问题,与村民们聊了起来。

【同期】

村民:收入一点都没有(增加),一点都没有,没有收入

罗明:你不可能讲,今天你生小孩儿,明天小孩就会喊妈,后天小孩又可以再结婚,所以你太快了,这不符合自然规律,是不是。

村民:有猕猴桃产业,三年之后我们就可以有收入了。

村民:一把钥匙打开了千把锁了,就是这个(道理)了。

【正文】

一场评议会,让工作队明白,扶贫这把钥匙,不仅要打开谋划大产业的锁,还要解开群众"心急要吃热米饭"的思想疙瘩。十八洞村妇女的绝活是苗绣。扶贫工作队就引导大家成立苗绣合作社,并与全国四家企业签订了协议。

【同期】

村民:做电脑包,iPad包都可以做,还有大挎包。

记者:您还知道iPad啊,iPad是什么?

村民:是我们那个用的嘛,你们办公啊用的那些。

龙秀林:最多的一个月可以拿到两千块钱左右,最少的也可以拿到五到八百块钱。

【正文】

这之后,扶贫工作队又推行"能人带动模式",立足当地水草肥美的特点,带领大家发展养殖业,村民们有了立竿见影的收益,脱贫致富的劲头儿变得越来越足。

第三集:栽下梧桐树 引得"凤凰"来

【导语】

在湖南省花垣县十八洞村驻村蹲点以来,扶贫干部们领着大家,改变了村容村貌,找到了支柱产业,乡亲们的新房盖起来了,腰包也鼓起来了,扶贫干部们盘算着,下一步要在村里办一场相亲会。扶贫怎么就和相亲扯上关系了呢?这个想法,还要从2015年元旦,十八洞村的一件喜事儿说起。

【现场】

娶亲现场。(如图2-14)

图2-14 娶亲现场

【正文】

2015年元旦这天,十八洞村里,抬花轿、抢喜糖、长龙宴、甜米酒。这是花垣县扶贫工作队入村后,寨子里头一次办婚礼,新郎官是43岁的施全友。

【同期】湖南花垣县十八洞村扶贫工作队队长 龙秀林

我预祝他们日子越过越红火。

【正文】

施全友一家五口人,几年前,因为家里底子薄,两个哥哥勉强成家后,家里再也拿不出钱为他张罗娶媳妇了。

【同期】施全友的母亲 龙德成

赚钱也赚不到,种田种地种庄稼也不好,因为没钱买肥料。儿子也曾带姑娘来过,家里什么都没有,姑娘一看就心慌了,然后就回去了。

【正文】

无奈之下,施全友只好到浙江找活儿干,并结识了一起打工的重庆姑娘孔铭英,担心小孔看不上自己家的条件,相处两年后,施全友才敢把她领回家。但一进家门,孔铭英就被吓住了。

【同期】施全友的妻子 孔铭英

他家那个厕所以前在这里,那时候我刚回来,我上个厕所还要打把伞,然后两根独木桥蹲在上面,差点掉厕所里去了。(如图2-15)

图2-15 孔铭英接受采访

【正文】

孔铭英的娘家也是庄稼人,她并不嫌弃农村生活,但听说十八洞村每人只有八分地,小孔的心彻底凉了。

【同期】施全友的妻子 孔铭英

如果有田地嘛,我还可以在家里种烟,种西瓜,我都可以的,来到这里又没有田,又没有地,你种什么都种不了。这个地方不行,在这里是生存不下去,然后我走了,我都没打算再回来。

【正文】

怕施全友伤心,孔铭英没再跟他去浙江,而是独自去了广东打工。

【同期】湖南花垣县十八洞村村民 施全友

很失望的,当时心里挺失望的,到底我什么时候才能成个家。

【正文】

2014年,扶贫工作队进驻十八洞村,开展精准扶贫,仅仅一年时间,村容村貌就焕然一新,施全友拍了一组照片发给孔铭英,小孔半信半疑,再次来到十八洞村。

【同期】施全友的妻子 孔铭英

工作队来了,把我们这些路啊(都修好了),改这些厨房啊,改这些厕所啊,像我们都是各方面都是搞得好好的。上厕所安全了,我不用怕摔下茅坑了,之前回来我穿高跟鞋还摔跤了,现在我闭着眼睛走都没事。

【正文】

在广东打工时,孔铭英经营过快餐店,看着现在来十八洞村参观旅游的人越来越多,两口子就开起了农家乐。

【同期】施全友的妻子 孔铭英

最多的时候(每天)接10桌20桌的都有。

【正文】

如今,施全友一家的日子过得热热闹闹,苦了大半辈子的老妈妈,总爱跟人念叨2013年习近平总书记来到十八洞村时的情景。

【同期】施全友的母亲 龙德成

我牵着他(习近平总书记)的手,从村口走进我家里,在堂屋我和他比高,(我说)我们两个比一下,看你比我高多少,我刚刚到他肩膀,每天晚上看电视,看到他从这个地方到那个地方,看到他头发白就知道他很累,他方方面面都要关心我们,总想让我们好。

【正文】

十八洞村有200多户人家,过去因为村里穷得出了名,根本没有姑娘愿意嫁过来。施全友结婚后,村里还有不少单身汉,40岁以上的就有37个。

【同期】湖南花垣县十八洞村扶贫工作队队长 龙秀林

(过去)一个是穷,二一个是交通不方便。"三沟两岔岩旮旯,红薯玉米苞谷粑,要想吃餐大米饭,除非生病有娃娃",你看这么一个地方,谁把自己的女儿嫁到这个地方来?

【正文】

扶贫队员们心里清楚,随着十八洞村的发展,村里也越来越需要那些有技术、有想法的年轻人回来,领着大家致富,他们决定面向全县举办一次相亲会,吸引在外打工的男女青年返乡,既成家,又立业。

【同期】湖南花垣县委书记 罗明

精准扶贫要真正使老百姓的生活要发生变化,总书记说的,人民群众对美好生活的向往就是我们的奋斗目标,但是人民群众现在收入是增加了,腰包是鼓起来了,他没有伴儿,这个问题,那还真不是小事。

【正文】

得知村里要举办相亲会。一周时间,就有20多人从外地赶回来报了名。

【同期】

村民:工作不重要,以后可以找,老婆呢,找不到就错过机会了。以后找就慢了嘛,是不是

村民:但是成功不成功就不知道了。

村民:跟她们见面的时候,要打扮得比较新一点。

村民:反正我自己觉得,我第一个印象给人家女孩子都觉得,这个小伙子长得挺帅的,还可以呀。

第四集:扶贫经验可复制 活学活用奔小康

【导语】

习近平总书记在湖南省花垣县十八洞村考察时曾指出,扶贫经验要可复制、可推广。经过将近两年的精准扶贫,十八洞村各个方面都发生了很大变化,听说最近村里要举办相亲会,大批单身青年纷纷报名,附近村寨的干部们也都赶来现场

第二章 记录时代风采:讲好新时代中国故事

取经。

【现场】

湖南花垣县委书记 罗明:

我现在最关心的是你们今年(2015年)的这个相亲会有多少外头的姑娘来一起参加?

湖南花垣县十八洞村扶贫工作队队长 龙秀林:

目前已经有二十多人报名了。

湖南花垣县委书记 罗明:

有二十多个报名的了?

湖南花垣县十八洞村扶贫工作队队长 龙秀林:

有的甚至是城里面的姑娘,她都来了。

【正文】

距离相亲会还有十多天,扶贫工作队开始召集大家商量具体细节,县委书记罗明也带着自己包片儿的水桶村村干部前来取经。

【同期】湖南花垣县水桶村村支书 麻妹英

我最急的就是我那个村的光棍汉了,要是他们都讨到(老婆)的话,我们搞发展也有劲。

【正文】

大家这才弄明白,水桶村女支书这次来十八洞村原来另有用意。

【同期】湖南花垣县十八洞村扶贫工作队队长 龙秀林

(你们来)到十八洞,虽然是观摩,实际上我分析了,你是要带你们的光棍汉来和我们十八洞抢生意来了,我们有压力了。

【正文】

水桶村距离十八洞30多公里,村子由两个苗寨组成。麻妹英当年嫁过去时,水桶村连一条像样的路都没有。

【同期】湖南花垣县水桶村村支书 麻妹英

人家问我,我还是不敢说,你嫁到什么村我也不敢说,因为那地方很落后自己觉得是没面子的事。

【正文】

不仅路不通,而且连吃饭都成问题。水桶村人均不到一亩地,粮食都是靠天收。

【同期】湖南花垣县水桶村村支书 麻妹英

我把小孩生好了,我就出去到外面打了一年的工,打工回来的时候我赚了一点钱,我就买了一台机子(缝纫机),自己绣,自己回去跟我妈妈学(做)衣服。

【正文】

靠着苗绣手艺,麻妹英家的收入慢慢好起来。2014年,花垣县开展精准扶贫,这一年,水桶村换届,她被大家推选为村支书。当时,水桶村的情况和十八洞村差不多,村民们"等靠要"的思想也很严重,麻妹英就和驻村扶贫干部一起,到十八洞村现场取经。

【同期】湖南花垣县十八洞村扶贫工作队队长 龙秀林

扶贫资金就是火种,这个火一烧,我们坐在旁边就觉得好热乎。但是这个柴烧完以后它就会熄了,熄了以后我们就要想办法到处去加柴了,加大柴,它的火就越烧越旺。

【正文】

参照十八洞村的模式,水桶村首先发动群众,打通了连接两个寨子的乡村公路,麻妹英又把自己家里的苗绣产业发展成村里的合作社,领着大伙一起干。苗绣产业让部分妇女有了营生,但两个寨子仅靠一个小产业难以立足,必须找到一棵大树才能让全村人都能乘凉,但大树又在哪儿呢?他们再次来到十八洞村取经。

【同期】湖南花垣县水桶村扶贫工作组副组长 谭昌海

水桶水桶,就是水的条件比较好,水源比较充足,所以我们到十八洞看了之后,我们就觉得,我们这里就发展一些养羊、养殖业、养鸭子。

【正文】

复制十八洞村的成功经验,水桶村的养鸭产业慢慢打出了名声。这之后,村里又发展牛羊养殖和产品深加工,两年下来,村民的生活有了很大改变。

【同期】湖南花垣县水桶村村民 麻金莲

原来我们一寨人只有一部电视,一寨人都是到那一家去看,看(电视)一个人要收两毛钱。

记者:现在不用了。

现在家家都有(电视)了嘛。(过去)花垣话也不会说,普通话也不会说

记者:看了电视以后能(说普通话)

你看电视教我们的嘛。

【正文】

因为过去村里条件差,水桶村至今还没有成家的大龄男青年也有 30 多个,听说十八洞村近期要举办相亲会,麻妹英就鼓励他们去报名参加。

【同期】湖南花垣县水桶村村支书 麻妹英

就挑选几个 30 岁左右的上去,我也想显示一下我们水桶村现在的生活条件。(如图 2-16)

图 2-16 麻妹英接受采访

【正文】

水桶村的精准扶贫红红火火,十八洞村的相亲会也正紧锣密鼓。村里的小伙子们干力气活儿是强项,但谈对象却使不上劲儿,为了帮他们相亲成功,干部们一有机会,就召集大家交代各种细节。

【同期】湖南花垣县十八洞村扶贫工作队队长 龙秀林

所以吃饭的时候,要把菜让给女方,要劝人家多吃菜,哪怕那一天你个人没吃饱,你回到家里加餐都可以。

【正文】

担心小伙子们上场紧张,一开口就丢分,村干部就让大家从自我介绍练起。

【同期】

湖南花垣县十八洞村村民 施六金:

我叫施六金,今年就是说,生于(1974年)。

村民:讲出汗来了,再来一次,还是有点紧张了,施六金出汗了。

【正文】

找致富项目要精准,帮忙相亲也得精准,干部们就量身打造,给每个小伙子都设计了一段开场秀。

【现场】湖南花垣县十八洞村扶贫工作队队长 龙秀林

哪个姑娘看上我,成亲!

【正文】

小伙子们回来报名的时候,干部们就承诺,只要相亲成功,保证给女方安排工作。

【同期】

湖南花垣县十八洞村扶贫工作队队长 龙秀林

所以我们一定要有信心啊。有信心没?

村民:有。

第五集:苗寨相亲 携手脱贫见曙光

【导语】

习近平总书记指出:人民对美好生活的向往就是我们的奋斗目标。经过两年的精准帮扶,十八洞村找到了发家致富的好产业,乡亲们脱贫奔小康的干劲也越来越足。针对村子几十个大龄单身汉找不到对象的问题,扶贫干部们又特意精心策划了一场相亲会。

【正文】

苗鼓敲开了山间的浓雾,十八洞村迎来了相亲的姑娘们。

【现场】湖南花垣县十八洞村扶贫工作队队长 龙秀林

如果你们安心嫁到了我们十八洞,我们十八洞的电子商务平台优先给你们安排工作,这是第一;第二,我们十八洞的果业有限公司,优先给你们安排工作;第三,我们十八洞的导游团队优先给你们安排工作;第四,十八洞艺术团的岗位在等着你们。(如图2-17)

【正文】

电商、果业、导游、艺术团,龙秀林一亮出这四张牌,在场的人都明白了,这场相

图 2-17　龙秀林在相亲现场

亲会唱的是"招凤引凰"的大戏,既为小伙子们找媳妇,也为十八洞村招贤纳士。

【同期】湖南花垣县十八洞村村民　杨锋

如果有喜欢我的女孩子就牵我走吧。

【正文】

干部们热切地盼望着小伙子们发挥出色、牵手成功,但十八洞村的苗家汉子们,一开场显然还没有放下紧张的心情,有自我介绍一说完扭头就跑的,有说自己力气大,当场做起了俯卧撑的,在大伙的哄笑声中,现场气氛越来越热烈。

【现场】湖南花垣县十八洞村村民　龙先兰

你愿意跟我走吗?(如图 2-18)

女嘉宾:愿意。

好。

【正文】

看到有人牵手成功,村民施六金既紧张又开心。扶贫工作队刚入村时,施六金因为不配合村里的农网改造并阻挠施工,在群众测评中被评为倒数第一,这两年,在工作队的帮助下,施六金思想转变很快,这次相亲会,队长龙秀林亲自给他设计了开场秀。

【现场】湖南花垣县十八洞村村民　施六金

我叫施六金,有颗善良心,哪位姑娘看上我,请放心!

图 2-18 相亲现场

【正文】

施六金的三句半赢得了掌声和笑声,接下来出场的杨再康,让气氛达到了高潮。一向沉稳内敛的他直接瞄准心动女生唱起了几天前干部们教他的苗歌。

【同期】

女嘉宾:不好意思,因为我不是苗族的,所以歌声我听不懂意思。

湖南花垣县十八洞村村民 杨再康:

那我可以解释一下,刚才这一首歌就是,我现在做了个好梦,像梦见日月和星斗,我们就是有缘千里来相会,我就这样的意思。

【正文】

杨再康和施六金同岁,这些年两人都在外地打工,在扶贫干部们看来,像他们这样的青年,正是建设十八洞村的主力军,希望通过这次相亲会,为他们扎根家乡打基础。

看到十八洞村小伙子们接连牵手,特意来搭相亲顺风车的水桶村村支书麻妹英坐不住了。

【同期】湖南花垣县水桶村村支书 麻妹英

要是你们有情有义的话,想穿上我这样的衣服,就到我水桶来。(如图 2-19)

【正文】

相亲会上,有五对青年牵手成功,水桶村的男青年和十八洞村的施六金,都没有收获。

图 2-19　麻妹英讲话

【同期】

湖南花垣县十八洞村扶贫工作队队长　龙秀林：

我们(2016年)正月里,再来一次大的(相亲会),那个时候打工出去的女孩子啊,男孩子都回来了,那一次争取给施六金解决问题。

湖南花垣县十八洞村村民　施六金：

没事儿,没事儿,这次就当是一次锻炼。

【正文】

适逢新春佳节,许多人来到十八洞村,选苗绣、买腊肉、订购新鲜蔬菜,2013年习近平总书记来这里看望过的龙德成老人说,她想把亲手做好的腊肉和糍粑,托人带到北京去。

【同期】湖南花垣县十八洞村村民　龙德成

我让他们帮我带一块腊肉,还有五个糍粑去北京带给总书记,有机会请他再回来看看我们,现在我们家乡变化很大,我也很满意。

【正文】

家家户户在忙活着过年,扶贫工作队却已经开始了下一步的大规划。十八洞村里的十八个大溶洞,奇石林立,景色迷人,再有两年,村里的千亩猕猴桃将进入盛果期,十八洞也就有了充足的开发资金,到时候,村里又多了一个金饭碗。

◇ 主动作为:新闻媒体推动社会文明进步的实践探索

作品二:《"悬崖村"扶贫纪事》

播出时间:2016年5月25日—5月27日
首播栏目:《朝闻天下》
第一集:明知山无路 偏向山上行
【导语】

四川大凉山,是全国十四个集中连片贫困地区之一,也是全国最大的彝族聚居区。十二五期间,大凉山地区有69万人成功脱贫。然而,剩下的38万贫困人口大多居住在山高路远、自然条件恶劣的地方,是脱贫攻坚最难啃的硬骨头。习近平总书记指出,"全面实现小康,少数民族一个都不能少"。前一段时间,我们的记者就跟随扶贫干部来到了当地道路艰险的一个村——昭觉县阿土列尔村。(如图2-20)

图2-20 《朝闻天下》截图

【正文】

这里是大凉山腹地,到处都是高山和深谷。阿土列尔村,被当地人称为"悬崖上的村",98户常住户中,有76户358人住在山上,要上山,就得攀悬崖。

【同期】昭觉县支尔莫乡党委书记 阿皮几体

我们这条路是接近四公里,在十三个地方有藤梯,还有我们的钢绳(路段),这种(危险路段)就有点多了。

82

【正文】

2015年12月,四川省下拨了扶持大小凉山彝族贫困地区整村推进的扶贫资金,分到阿土列尔村头上有100万,主要用来发展产业。上山的人有州、县、乡三级扶贫干部。上山勉强称作路的有三条,其中两条是沿着公路边的山体,几乎垂直爬上这800米的悬崖,第三条则是走河谷,这条路比较平缓,可以多携带一些东西,但是比爬悬崖要多绕行几公里山路。绕远还不是问题,对于当地人来说,几公里山路也就多走一两个小时,但问题是河谷只能在枯水期走三个月。所以一年中的大多数时间,上山只能选择两条爬悬崖的路。

【同期】昭觉县支尔莫乡党委书记 阿皮几体

老百姓喜欢走的就是这边这一条,藤梯多,可以有抓的、有踩的,这样子对老百姓来说,这边藤梯上就安全得多。(如图2-21)

图2-21 节目截图

【正文】

第一次上山,我们选择了老乡觉得最安全的藤梯路,就是用木头和藤条编成梯子,在悬崖上搭出的一条路。路上我们经常会碰到村民,有去山下卖玉米的老乡,还有放学的孩子。因为路不好走,这里的孩子上十天课,放五天假,上学放学都要由家长接送。沿着崖壁攀爬,转到山体的另一侧。风越来越大,人也越来越不稳,悬崖上能下脚的地方不到手掌大。

【现场】

记者:非得从这走吗?

摄像:只能从这走。

记者:我不想走了。

摄像:加油,你看都能上去。没问题。都能上去,没问题

【正文】

爬到半路,往上是悬崖绝壁,向下是万丈深渊,进退两难。

【现场】(画面用张力爬转角梯,主观镜头)

声音来源:昭觉县支尔莫乡党委书记 阿皮几体

(眼睛)就看到盯到这梯子上就行了。不要朝外面看,看前头,抓稳了就不怕的。

【正文】

说话的是支尔莫乡党委书记阿皮几体,这条路他已经往返了150多趟,第一次走这条路的时候,他一脚踩空,是老乡用肩膀顶起了他,捡回了一条命。

【同期】昭觉县支尔莫乡党委书记 阿皮几体

我这个一百来斤掉下去,他(老乡)可能也承受不住。(我)已经掉下去了,他(老乡)肩膀及时帮我顶起来了,当时我都想哭。(如图2-22)

图2-22 阿皮几体接受采访

第二章 记录时代风采:讲好新时代中国故事

【正文】

三条路上,都曾发生过意外,村民们记忆中有10人在路上坠崖身亡。行路这么难,那能不能修路呢?

【同期】昭觉县公路管理局副局长 袁文彬

这个村的话,它这儿的地理情况全部是陡的(岩壁),目前测算下来的话,(如果修路)总的需要的资金应该达到4000万的样子,国家补助资金就是400万的样子。我们昭觉县的话,现在一年的财政收入是一个亿。如果要修这条路的话,基本上就是相当于三分之一的财政收入。

【正文】

昭觉县不通路的村还有33个,为一个村修路就花掉县财政年收入的近一半,短期内,不现实。那能不能搬迁呢?我们了解到,在凉山州还有很多比阿土列尔村更急迫的地方。

【同期】四川凉山彝族自治州发改委主任 赵玉聪

阿土列尔村绝对海拔并不高,大概在1500(米)到1600(米)左右。主要就是交通基础设施,行路比较难。这个小区气候还是不错的,亩产土豆达到了3000到4000斤。这是比全州平均水平高了一倍,是中上水平了,住在海拔2500米以上,比它(阿土列尔村)更恼火。气温低、日照少,土质也比较差,比全州平均的亩产低很多。

【正文】

凉山州有40%多的村子海拔都在阿土列尔村之上。另外,还有1600多个村位于石漠化严重地区。所谓石漠化,就是土壤严重流失,岩石裸露,土地不断退化,现在最急需搬迁的就是这些地方的群众。

【同期】

土地薄,留不住土,土加石,石加土,居住在这个环境的老百姓,石头缝缝里面丢(种)颗玉米,或者是丢(种)颗土豆,靠天吃饭,能收一点就收一点,甚至经常颗粒无收。这些地方的老百姓必须(要)搬迁。

(记者:迫在眉睫了)迫在眉睫,我们这五年必须(要)把这个硬骨头,(这个硬任务)弄下来。

【正文】

除此之外,像泥石流这类地质灾害频发的区域,随时可能威胁到老百姓的生命安全,也是凉山州首要搬迁的地区。阿土列尔村的搬迁将逐步展开,目前它并不属于最困难的地区。

阿土列尔村人均土地有1亩多,有三分之二的人已经脱贫,还有精准贫困户37户。为了脱贫,四川从对口帮扶单位选派88名干部到贫困县任专职副书记,主抓扶贫工作,从全省各级机关选派了1.15万名优秀干部到基层,开展驻村帮扶。29岁的帕查有格和28岁的胡文华就是选派来的干部,他们分别来自县政府办公室和州委组织部,与当地优秀青年人才共同组成了扶贫工作党支部。

【同期】昭觉县阿土列尔村驻村干部 帕查有格

不可能就说是,因为没有路就等着来修路。脱贫这个任务,它等不起了,人民想要致富的愿望,我们也等不起了,我们自己打退堂鼓的话,那老乡该有多伤心。

【同期】昭觉县阿土列尔村第一书记 胡文华

你既然都到这个村了,肯定你要实实在在地在这住下去,(扶贫)这个任务交给我,我就应该完成好,这一点担当要有。(如图2-23)

图 2-23　胡文华接受采访

【正文】

没有路,要想脱贫奔小康,不是件容易事。如何用好扶贫资金,帮助阿土列尔村发展集体产业,考验着三位扶贫干部的智慧和决心。

第二集:精不精准 不看形式看成效

【导语】

我们要来继续关注四川凉山州的《"悬崖村"扶贫纪事》。被称为"悬崖村"的阿土列尔村,地势险要、没有路,村民进村出村,都要攀爬悬崖峭壁,那如今全村还有近三分之一村民属于精准贫困户。

今年1月份,100万扶贫资金打到了每个村民的账户上,帮助"悬崖村"整体脱贫。那么这笔钱该怎么用,才能真正达到精准扶贫的效果呢?这个问题也考验着驻村干部。(如图2-24)

图2-24 《朝闻天下》截图

【正文】

阿土列尔村98户常住户中,住在山上的有76户358人。村民们的土坯房就建在近乎40度的陡坡上,人均有耕地1亩多,老乡们就靠种地和养羊为生。

【现场】昭觉县阿土列尔村驻村干部 帕查有格

这个千万干不得,小心,你这个羊才多少钱嘛。

【正文】

一只小羊落在了悬崖间,这面悬崖有100米,相当于30层楼那么高。冒着生命危险去救一只小羊,这在阿土列尔村很常见。

【现场】

羊被拉上来。

【同期】昭觉县阿土列尔村驻村干部 帕查有格

这个羊崽再喂个几个月,可能就长到五六十斤,五六十斤的时候就可以卖一千块钱左右。

【正文】

羊在这个村就算是重大财产。阿土列尔村现有村民98户,其中精准贫困户37户。虽说有三分之二的人已经脱贫,但是贫富差距往往也就是一两只羊。

【同期】昭觉县阿土列尔村驻村干部 帕查有格

山羊,我们赶就赶得出来,可以拿出来(到山下)卖钱。其他的你看牛啊、猪啊那些,它下不了山。

【正文】

干部们打算在村里办一个养羊合作社。但是为了公正透明便于监管,100万的扶贫资金,已经从县财政分别打到了每个村民自己的户头上。要办合作社,就意味着村民已经装进自己口袋里的钱要再拿出来,这难度可就大了。

【同期】昭觉县阿土列尔村村民 吉克拉日

如果你给钱,我可以拿起来修整我的土地,没有母猪买母猪,没有母鸡买母鸡,你现在变成大家的了,我缺什么也不能去买了。难道给退回去,那把这个钱还退给国家。

【同期】昭觉县阿土列尔村村民 莫色拉洛

最好就是买羊给我们每家每户,该五只的五只,该三只的三只,这样办,你们觉得怎么样?不然的话,你们这个合作社我们都不知道是什么东西。

【正文】

在老乡们看来,把钱发下去就算是精准扶贫了,但是这样的"精准"效果却并不理想。三年前,村里也曾家家户户都养羊,后来遭遇一场大病,1000多头羊死了一多半。散户很难抵御风险,这一回干部们想让会养的人集中养,大家来分红。但是在外界看来习以为常的事,在这里却需要花费更多的精力。

【同期】昭觉县阿土列尔村第一书记 胡文华

我们是外来干部,包括村社干部对我们都肯定还是有一些担忧,你们来就给我们一个新生事物,你们到底做得好不。

【同期】昭觉县阿土列尔村驻村干部 帕查有格

他们给我提的意见越多我越高兴,因为他确实去想,他不是说是我说啥就是啥这种,提意见大家会一起坐下来,一起商量着干。反正我们一起住一起吃。

【正文】

几个扶贫干部一点点地给村民们讲解什么是分红,怎样来入股。他们计划按照精准贫困户5000元、非贫困户3000元的标准入股。精准贫困户入股的标准高一点,这样分红的时候收益也更高一点。

【同期】昭觉县阿土列尔村第一书记 胡文华

你这个资金一定要每一分钱一定要真正用到,帮到这个贫困户增收致富上。让他们比其他的非贫困户稍微高一个坎坎。

【正文】

通过干部反复讲解,村民们渐渐理解了合作社和分红的概念。在村干部和家族头人的支持下,一周后,村里再次召开了村民大会,投票表决。

【现场】昭觉县阿土列尔村驻村干部 帕查有格

不同意的三个字,三个字的是不同意的。

【现场】

箱箱,你看现在是空的。第二个,同意的,两个字的,就(投到)这个红盆子里面,现在这儿也是空的。

【现场】投豆 点数

【正文】

这也是阿土列尔村第一次投票表决。土豆就是选票。

【现场】昭觉县阿土列尔村驻村干部 帕查有格

同意这个养羊方案的是92个,不同意的是3个,同意的过半。我们这个投票的过程,公开透明公正,我宣布投票结果有效。(如图2-25)

【正文】

养羊合作社就这样定下来了。接下来技术怎么支持、资金怎么运作,还有市场等方方面面都要边学边干。

【同期】昭觉县阿土列尔村驻村干部 帕查有格

我整了一个对他们来说,对我来说,新鲜的一个事情,但是你不能说是怕了,你就不去做,你这样也怕,那样也怕的话,那还不是原地踏步,你根本就什么进步都没

图 2-25 投票现场

有。还是要有敢闯的那种精神才行。

第三集:精准要在每个环节

【导语】

这两天,我们连续关注了四川凉山阿土列尔村的脱贫纪事。村民们世代居住在悬崖绝壁上,进出村没有一条像样的路。(如图 2-26)

图 2-26 第三集截图

就在今年年初,这个村迎来了驻村扶贫干部,他们立下了脱贫军令状,来啃这块硬骨头,给村里带来了一系列新的尝试,发展产业,搞合作社,入股分红,这一系列尝试,会给小村带来什么样的变化呢?

【正文】

阿土列尔村,当地人称为"悬崖村",位于800米悬崖之上,为了把养羊合作社尽快开展起来,驻村干部要下山取钱、买羊。上山有三条通道,其中两条因为下雪没法走。现在走的这一条没有积雪,但满地都是风化的碎石。

【略微留3秒现场】

记者:有石头,有石头。

【正文】

因为进悬崖村的山路太危险,以前很少有外人能进村。这次来扶贫的干部有三人。阿皮书记就是当地支尔莫乡的党委书记,悬崖村他已经去过150多趟,村民们对阿皮书记特别亲,大家都愿意听招呼。另外两个,一个是29岁的县干部帕查有格,一个是28岁从州上来的胡文华,他俩是阿土列尔村第一批驻村干部。乡干部和村民们一直在悄悄地观察着他们,就担心他们会不会被悬崖吓住,会不会打退堂鼓。

【同期】昭觉县阿土列尔村第一书记 胡文华

自己下去驻村,和平时自己走到村里转一下,完全是两个概念。你确确实实走下去了住下去了,你才能够了解农民、了解农村,了解我们现在这个扶贫现状。

【正文】

经过全体村民商议,干部们打算在村里首先办一个养羊合作社,本来打算第一批买400只羊,结果选来选去,只选中了60只。

【现场】(畜牧医生看羊)看有没有口蹄疫的症状(5秒)。

【现场】

这个要称好,称来要双方都满意。

【正文】

这回挑选的全是母羊,一半都已经带仔。干部们打算去更远的地方选购公羊,他们说,质量比数量更重要。扶贫要精准,钱也要花得精准。

【同期】昭觉县阿土列尔村驻村干部 帕查有格

黄色那种羊,肉质还更好。(羊的)种群要改变,要改变这些。不改变的话,市场没有竞争力。

【正文】

把羊群赶回村花了4个小时。这条路要绕行十几公里,相对平缓,但是一年只有三个月的枯水期能走。

(一直用赶羊的画面)

【正文】

羊群赶到村里,交给了养羊户。羊多了,收益的一半归养羊户,另一半大家按股份拿分红。养羊户的收益大,在村民们推选的基础上让贫困户优先,16户中占了10户。

【同期】昭觉县阿土列尔村第一书记 胡文华

怎么才把这个钱用得好,这样子你要有个精准掌握,还有这个钱以后它整个每一步,怎么真正体现它的效益,你要把每个环节都算精,还有把问题要想准。

【正文】

伍哈曾经养过20多只羊,当年他家因为羊群全部病死而返贫。这回,空了两年多的羊圈,又有了羊。让伍哈意想不到的是,第二天家里就产下了小羊羔。母羊一年两次下仔,好好养,明年生活就能好起来。

养羊,仅仅是阿土列尔村产业扶贫的第一步,接下来还要发展脐橙、青花椒的种植。

【同期】昭觉县阿土列尔村驻村干部 帕查有格

一亩地可能就比之前种水稻,跟着种脐橙一比的话,可能一年就要多三万块钱出来。

【同期】昭觉县阿土列尔村村支部书记 某色吉日

他们(扶贫干部)来给我们帮忙,支持帮助。老百姓很信服,很有信心。

【正文】

这些种植要三到五年才能见效,而驻村干部们的任期是两年。为此,他们把种植大户请来手把手地教村民。除了发展产业,他们更看重组织年轻人学技术。今年昭觉县就业服务管理局还要举办电焊、养殖、厨师等多项免费的专业技术培训。

【同期】昭觉县阿土列尔村第一书记 胡文华

你如果光是一天就想着,我扶贫就是给贫困户项目,给贫困户资金。这样子是不行的,一定要让他们真正有个长远的发展。

【同期】四川省扶贫和移民工作局副局长 刘维嘉

大小凉山的彝族,它是一个直过民族,从奴隶社会直接进入社会主义社会。因此在我们整个的扶贫攻坚中,问题比较多,困难比较大。因此也需要我们付出更多的努力。在十三五期间,我们将继续增大对凉山的投入,解决凉山州重大的基础设施建设。改善农民的住房条件,还有就是加大教育扶贫的力度。充分调动彝族参与脱贫攻坚的积极性,就是把他们的内生动力充分发挥出来,变"要我脱贫"为"我要脱贫"。(如图2-27)

图2-27 刘维嘉接受采访

第三章　助力社会治理：
社会文明进步的媒体赋能

我国正在全面推进国家治理体系和治理能力的现代化,基层治理是国家治理的基石。而基层治理千头万绪、错综复杂,牵连着群众利益、民生问题、社会矛盾。在解决这些问题的过程中,新闻报道可以搭建起党、政府和群众之间沟通的桥梁。这正是新闻报道的功能所在,也是媒体承担社会责任,助力社会治理,推动社会文明进步的有效路径。

一、小中见大,记录社会变迁

媒体是新闻事件的记录者,更是社会变迁的记录者。媒体要善于抓住社会发展过程中的细节。只有把无数的细节和故事记录起来,媒体才能为后人提供一部社会发展史,才能真正成为社会变迁的记录者。

挖掘社会变迁背后的故事,需要记者深入基层、深入群众、深入实际,贴近人民群众的生活。一位老新闻工作者曾说过:"新闻是跑出来的,新闻是挖出来的。"生活是新闻取之不尽、用之不竭的源泉。面对生活的纷繁复杂、车水马龙,记者要把这些原生态的生活素材浓缩、精练成具有新闻价值的精品,关键在于深入生活,用独具一格的敏锐眼光,一步一个脚印地辛勤付出,才能完成新闻作品的升华。

总台新闻人一直致力于对社会新闻的报道,坚持以人为本,"以百姓心为心",力求做到不偏不倚,保持客观、公正、平等的态度,履行传播正能量、正确引导社会舆论和讲好中国故事的职责,真正做到维护社会的公平与正义。而这,也是我们在报道中始终坚持的。

20世纪90年代初,我国人民群众的思想发生了很大变化,社会发展也经历了巨大变革。在这样的背景下,党的十四大报告提出了建立社会主义市场经济体制的目标。大到行业企业,小到街头群众,都纷纷踊跃地投入这场改革发展的浪潮之中。在这期间,许多曾被人冷落的服务行当应运而生,很多人自发、自愿地走上了服务岗位。走在街边,你能看到许多人充满好奇地围成一圈,他们围观的正是这一行业的重生。

当时,擦鞋匠、理发师如雨后春笋般散落生长在北京市街头。面对我们的采访,他们有些许害羞,除了对镜头的不适应、对采访的顾虑,还有一些内心的困扰。一些理发的师傅,看到摄像机对着他们,会背过身把白围裙藏起来。但更多的人逐渐转变了旧的观念。"您觉得擦皮鞋不好意思或者低人一等吗?""有这么个想法,但好多人下海,我也读了十四五年书,搞服务业没什么。""您作为在职人员,将理发作为第二职业有没有一些顾虑?""不会,总的来说,我靠劳动力挣点钱。"这些一问一答都成为对那个特定历史时期的人们特定心态的记录与复现。当时,改革开放已经走过了十多年,老百姓从"不敢想、不敢做"变成了"敢畅想、敢打拼"。在市场经济的作用下,社会发展的浪潮滚滚而过,一批又一批的群众投入新兴行业之中,百姓们的生活质量稳步提升,这一股浪潮让人们的生活开出了全新、实在又美好的浪花。《一些传统服务行当重现北京街头》(如图 3-1),这则报道虽简短、平常,内容看起来也不深奥,但播出后,却引发了社会广泛的关注与热烈的反响。它记录了社会变革之下人们生活与心态的双重变化,加深了大家对社会变革的认识与思考。

图 3-1 《新闻联播》一些传统服务行当重现北京街头

"新闻是社会跳动的脉搏,也是感触社会变化的触角。"记者做社会新闻报道,不仅要紧跟社会的发展,在保持记录客观现实的基础上,用事实展现社会发展的进程,而且要时刻观察、及时了解与获知社会的新变化、新现象与新面貌。而社会变化与发展最真实的面貌、最纯粹的表达,无不源自每时每刻发生的一些小事,无不源自身边的普通人。正是那些默默发生的小事、默默无闻的小人物才是当下时代的缩影与写照。

移风易俗是社会变迁的重要方面。在移风易俗的过程中,打破传统思想束缚是关键所在,这就要求记者既要记录社会变迁的细节,也要主动作为,通过新闻报道推动移风易俗,乃至推动社会发展和社会变迁。

20世纪50年代以来,我国开始实行殡葬改革,火葬越来越多地为人们所接受。但由于传统观念的影响,火化后处理骨灰的方式仍旧以寄存于骨灰堂或者修坟立碑为主。这种方式不仅大大占用了土地资源,还影响了景观和环境。20世纪90年代初,北京市殡葬管理处推出了一种全新且免费的骨灰处理方式——海撒,这是一种挑战人们传统的生死观、打破人们既有的认知与接受范围的全新方式。同时,以"殡葬"为主题的报道在当时的新闻领域中仍处于"冷门",整体氛围也会略显沉重。在大家争先报道改革开放春风遍地的热闹景象时,这一试图颠覆人们传统观念、打破旧有习俗惯例的报道,是否能够被大众所接受?是这则报道的难点,同时也是对记者的考验。"逝者如斯,魂系何处"是这则报道的标题,也是整个报道的主线。但如何寻找报道的切入点、如何使相关背景与案例更具说服力、如何兼顾观众的情感与接受程度,则是记者需要深入考量的问题(如图3-2)。

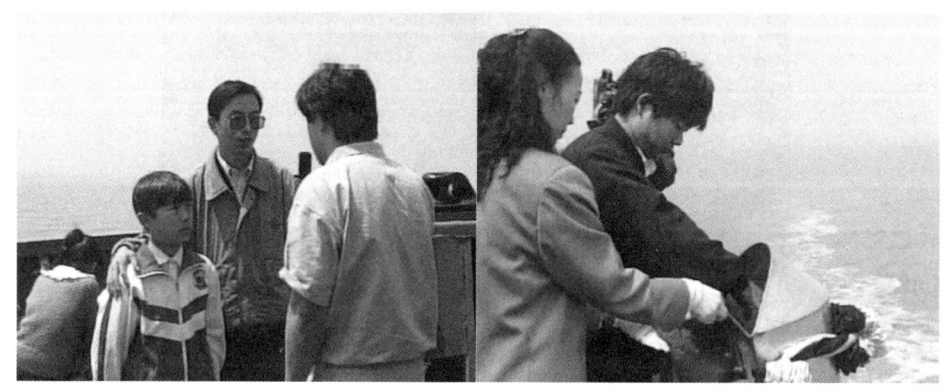

图3-2 《晚间新闻》逝者如斯,魂系何处

讲到海撒，很多人没关注过也没接触过，人们可能最先想到的就是：这样做有什么好处，这样做了之后死者家属有怎样的感受和想法，海撒仪式是什么样的。如果仅仅是简单地呈现一场海撒仪式，似乎无法达到雁过留声、雪落无痕的效果，人们也很难对殡葬改革的内核以及背后的意义有所认知与感悟。

于是，报道开头选择用"去年全国死亡人数"这一背景资料，突出"火葬占用耕地"这一问题的严重性，从侧面道出海撒的意义——节约大量土地资源，给国家以及民众生活带来诸多便利。报道用最真实、可靠的背景数据作为"晓之以理"的切入口，再用大量直拍镜头展现海撒仪式的整个过程，通过真实的画面让观众对海撒有了直观了解。报道还通过采访，让当事人从亲身感受出发，讲述了这种别样的"回归自然"的方式，观众心中的疑惑得到了解答，在情感上，也更易于理解与接受。海撒对于观众来说不再是遥远而陌生的事物，而是如其他殡葬方式一样成为一种选择。

20世纪90年代初是我国大刀阔斧进行殡葬改革的过渡时期，很多人的观念还停留在由保留遗体土葬到不保留遗体火化后入土的过渡期与挣扎期中。在这样的背景下，我们试图通过这则报道向前再探一步，达到由"火葬"向"海撒"的飞跃。文明的进步往往需要勇敢的尝试与突破，一些不同的视角与声音便是开启传统思想束缚的钥匙与切口。

二、针砭时弊，捍卫社会正义

社会发展进程中会出现各种社会问题，这些社会现象和社会问题是社会治理的重要内容。习近平总书记指出："新闻媒体要直面工作中存在的问题，直面社会丑恶现象，激浊扬清，针砭时弊。"可以说，针砭时弊是新闻媒体捍卫社会公平正义、助力社会治理的重要抓手，是新闻媒体的职责所在。

21世纪初，我国一些大型三甲医院，"挂号难""看病难"的现象屡见不鲜，尤其是一些指定的"专家号"更是一号难求。在此背景下，医院周边存在这样一个群体，他们不为看病而来，但他们频繁出现在医院及周边，对医院的就诊流程、挂号流程、自助挂号机分布情况、专家具体坐诊时间、诊疗特色，甚至专家擅长的领域了如指掌，这群人被定义为"号贩子"。在知名医院，"号贩子"已成为一种较为普遍的现象。民间甚至流传过这样一句话"要想知道医疗技术好不好，就看医院周边'号贩子'有多少,要想知道哪个医术高,就看'黄牛'号价要多少"。随着这种现象愈演愈烈,"号贩子"从最初的单独行动变成了有组织、有领导、分工明确的群体行动。他们通过各种各样的手段垄断并控制紧俏号源,转手以高昂的价格倒卖给看病心切的患者,有的价格甚至高出正常挂号费的几百倍。"号贩子"加重了患者看病就医的负担,严重扰乱了医院的正常医疗秩序,打破了看病就医的公平性原则,破坏了卫生体制改革的成果,阻碍了医院卫生事业的发展,降低了广大人民群众的幸福感。因此,探讨医院"号贩子"产生的原因并采取严厉的整治措施具有重要意义。

当时,医疗改革正在如火如荼地进行。国家相关部门已经开始着力打击医院里的"号贩子"。2005年,卫生部、公安部等四部门就联合开展了对"号贩子"的专项执法行动,各大医院还设置了监控设施、警务工作站等,目的就是对"号贩子"进行严厉打击。但是,部分医院里的"号贩子"现象依旧屡禁不止。所以在2008年年底,我们就针对"号贩子"这一现象做了一组报道。报道从"号贩子"产生的原因着手,以多个角度,通过采访"号贩子"、患者等当事人,再邀请多位专家学者、评论员等,从现象到本质,进行了较为全面、完整的分析与解读。从宏观原因上看,我国医疗体系的优质资源分布失衡,供不应求;基层的公共医疗水平薄弱,导致供不应求矛盾进一步加剧;另外,医疗卫生体制不完善,医保报销比例分配不均。从微观原因上看,政府监管与打击力度不够,使得"号贩子"现象猖獗;"号贩子"的违法成本低,相应的处罚机制建立不全面;实名制体制不完善、医院内部管理不到位等。从我们报道的内容中可以看到,小小的"号贩子"牵扯出的是背后资源配置、管理、监管层面的更大问题,诸多部门在制度体系建设、监管打击力度方面仍存在一定的疏忽与漏洞(如图3-3、图3-4)。

图3-3 暗访"号贩子"

图3-4 节目截图

报道一经播出,很多老百姓都认为道出了他们心底的呼声,而这一系列报道也让国家相关部门将关注点转向了报道中所提到的"挂号实名制""优质资源分配不均""医保报销比例失衡"等问题上。2009年,国务院出台了《医药卫生体制改革近期重点实施方案》,包括加快推进基本医疗保障制度建设、初步建立国家基本药物制度、健全基层医疗卫生服务体系、促进基本公共卫生服务逐步均等化、推进公立医院改革试点。这五项重点改革,都是着力于解决群众反映较多的"看病难、看病贵"问题。

将普通群众的就医难题放入媒介议程,并在报道叙事与媒体评论中上升到政策改革思考的层面,这在当时,是一种突破性尝试。新闻媒体应当以民为本、立足基层,努力成为社会不良现象的"批判者"、底层民众的"代言人"。在这之后的日子里,我们仍旧持续关注着医改的最新动向,并随着医改的发展与深化,策划并制作了更多反映医改进程、反映百姓心声的报道。我们期望通过报道推动我国医疗体系制度的改革与完善,为人民群众创造出一个更加公平、合理的就医环境。

百年大计,教育为本。教育是我国民众普遍关心的问题之一,任何一个地区、任何一个家庭都将教育看作头等大事。很多人认为,进入好的小学、中学,是上大学或者进入好大学的前提。社会的激烈竞争也从工作阶段提前到了学习阶段,甚至延伸到了义务教育阶段。2000年以来,北京市"小升初"择校问题逐渐严重,在就近入学的电脑派位之外,存在以钱择校、以分择校、以权择校的"明渠暗道",乱象纷呈。"小升初"一直以来都是我国义务教育领域一个备受争论的热点问题,解决义务教育阶段的择校问题,是关乎民生的大事,也是关乎政府公信力和社会公平的重要问题。

2009年,我们做了一组系列报道《聚焦"小升初"》,节目主要是对"小升初"政策下"推优""特长生""共建""培训班"等现象背后所暗藏的问题进行系统、全面的梳理,为处于弱势的家长与学生发声的同时,揭露"小升初"背后的教师腐败现象、强势单位之间的互利交易、培训机构借此赚取丰厚利润、监管存在漏洞等问题。节目每天播出3小时,连播5期,引起全国观众的强烈关注,很多观众都认为节目内容直率、大胆,主持人和嘉宾言辞犀利、针针见血。

当时,大部分媒体关于教育主题的报道侧重于介绍国家在促进教育公平、完善教育体制的各种工作中取得的成就与经验,反映教育政策改革的新信息、新亮点,以及先进人物和群众受惠状况等。这与当下人民群众所能感触到的实际情况有所脱节。我们这组揭露性报道在这样的教育主题报道环境之中,可以说起着先立先行的示范性作用。报道既要体现国家政策、措施取得的成就,也要对实际工作中的问题进行一定的质疑与反思。新闻媒体有责任对教育公平问题给予高度关注与重视。针对我国当前教育公平所出现的问题,新闻媒体既要报道国家为促进公平而制定的教育政策的科学性,也要看到现实中的问题及弊端并进行揭露,为教育公平在现实中所需要解决的问题找到解决措施,以促进公平的实现。

教育是民生之基,教育公平是社会公平的底线,它承载着千万个家庭的希望。作为一个拥有14亿人口的大国,教育公平实现新跨越的难度可想而知。人才乃国之重器,育才为国之根本,教育永远是国家关注的重中之重。几年里,我们相继推出了《曝光北京奥数与"小升初"挂钩现象》《揭秘北京"小升初"电脑派位》等报道,社会反响都非常好。直至今日,我们仍旧在持续关注与报道着各地"小升初"政策的发展与完善进程、教育改革相关议题等一系列事关教育的大事。

消防工作涉及每一个人的切身安全。新闻频道2019年至2020年播发了一系列聚焦消防安全的报道,展示了主流媒体如何通过新闻事件的选取、民生问题的追踪等方式,直面消防工作存在的许多薄弱环节,厘清私家车、违建楼占据消防通道现象背后的责任,推动各方消防安全意识的提高。相关报道起到了风险沟通、风险监督的效果,提高了公民的消防安全意识与文明素养,推动了社会文明进步。

2019年12月2日晚上9点16分,辽宁沈阳浑南区SR国际新城居民住宅小区102号楼发生火情,消防部门在灭火救援时遇到消防通道被堵占的问题,延误了灭火救援的最佳时机。而后,小区车位紧张和居民停车难能不能成为堵占消防通道的理由成了社会关注的话题。沈阳火灾发生后,新闻频道《新闻周刊》先期设立了两个节目走向,一是高层建筑外立面材料,二是消防通道堵塞。记者在查阅资料并与专家沟通后发现,国家对于高层建筑外立面材料的标准在2009年有过修改,2009年之后的高层必须使用B级以上的阻燃材料,目前发生高层过火事故的,基本都是2009年之前的老建筑,因此最终确定节目落点为消防通道堵塞。

2019年12月7日,《新闻周刊》播出的《消防,道要通!》节目分为三个短片以及四段主持人白岩松的点评。第一个短片呈现的是央视记者实地走访事发小区,核对小区消防通道设立,并对当晚现场进行还原,内容涉及消防救援到达时间,救援受阻过程,等等,观众对新闻现场的细节需求得到满足。第二个短片将视角拉开,探讨在消防通道堵塞这一环节中,当事车主、物业、业主,各自应当尽到的义务以及需要承担的责任。最后一个短片则衡量法律和现实的平衡点,指出消防法规、警示、普法教育有可以提高的空间。节目末尾也对消防通道"堵塞"顽疾给予深度剖析,认为公民意识和素质无法一夜之间提升,要让公民心中对消防安全有一根弦,让每个人对消防通道这条生命线保持敬畏,法律当然是最立竿见影的手段。在现有的法律基础上,应对堵塞消防通道行为予以惩戒,但是否严法相加则需谨慎。此外,在减少火灾隐患方面,还需要完善诸多监管细节,及时整改,毕竟让消防通道真正通起来,也只是消防安全中的一个环节。

2019年12月7日《新闻周刊》播出的《消防,道要通!》节目带动其收视率由0.09%提升至0.22%,并带动舆情关注消防通道堵塞现状,达到了节目预期的普法效果以及行为引导效果。

乘势而进,从2019年12月9日开始,以"别伤生命通道,'添堵'"为主题的系列报道陆续推出,记者分别前往江苏、浙江、山东等地,通过火灾案例分析梳理、记者走访体验等方式,从私家车堵占消防通道、小区物业在消防通道上私设障碍物甚至上锁等现象入手,采访火灾亲历者、小区物业管理人员、参与救援的消防员以及应急管理部消防救援局的法律法规专家、专业律师等,解读了消防部门依法依规对占用消防通道的车辆等可以采取怎样的处置措施,社会公众占用消防通道违反了什么,法律法规规定怎么处罚以及各部门应当承担什么样的职责等问题,并对明确消防通道的标识设置、消防车通道管理责任、行政处罚和将违法行为纳入信用体系等问题进行深入分析。

该系列报道于12月17日、18日、19日连续三天在新闻频道播出,总时长近36分钟,并在网上被广泛转发,引起社会关注。报道内容客观翔实,形式新颖多样,既有记者现场体验解说,又有案例回顾和专家解读,贴近日常生活的方方面面,有效回应了社会公众期待,契合了公共安全监督治理新体系,树立了应急管理部消防监督执法队伍的良好形象。

2020年12月1日,《新闻直播间》播出《被违建封堵的小区消防通道》节目,递进式地呈现了"十年没有消防通道 安全隐患困扰小区居民""业主多方反映无果 为何违建拆除难""生命安全至上 消防通道不容侵占"等现象。记者探访河南省郑州市金水区银基王朝三期万和园小区,发现小区西面的消防通道被一栋4层高的违建楼"霸占"长达10年,导致消防车和救护车都进不了小区,给小区居民的生命安全带来很多潜在隐患,居民多次向小区物业、市政府服务热线12345、消防隐患举报热线96119、街道办分管安全生产的部门反映情况,但是一直没有见到相关部门来解决问题,回复的说法就是"小区建成前,该地块由村委会租借给某4S汽车销售店,这两家不知什么原因出现争议,问题至今没解决,因此这个拆了一半的4层楼就搁置了10年"。

报道播出后,郑州市政府连夜采取措施,金水区迅速成立专项工作小组,一星期就把封堵小区消防通道10年之久的违建全部拆除,并且在春节前将本应畅通无阻的消防通道修好。媒体舆论监督报道也形成"调查—反馈—整改—跟踪"的完整链条,新闻频道于2020年12月11日播发《新闻追踪:河南郑州一小区消防通道被违建楼房封堵10年之久 违建楼被拆除完毕 消防通道已打通》。

媒体作为政府与群众的沟通桥梁,担负着引导舆论和推动政府工作的重责。媒体的功能价值和业务边界逐步从新闻生产拓展到社会治理全过程,如何反映群众呼声、缓解社会冲突,始终是新闻工作者的职责所在。

三、聚焦民生,反映群众呼声

民生新闻和社会新闻是集中反映人民群众心声的新闻报道类型。新闻媒体凭借这类报道,不仅可以反映群众呼声,还可以由此发挥"减压阀""减震器"作用,助力社会治理现代化。其中,社会新闻是指涉及人民群众日常生活的社会事件、社会问题、社会风貌的报道,涵盖百姓日常生活的柴米油盐、衣食住行等各个方面。社会新闻与人民群众的生活密切相关,具有社会性、广泛性、生动性,既讲究趣味性,也富有人情味。社会新闻的这些特点决定了针对这一主题的报道必须深入生活,关注民生发展走向,深挖民生信息,确保新闻内容及时反映民情、传递民声、展示民意。因此,社会新闻的报道、策划、传播质量的高低,直接影响新闻媒体的公众形象。做好社会新闻的报道不仅能提升媒体的传播力、引导力、影响力、公信力,对其他媒体也能起示范与引领作用。与此同时,一则好的社会新闻报道有助于弘扬正能量、营造良好的舆论氛围,并通过反映群众心声、为群众排忧解难,推动社会问题的解决,促进社会的良性发展。

20世纪90年代中期,恶意拒载成为北京市出租车行业的"顽疾",甚至还曾发生过乘客被司机故意甩下车而摔成昏迷的案例,打车人怨声载道。面对这样的现象,我们着手调查出租车拒载的根本原因。针对社会问题的调查报道,就要深入问题最核心的地方。记者把摄像机往箱子里一装,或是把摄像机往衣服里一裹,一趟趟地坐出租车,一次次地遭遇拒载,亲身感受到了这一现象的严重性(如图3-5)。

图3-5 《晚间新闻》北京"面的"拒载现象严重

调查中,记者看到一对带着残疾孩子去医院的夫妇被拒载,也看到外国人被拒载……之后记者又将角度转向司机群体,很多"面的"司机通过采访,承认了他们会因为公里数不合适、堵车等原因而拒载或者选择性地拉乘客,而这背后的根本原因便是价格问题。"面的"司机遇到公里数不合适、堵车等情况而拒载,是因为油耗占收入比例过大,跑一趟亏本。另外,"面的"每公里价格最便宜,市场上供不应求,而其他车型由于每公里的价格略高又形成了供大于求的局面,因此,拒载现象才会频发。经过这一次次的深入采访,我们感受到了作为当事人,乘客与司机都各有各的难处。以《北京"面的"拒载现象严重》为题的报道在《晚间新闻》播出了两期节目之后,记者又进行了一次街采。值得高兴的是,观众看了节目,普遍关注到了拒载这个问题,甚至还有人开始对相关问题进行反思。

过了半年左右,我们又把这一选题提上了日程。一是想了解报道播出一段时间后,相关问题的解决情况;二是想通过复盘报道给仍在关注这一问题的观众一个回应。很遗憾,半年过去了,这一问题依旧没有实质上的改善,反而出租车的拒载现象愈加严重了(如图3-6)。这时候,对司机、乘客等当事人的采访已经不能引起更多的关注,仅仅囿于现象的报道只会让问题的解决进程继续停滞。我们意识到调查应该逐步深入,要扩大报道的辐射范围,挖掘问题背后的深层原因。早先几期报道播出之后,引发了媒体圈的关注,很多媒体也开始对这一现象进行跟踪报道。我们采访了这些媒体人,期待从媒体人的角度释放更多不同的声音。这种方式实际上是通过舆论的集中与扩大,对管理部门施压。借着这种声势与关注度,我们采访到了北京市出租汽车管理局负责人。这位负责人表示要尽早出台合理的收费办法、加大执法力度、加强社会监管等。

图3-6　记者采访司机

针对社会问题进行报道,从来都不是件易事,很多问题都涉及社会的方方面面,所以不是一篇两篇报道就能够把问题讲明白、讲清楚的,更不用说去推动这一问题的改善与解决了,需要记者对类似的问题持续发力、长期关注。出租车拒载的现象很鲜明、突出,而且也是当时老百姓最"急难愁盼"的痛点。这组调查报道连续播出了12天,在社会上引起了巨大反响,同时也推动了相关管理单位对北京市的出租车市场进行大幅度治理和行业规则的深入修订,一举扭转了北京街头"十辆出租九拒载"的局面,并且深刻影响了全国的出租车行业建设与城市发展管理。

民生新闻无小事,关乎群众的事就是关乎我们新闻媒体人的大事。民生、社会类的新闻报道,不仅要报道事实,还要引导舆论、开展监督、抨击丑恶、弘扬真善,这是每一位新闻工作者应该担负起的社会责任。作为新闻工作者,我们通过报道,不仅要解决一个个具体的问题,而且要将帮助社会建立公平正义、促进社会文明进步、提高民众的思想素质作为己任,"做党的政策主张的传播者、时代风云的记录者、社会进步的推动者、公平正义的守望者"。

四、水滴石穿,助推法治建设

随着我国经济社会的不断发展、提升,民众对生命权、健康权、财产权、出行权越来越重视,"安全"问题被提及的次数与频率也越来越多。其中,安全出行已成为每一位公民对社会生活的基本要求,这也使得道路交通安全类的新闻报道成为社会新闻内容中的重要组成部分。而随着我国道路交通安全形势的日益复杂以及公众参与社会公共事务的热情日渐高涨,有关道路交通安全的新闻报道已经超越一般社会新闻范畴,逐渐在社会公共事务领域产生更大的影响力。

在众多的道路交通安全问题中,与"斑马线"有关的问题一直是困扰着交通参与者以及相关管理部门的顽疾。斑马线是一座城市最基础的道路交通标识,是行人生命的安全线,也是检验城市文明、社会进步的标尺。然而,正是在这样一条线上,却总有悲剧发生。行人擅闯红灯、机动车不减速不礼让行人等一系列交通违法行为威胁着道路上行人的安全。2014年,新闻频道在《新闻直播间》栏目中播出了《直击斑马线》系列节目,将镜头对准了这一条线(如图3-7)。报道从"斑马线"上事故频发的现状、原因以及可借鉴的做法三个方面进行了完整、细致的探寻与调查。记者分多路走向全国各地人流鼎沸的路口,拍摄采访行人、司机、交警,汇集多方声音,通过一趟趟采访、一路路奔波与体验,深挖斑马线让行如此困难的真正原因。我们的镜头呈现了一次次让人揪心的事故现场,也记录了一段段来自群众心底的呼声。除了实地采访,报道还逐层深入,由表及里,通过专家的分析解读来探寻解决措施,通过发掘国内部分地区以及国际上施行的有效办法来提供经验,例如浙江温州设置的智能护栏、韩国的机动车礼让行人、加拿大通过立法加大惩治力度等。我们借由事故现场强烈又真实的画面、群众急切的声音、专家权威的解读,集中表达了对问题能够尽快改善与解决的迫切感,从而唤起人们遵纪守法的良知,推动相关部门协同共治。

图 3-7 《新闻直播间》直击斑马线 德与法共同扮演"路权大战"终结者

不止于"线",2017 年我们还联合公安部交管局推出了交通安全媒体行动"平安回家路",行动持续了五个月之久,包括"礼让斑马线""侵占道路优先权""保护'慢行交通'的便利"等主题,从机动车不避让行人、违章停车、非法占道以及电动车安全隐患、管理漏洞等多个角度,深挖道路交通安全中所存在的问题与弊病,将视角从"线"的聚焦转向"面"的思考。报道的辐射面广、挖掘度深、持续性强,及时反映了人民群众关注的道路安全热点、焦点、难点,并借由专家、评论员的解读宣传了交通安全知识、提示了交通安全隐患,同时借助网络舆论平台,积极引导公众对典型性交通事故的讨论,形成了广泛的带动力与影响力,增强了公众的法律意识与法律素养。更为重要的是,通过对相关问题的报道,我们推动了有关部门对相关政策的调整与完善,并促使有关部门加大监管与处罚力度。例如,近年来北京、上海等多地通过新增设"电子警察",严查机动车不礼让行人等现象。2021 年,上海市还制定出台了针对非机动车安全管理的地方法规,对电动自行车乱停放、乱充电等违法行为进行集中整治。而我们的报道也及时关注这些不断向好的变化(如图 3-8、图 3-9)。

图 3-8 《新闻直播间》"夹缝中求生"的骑行路

图 3-9 《新闻 30 分》谁动了我的路权之通行权 挤占通行权往往"恃强凌弱"

除了对交通安全的关注,我们还着力于关注公众的生命安全权益保护。例如,高空抛物、坠物是"悬在城市上空的痛",也是威胁人们"头顶上安全"的社会问题。近年来,高空抛物、坠物所引发的惨剧时有发生,这不仅关乎一个个生命和家庭的悲欢,也关乎城市安全与社会文明的底线。2019 年 6 月,深圳一名 5 岁男童被一扇从高空坠落的玻璃窗砸伤头部,抢救无效不幸离世。同月,南京一名放学回家的 10 岁女孩被高空抛物砸中头部,经调查发现,这位女孩是被一名 8 岁男童高空抛物砸伤的。未成年作为加害者应如何追责?找不到责任人的高空坠物应如何定责?这是我们一直在追问的。2018 年 4 月,一栋厂房下,一条大狗从天而降,砸中了路过的张女士,导致她高位截瘫。由于找不到狗的主人,张女士无奈之下将厂房的所有者和全楼的住户都告上了法庭。难以确定具体侵权人是高空抛物、坠物案件中存在的难点问题,也是报道一直密切关注的。我们不断地推出报道、不断地提出问题,以事实为依据,穿插市民意见,活用主持人评价及专家解读,汇聚各方观点,通过典型案例,深入探讨针对不同情况下不同法律规则的适用范围,抽丝剥茧、追本溯源,助推相关法规一步步完善。2019 年 11 月,高空抛物被定义为违法行为。2021 年 1 月,《民法典》正式实施,明确了高空抛物、坠物治理规则,细化了各方责任。2021 年 3 月,《刑法修正案(十一)》生效,高空抛物被正式入刑。我们是法律知识的传播者与宣传者,同时也是我国法律变革历程的见证者与亲历者。

无论是关于"交通安全"还是关于"高空抛物"的报道,我们一直秉持着相同原则——正确引导和培养公众的法治意识,推动法治社会的建设与发展。这类报道不只是传播相关法律知识,更多的是对法治理念的渗透、法治文化的深入和对法律信仰的建立,从而增强公众的法治意识、提升公众的法治素养。当公众具有一定程度的法治意识和法治素养时,法治文化氛围才得以形成。我们报道的目的就是通过新闻的宣传教育提升公民的法治素养,将口号内化为公民自愿自觉的行动,增强全社会厉行法治的积极性和主动性,推动全社会尊法、学法、守法、用法,从而提高社会治理的法治化水平,为全面建设社会主义现代化国家、实现中华民族伟大复兴的中国梦筑牢坚实的法治基础。

五、小结:新闻工作者要对人民怀有深厚的感情

一百多年来,我们党始终把人民放在第一位,坚持尊重社会发展规律和尊重人民历史主体地位的一致性,不断把为人民造福的事业推向前进。党的十八大以来,习近平总书记以人民为中心,强调人民至上,明确指出:"江山就是人民,人民就是江山。"

坚持以人民为中心,要把民生议题作为切入点。2022年全国两会期间,习近平总书记在看望参加全国政协会议的农业界、社会福利和社会保障界委员时强调,"民生无小事,枝叶总关情",彰显了党对改善民生福祉的高度重视。民生是人民幸福之基、社会和谐之本,让人民生活幸福是"国之大者"。我们要始终把人民的安危冷暖放在心上,注重民生、保障民生、改善民生,努力让人民群众的获得感更足、幸福感更可持续、安全感更有保障。

作为社会进步的推动者,新闻工作坚持以人民为中心的工作导向,就要重视民生领域的报道。在众多新闻品类中,民生类的社会新闻同人们的物质文化及精神文化生活密切相关,能够深刻体现人民群众的精神面貌和呼声需求。这类新闻的一个重要特点是通过真人真事和具体情节反映事实和思想,受到民众的广泛欢迎。

聚焦民生议题也是新闻媒体助力社会治理的题中之义。这些议题往往与民众日常工作和生活密切相关,既有积极向上的拼搏,也有遭遇困难的挑战,还有民众的各种呼声、建议。这要求新闻工作者要对人民怀有深厚的感情,深入群

众、深入基层。

这些年来,我国新闻媒体广泛开展"三贴近""走转改""四力"活动,深入基层、深入群众,反映人民群众的火热生活和感人事迹,取得了显著成效。主流媒体的公信力在这一过程中得到了有效提升。

总台社会新闻报道的实践经验表明,社会新闻也可以成为主流媒体引导舆论、传播社会主义核心价值观的重要路径。正因如此,我们应该更加重视民生类社会新闻。具体来说,要从以下几个方面着手。

第一,聚焦民生议题。坚持以人民为中心的工作导向,根本上就是要解决"为了谁、依靠谁、我是谁"的问题。媒体要多聚焦人民群众,把更多镜头对准基层,让人民群众成为新闻的主角。特别是关乎人民群众的切身利益时,主流媒体要主动站出来发声,发挥舆论监督功能,为人民群众鼓与呼。

第二,深入群众实践。好新闻是"跑"出来的,新闻工作者要深入基层,深入一线,深入农村,俯下身子,掌握第一手新闻素材,倾听群众心声,反映社情民意,真正做到从群众中来,到群众中去。社会上,有很多人平凡而普通,但事迹却生动而感人,他们具有面对挫折锲而不舍的坚毅,或具有面对挑战迎难而上的勇气,或具有面对艰险百折不挠的顽强。记者只有带着感情,深入他们的生活,贴近他们的心灵,才能更好地发掘这些平凡人物的不平凡故事。

基层和群众是社会新闻工作者的情感之根、报道之根、思想之根。最美丽的风景在基层,最感人的故事在基层,最锻炼人的舞台在基层。走基层、转作风、改文风,对于社会新闻记者来说是一种常态化的工作方式。不走进田间地头、工厂车间、里弄胡同,社会新闻哪里来;不同市井小贩、街头大爷大妈、普通工人农民打成一片,怎知他们所思所想;写出的文字、做出的节目不通俗易懂、不贴近民生,谁能爱听爱看。想做好社会新闻,必须有锲而不舍的精神,必须具备新闻人的职业精神,努力追求尽可能完美的工作目标,把真正的社会新闻呈现给观众。

第三,采用群众语言。互联网时代,互动、参与已成为人们接收信息的习惯,单向式的"自说自话"效果有限。为此,新闻媒体要创新传播方式,以群众喜闻乐见的形式,报道社会的变化和发展,传播基层的好经验、好办法、好典型。这需要新闻工作者不断改进作风,深入人民群众,学会人民群众的语言,采用人民群众能理解、易接受的方式,这种报道才能更加深入人心。

第四,重视策划,着力提升社会新闻的时效与品质,以满足广大受众个性化的信息需求。新闻媒体肩负着引导社会舆论、弘扬社会主义核心价值观的重要职责。加强对社会新闻报道的策划,从中提炼新闻事件中折射的人文价值,有助于弘扬社会正能量,营造良好的社会舆论氛围。社会新闻的策划要关注社会生活、生产、交往中存在的一系列社会问题。积极引导社会问题得到解决,提升媒体公信力和权威性。

一位资深的媒体人曾说过:"媒体的核心竞争力在于生产优质内容,最根本的东西是信息和思想,这一点稳如磐石。形态变化了,就去适应形态;渠道变化了,就去适应渠道。"当下,随着新媒体的出现,传统媒体面临的挑战愈加突出,在媒体融合的背景下,传统媒体的社会新闻报道如何改革,是当下的一个重要任务,社会新闻传播工作面临众多挑战。在这样的情况下,社会新闻传播应抓住时代发展的特点,紧跟时代发展的脚步,促进平台优化,不断创新社会新闻的传播方式,丰富社会新闻的传播内容,促进社会新闻制作与传播的长远发展。而这,也是主流媒体通过报道推动社会文明进步的方向和动力。

更为重要的是,新闻工作者要心怀人民,热爱人民。新闻工作者不能高高在上,要对人民怀有深厚的感情,与群众交朋友,向群众学习。新闻工作者只有双脚沾有泥土,以人民为中心的工作导向才能得以彰显,才能更好地为人民发声。正如有新闻前辈所感慨的:"离泥土越近,越有生命力。"

放眼新时代,广阔的基层一线上处处有清新的气息,火热的群众实践中处处有鲜活的故事,广袤的土地上处处书写着壮美的画卷,为新闻媒体提供了丰富的报道资源。新闻工作者要践行"四力",俯下身子,沉下心来,深入群众,创作出更多有思想、有温度、有品质的新闻作品。

附作品

作品一:《一些传统服务行当重现北京街头》

记者:许强
播出时间:1992 年 11 月 21 日
播出栏目:《新闻联播》

最近一段时间,北京街头出现了一些曾一度消失了的服务行当。当 59 岁的王道乡师傅最先在王府井大街清华园浴池门前摆上擦鞋摊儿时,很多人驻足围观,有的人还伸脚一试。

(同期声)记者:你觉得这项服务好不好?

男顾客:好,很好。

女顾客:我觉得特别受人欢迎,这几天最起码的,客流量就得,最起码得100多吧。

擦鞋师傅:这个一般别人出来吧,就说尤其是出差旅游的,出来谁带皮鞋刷子什么的,对不对,这也是方便群众,也是服务项目,对不对。

记者:您觉得擦皮鞋有什么不好意思或者觉得低人一等的吗,有这种感觉吗?

擦鞋师傅:确实思想有那么种想法了,可是后来你看,好多服务项目当中,好多人搞那个公司,也下海。人也搞这个服务行业,这也没什么,我觉得,对不对。其实我,书我也念了十四五年书,那对不对。(如图 3-10)

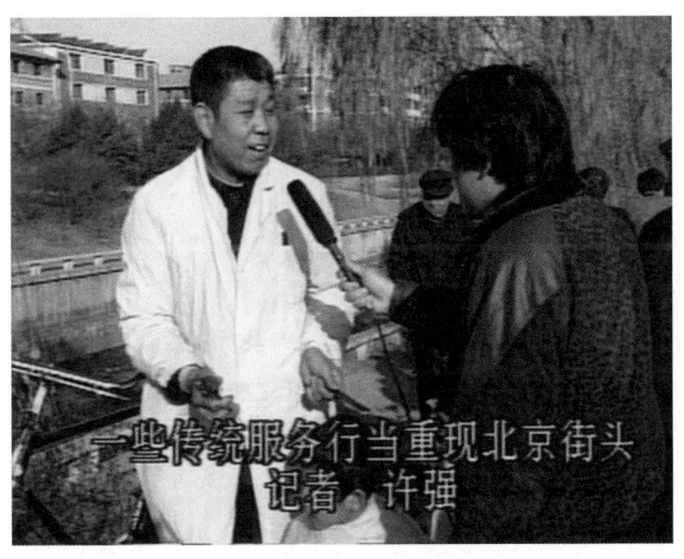

图 3-10　记者采访中

擦皮鞋这个当年被视作封资修服务而砸烂的行当,今天又出现了。擦一双鞋一到两元,给人带来了方便,也给人增添了新鲜感。

剃头挑子在北京街头又热了起来,白大褂、理发剪、小方凳构成了街边简易的理发摊儿。规模小的三四个摊点儿,大的十几个理发摊儿一字排开。当摄像机对着他们时,许多人背过身去躲闪,问其原因,退休人员怕被原单位看到,不再担负医药费、退休金,在职人员怕惹麻烦,但也有人较有勇气。

(同期声)理发的师傅:就算第二职业,总的来说,北京话不是说了吗,锅里有菜没肉,再加点肉,别的意思没有,就是自己多少挣点。

记者:您是现在在职人员还是已经离退休人员?

理发的师傅:在职。

记者:那您刚才躲躲闪闪,是不是还有一些什么顾虑,就是说第二职业在单位会不会受到一些麻烦?

理发的师傅:不会,不会。反正,总的来说,我靠手艺劳动力挣俩钱儿,这也……咱总比胡作非为强多了吧。

顾客:在街上也便宜,是这个,也方便。再一个来说,等不了多长时间,理发室啊,等的时间太长。

这是本台报道的。

作品二:《逝者如斯,魂归何处》

记者:许强

播出时间:1994年5月15日

播出栏目:《晚间新闻》

当乱占耕地、修坟建基之风在许多地区日渐盛行的时候,今天上午,却又有185份骨灰被死者的家属们撒向了蔚蓝的大海,或许这种新风也将会很快地盛行起来。

昨天上午,400多人聚集在北京八宝山革命公墓,向他们的亲人做最后一次告别。我国自50年代提倡火葬以来,火葬已为越来越多的人所接受。但由于传统观念的影响,火化后骨灰的处理方式却仍以寄存于骨灰堂或修坟立碑为主。然而,修墓不但永久地占用了土地资源,而且还影响景观,破坏环境。去年全国有247万人死亡,如果多数人都将骨灰葬于地下,建一个墓穴按占地一平方米计算,我国的耕地面积将以每年两百多万平方米的速度递减。为了遏制这种死人与活人争地的严峻现象,北京市殡葬管理处推出了免费将骨灰撒向大海这一新的骨灰处理方式。(如图3-11)

今天一大早,200多位家属乘车前往天津港。上午9点,他们登上(原)北京军

区直属部队的舰船驶向渤海湾,上午11点,亡者家属在哀乐声中将亲人的骨灰撒向大海。(如图3-12)

选择这样的殡葬方式对于受过传统生死观念长期影响的中国人来说,无疑是一种认知上的飞跃。

(同期声)原来是土葬,土葬变成火化,是不是,火化留灰儿,现在不留灰儿,把这个灰啊,让它回归自然,我觉得这事儿好像合乎规律。

对于深深爱着自己已故亲人的家属来说,让自己的亲人回归大自然,更是一种意味深长的寄托。

图3-11 《晚间新闻》截图

图3-12 亡者家属将亲人骨灰撒向大海

(同期声)说句咱们自己老百姓的话,就是说,关键的纪念,怀念,在心里边,不能只在一个形式上。我十分怀念我的爸爸,对这种一次撒海仪式是对我爸爸怀念的最好的安慰。

目前,我国广州、上海、天津、北京等地都已开展了骨灰撒海活动。

这是中央台报道的。

作品三:《北京"面的"拒载现象严重》

记者:许强、顾朝安等
播出时间:1994年6月12日—18日、1995年1月24日—27日
播出栏目:《晚间新闻》

(一)

提起"面的",每一个北京人和到过北京的外地人都会有说不完的感慨。马路上成群结队随处可见的黄色微型面包出租车已经成为京城的一大特色景观。据介绍,北京的第一批"面的"是89年开始走上街头的。由于租价便宜,载客量大,很快就赢得了人们的青睐。然而好景不长,现在越来越多的北京人开始对"面的"的服务质量有了抱怨。

最近一段时间以来,记者经常接到一些观众打来的电话,反映"面的"拒载的现象日渐增多。上月10号、11号、19号记者分别在北京军事博物馆、礼士路、东单、虎坊桥等几个路段连续拦截"面的",发现"面的"的拒载率平均达45%,个别地段则超过了90%,记者用隐藏起来的摄像机和无线话筒记录下了这样一些场面。

(字幕:5月10日上午军事博物馆)

(同期声)

记者:中关村去吗?

出租司机:中关村不去。

记者:不去啊?

记者:车号——北京01—Q2533。

记者:中关村去吗?

司机:去不了。

记者:车号——北京01—U0016。

(字幕:5月11日下午礼士路口)

(同期声)

记者:师傅,玉泉路去吗?

司机:不去。

记者:车号——北京01—T6603(中和出租汽车公司64035)。

司机:去哪儿?

记者:玉泉路去吗?(司机摇头)

记者:车号——北京01—Y2894(龙源出租汽车公司69375)。

司机:去哪儿?

记者:啊?

司机:去哪儿?

记者:玉泉路。

司机:不往那边走了。

记者:车号——北京03—10673(恒运出租汽车公司97028)。

(字幕:5月11日上午北京日报门前,车号北京01—W2098)

记者:小姐请问,刚才怎么回事,您叫车,他去吗?

女士:他不去。

记者:您是从哪儿叫到哪儿啊?

女士:我从这儿到人民大学。

这位日本女士说从东单到人民大学拒载的比例大约有50%,而且遇到这种情况很多时候是司机要30块钱或者40块钱,不然就不去。

(字幕:5月19日上午)

(同期声)

男士:没有一个拉的。

记者:没有一个拉的?

男士:没有一个拉的。

记者:哦。您从哪儿到哪儿?

男士:从四路通到地安门。

记者:九点几公里?

男士:九点三、九点四吧。

记者:"面的"没有拉的?

男士:百分之百没人啦,不信你就可以试试。

在木樨地,这样一对带着残疾孩子的夫妇同样不能逃脱被拒载的命运。

(字幕:5月19日上午11时木樨地)

(同期声)

记者：请问，刚才你们叫出租车，是那辆出租车拒载了？

男乘客：我要去北京医院，他说他不去。

记者：从这儿去北京医院，他说他不去？

男乘客：他说他不去

记者：您就两位吗？

男乘客：没有，我带着孩子去看病。我们等这儿半个小时了。他不停。

记者：等了多长时间了？

男乘客：等了将近一个小时了。

记者：拦了几辆"面的"啊？

男乘客：拦了二十多辆啦，还有的。

短短的三天时间，记者在街头切身感受到"面的"拒载已成为一个相当普遍的现象。恰好十公里的活不拉，所经路段经常堵车不拉，去飞机场不谈好价钱不拉，拒载的理由千奇百怪。客气点说，车快没油了，该吃饭了，该收车了。不客气地干脆就说不去。望着三万多辆"面的"川流不息地奔行在北京的大街小巷，每天人们都在盼望着拒载现象成为过去。这是中央台报道的。

(二)

本台日前就北京微型面包出租车拒载进行了采访，而造成"面的"拒载的原因究竟是什么呢？请看报道。（如图 3-13）

图 3-13 《晚间新闻》截图

当我们思考"面的"为何拒载时,有的司机告诉我们原因是,要吃饭了,油不够了,或该收车了,等等。但他却可能再拉上另外一个他认为合适的乘客,就像这位司机一样。

(记者:车号——北京 01—X6737)

(同期声)

记者:北京"面的"拒载现象很多吧?

司机:反正不少。

记者:你觉得原因是什么?

司机:一个就是公里不合适,八九公里不愿意跑,再一个就是堵车的地方,一般就是公里不合适。

记者:堵车都不是主要的?

司机:堵车也是主要的,有时堵一个小时才挣十块钱。

这位"面的"司机道出了拒载的真正原因,公里数不合适或塞车。先拿公里数来说,拉十公里左右的活儿,挣十块钱不合算,这几乎是所有"面的"司机的共识。那么,拉十公里到底赚不赚钱呢?

(同期声)

记者:十公里的话,我们算一下成本,刨去堵车等因素,十公里你开这种车需要多少钱?

司机:十公里你算,百公里油耗是七(公)升油,十公里就是 0.6—0.8(公)升油。一(公)升油两块一毛八,十公里就合一块多钱。

记者:跑十公里直接成本一块多钱,其实还是赚。

司机:当然赚了!

现在我们再分析一下拒载的另一个原因塞车,这位司机给我们算了这样一笔账。

(同期声)

司机:刚才我拉了一个活,从沙沟到天宁寺,8.1 公里,45 分钟,也是十块钱,这不就赔了吗?你算呀!一上午四个小时,这样拉活,干一天八个小时,你都完不成车分!

乍听起来,这个司机说的确有一定道理,但他是否在干这一行之初,就考虑到这一行业的职业风险呢?如同其他经营者一样,有赚就会有赔,既然有一两公里或十几分钟就可以收入十块钱的时候,也就应该有一个小时甚至更长时间才挣到十块钱的时候,总不能采取破坏行业规则不顾职业道德而让自己只赚不赔的吧。

在机场路上,我们看到这样一个奇特的现象,去机场路上空驶的绝大部分是轿车型出租车,而从机场返回的出租车中空驶的大部分是"面的",这蔚为壮观的出租大军,已经在烈日下等了将近五个小时。

(同期声)

司机:"面的"为什么要拒载,我们为什么要吃不饱,关键问题还是不平衡,差距太大。

记者:是不是价格问题?

司机:就是价格问题。

目前北京出租车的定价主要有以下几种:按每公里算有两块的、一块六的、一块四的,"面的"最便宜,每公里一块。目前除"面的"外,其他车型都处于供大于求的状况。客观上"面的"的供不应求也为拒载提供了可能性。如果这些拉不上客人的出租车也能为大众所接受,如果"面的"的数量再多一些,是否能够杜绝"面的"拒载现象呢。还有一个问题就是,在采访中那些被拒载的乘客对拒载的态度让我们感到困惑。

(同期声)

记者:遇到拒载之后,你采取什么措施呀?

乘客:一般我为了不找麻烦,争取时间,就尽快再打一辆。

乘客:我不太会去投诉的,我想再等一辆没关系的。

记者:你遇上这种情况(拒载),想不想投诉他?

乘客:没有。

记者:从来没想过。

乘客:他没这个车还有别的车!

可能是因为长期以来我国的消费者总是处于被动的地位,因此当自己的权益受到侵害时,一般都采取少找麻烦,息事宁人的态度,其实这种态度也纵容了面的拒载现象的蔓延。

(同期声)

司机:拒载你可以告他!

记者:告完处罚怎么规定的?

司机:处罚是相当厉害的,吊扣两证半年。

(字幕:公民,请您维护自己的合法权益!)

这是中央台报道的。

(三)

前几天我们对北京"面的"拒载严重的情况做了两次记者调查,当我们的记者扛起摄像机再次走上街头时,观众朋友如是说。

(同期声)

记者:请问前几天我们《晚间新闻》报道的"面的"拒载,您看到了吗?

观众:看到了。

记者:您觉得怎么样?

观众:挺好的,因为这在北京是有这种情况的,"面的"经常要拒载。

记者:前几天我们关于"面的"拒载的报道您看到了吗?

观众:看过。

记者:您觉得我们报道的属实吗?

观众:我觉得特别好,这个问题现在确实挺严重的。

记者:"面的"拒载的报道你看了吗?

观众:看了,我觉得不错,问题是能不能真正解决问题,关键现在问题,不知道解决得了解决不了!

记者:到今天还有拒载的吗?

观众:这不刚刚还有嘛!

观众:这种管理反正不太容易。

在采访中我们发现,对于拒载,许多乘客已不再是简单地向记者发出抱怨,而是对出租车行业的管理问题提出了他们的看法。

(同期声)

观众:不仅仅是道德方面的问题啊,更重要的是管理方面的缺陷。

观众:这种管理反正不太容易,因为车比较多,投诉也比较麻烦。投诉的情况都很难,因为有些拒载情况没有证人,如果像香港那样,只要你告拒载就绝对罚,咱们这儿还需要一些调查,手续比较烦琐。

观众:所谓管理,就是说它制订的一切措施应该不打折扣地执行,对司机要有一定的威慑作用,让他自觉地执行。如果托个人花点钱就能解决,我想这就是一纸空文。

这个"面的"司机谈了他对出租汽车公司许多管理做法的意见。

司机:"面的"一般都是一个小时挣二十块钱。一天工作八个小时,八小时挣一百六十块钱,交公司一百块钱,还有六十块钱,再加油钱,等于八小时之内一分没挣,所以我们挣的钱就是加班加点挣出来的。

这个司机不禁问道:顾客可以投诉司机,那么司机要是投诉公司找谁去?应该谁管?!

在管理问题所涉及的方方面面的问题中,人们谈论得最多的还是出租车的租价。

(同期声)

顾客:价格跟国外比太高。

顾客:这个价格方面是一个问题,你看那个"面的"经常能够有恃无恐地拒载吧,主要是因为打"面的"的人特别多,别人能够接受"面的"的价钱。

顾客:东北和郑州等很多城市都是降价,司机自发地来降价。

采访在机场。

这位在首都机场等了近六个小时仍然没有拉上客人的轿车型出租车司机对记者说。

司机:你们如能给我们呼吁一下,从根本上解决一下问题。

记者:你觉得从根本上怎么解决?

司机:落点儿价,假如我们的车落到一块二一公里。我们都乐意。为什么?老百姓能接触我们了,现在我们苦闷无聊得很。这一天到晚在这儿吧,早晨五点多一点到这儿,就得在这儿晒着,躲往哪儿躲?!藏往哪儿藏?!

这是中央台报道的。

(四)

半年前,我们《晚间新闻》曾就北京微型面包出租车拒载的现象进行过连续报道。岁末年初,当我们的摄像机镜头再次对准街头的出租车时,发现这一现象依然十分严重。

(字幕:1994-12-01 京延出租汽车公司延0085,车号:16353)

(字幕:1995-01-17 北京 01-X9744)

这两位顾客连续遭到五辆"面的"拒载!

第三章 助力社会治理:社会文明进步的媒体赋能

(同期声)

记者:请问刚才您是截了几辆车都不去啊?

男乘客:我截了大概有四辆了吧,他们都不去,(手指离去的车)这辆是第五辆了。

记者:您去什么地方啊?

男乘客:我想到西单北大街。

记者:从军博到西单都不去。

男乘客:他不去,我说到西单那儿,从那儿左拐弯一下,我说不行从复兴门那儿绕,绕到三环上他都不去。

在采访中,大多数的被采访者认为,"面的"拒载现象不仅没有减轻,反而更加严重了。

(同期声)

记者:你觉得我们新闻单位曝光之后?

女顾客:曝光曝得太少了,应该罚他们一下,然后曝光曝的次数多一点,可能就会好一点的。

记者:比以前有改观吗?

男顾客:没什么变化。(摇头)

另一位顾客:拒载现象而且好像更加厉害了。

在半年以前,曾对"面的"拒载进行过详细报道的首都一些主要新闻单位的记者,时隔几个月后,再谈到这种现象时与市民们一样感到的是几许无奈。

(同期声)

《中华工商时报》吕平波:好像已经说疲了,这拒载吗,不要说减少,我感觉是越来越多,看不到什么特别有效的措施能够制止这种现象的蔓延。

中央人民广播电台胡国华:报道做了大量的工作,采访领导人,采访了群众,采访了司机,采访了公司,方方面面都采访了,但是有什么变化没有呢? 看不出来。

记者:您感觉这种监督作用起作用了吗?

《法治日报》章金生:在这个问题上好像作用不大,不知道是我们这个新闻单位现在的舆论作用是越来越小呢,还是这个问题本身很复杂,还是有关管理部门有意地回避这个问题。

"面的"拒载作为首都服务业中的一个顽疾,为什么久治不愈呢? 我们将在明

121

天晚上的《晚间新闻》中继续就此问题进行报道。

这是中央台报道的。

（五）

昨天我们播发了北京"面的"拒载现象在首都新闻界广泛曝光半年后依然严重的报道，那么究竟是什么原因使得拒载这一现象如此顽固呢？几位新闻单位的同行在做了大量的调查研究后，发表了他们的看法。

（同期声）

《科技日报》经济特刊主编李刚：这个问题比较复杂，曾经找了很多很多的出租车司机，跟他们聊，交谈，他们反映说现在我们"面的"目前车价问题再不改进的话，不行了，我们就在想一个问题：为什么主管部门到现在为止，有些问题还是没有发现，出发点和落脚点还是没有跟更多的乘客想在一起，没有跟更多的司机想在一起。

《中华工商时报》企业新闻部主任吕平波：价格管理上有问题，导致这个行业的失控。那么，第二个，管理层对公司的管理，我觉得这个也是有问题的，对司机的监管呢，有投诉也都有查处，这我们一般还都能看到，但是好像是，查一次，好一点，也就是这一天好一点，第二天依然如故。

今天上午本台记者来到北京市出租汽车管理局，希望管理局领导能给遭到拒载的乘客一个说法。但是据这个局稽查大队一位不愿透露姓名的干部称，几位局长全都到怀柔开会去了。

（同期声）

干部：这个问题呢，咱们局有规定。

记者：什么规定？

干部：咱们这个主管局长对外宣传得说，说完以后指定专人跟你们谈。

现在我们仍在和北京市出租汽车管理局的领导联系，有关采访他们的报道将在今后的《晚间新闻》中继续播出。

这是中央台报道的。

（六）

北京市"面的"拒载的现象越来越严重，我们对此曾做过多次报道。北京市出租汽车管理局的一位负责人昨天在接受本台记者专访时表示，要在短时间内根除"面的"拒载的顽症。

(同期声)

记者:北京市出租车"面的"拒载现象为什么能长时间地存在下去呢?

北京出租汽车管理局副局长常复琼:从价格方面来看这是一个很重要的因素,"面的"的收费办法存在着不尽合理的地方,很多呀,小客车驾驶员所享有的,调动他们积极性的一些手段,在"面的"上没有体现出来,像起步费、低速行驶费、夜间加价费等。

记者:这种原因也都知道,现象也比较严重,那为什么没有得到解决呢?

常复琼说,94年他们曾计划对造成"面的"顽固拒载的重要因素——价格的不合理作出改革。但由于种种原因,这一措施未能出台。常复琼表示,为扭转"面的"拒载的局面,今年他们将加大执法力度,加强社会监督。

(同期声)

常复琼:同时对于"面的"的收费办法我们要敦促、协调,物价主管部门在稳定"面的"目前收费标准的情况下,来理顺它的收费办法,争取能尽早出台。我想经过齐抓共管,多管齐下,相信我们争取在最短的时间内来扭转顽固的"面的"拒载违纪现象的存在。

这是中央台报道的。

作品四:《号贩子相关报道》

播出时间:2016年2月21日

栏目:《朝闻天下》《新闻直播间》等

标题:节后号贩子再现北京大医院

北京妇产医院:号贩子依旧活跃

【导语】

春节前,一则女子怒斥号贩子的视频曾在互联网上广泛地传播,引发众多患者的强烈共鸣;而医院、公安等相关部门也随即打出"组合拳",号贩子一时之间销声匿迹。但春节后大伙儿上班,有的号贩子也回来"开工"了。本周,针对节后北京部分大医院里号贩子"死灰复燃"的现象,记者进行了暗访,暗访的第一站是北京妇产医院。(如图3-14)

图 3-14 节后号贩子再现北京大医院

【正文】

在医院西侧的人行道上,路旁不断有人念叨"挂号,挂号"。这名女子毫不避讳自己的"行当",对答如流。周围几个号贩子也陆续找到了"顾客",大庭广众之下,谈条件、论价钱,"生意"还挺火。

【同期】号贩子

你去吧,给我打电话(冲那名顾客)。

(转头对记者说)半夜五、六点钟就得排(队)。

记者:你们这多少钱啊?

普通号三百元,专家号四百元。

【正文】

究竟为什么必须得半夜来排队挂号呢?

【同期】号贩子

指定的,现在医院号少,尤其是过完节了,都挂不上,五分钟全天号就没了。

【正文】

可是,现在挂号都是实名制,要是托这位号贩子挂号怎么挂呢?

【同期】号贩子

你把卡给我留下。

记者:你这边要什么卡,社会保障卡

医保或者是京医卡。

【正文】

说着,这位号贩子就从包里拿出了十几张不同人的社会保障卡和京医卡。据这名女子说,他们的办法就是早来排队,而挣的就是这早来排队的辛苦钱,还给了记者一张名片。

【同期】号贩子

记者:这个您能帮约到主任医师是吗?

对呀,主任,副主任,专家号,特需都行。

【正文】

记者在这张名片上看到:名片的正面是每天出诊医生的名字,从周一到周五,产科、妇科、特需三个科别出诊的主任、副主任医师一目了然。上面还印了行字"挂号请提前一天预约",并写着:代办挂号,建档,床位,做人流,开假条,做手术等服务,名片的背面写着该名号贩子的联系电话。

【同期】号贩子

你就随时给我打电话,免费咨询,随时找我,什么不懂的就找我。

播出时间:2016年2月21日

栏目:《朝闻天下》《新闻直播间》等

标题:节后号贩子再现北京大医院

同仁医院:号贩子"见缝插针"揽生意

【导语】

把你的医保卡或者是京医卡交给号贩子,号贩子就能够绕过挂号实名制的门槛,替你挂上号,而且普通号、专家号、特需号都能挂上,那么真的就像短片中号贩子所说的,只要是早排队就能做到吗?这其中还有没有别的玄机呢?我们接着来看记者暗访的第二站,同仁医院。(如图3-15)

【正文】

记者来到挂号大厅,大厅内排队挂号的人很少,大屏幕上密密麻麻地显示着专家号都已经挂满,号贩子仍旧在大厅里不停地招揽着生意。记者以眼睛模糊为由要求挂一个专门看眼底疾病的专家号。号贩子一口答应,保证能在窗口拿到号,但价格要400元。

图 3-15 《朝闻天下》截图

【同期】号贩子

你要看,拿 400 块钱,给你挂号,保证下午给你看。

【正文】

随后,号贩子拿着记者的身份证去办理就医卡,然而,到了大厅她却不敢露面。

【同期】号贩子

你说我开药,建卡。

记者:你不能去是吧?

我能去吗?你去吧。

【正文】

记者在窗口交了 300 块钱,建了一张就医卡,和号贩子一起去挂号。这时,另一名号贩子上来询问记者的病情,记者要求找一位治疗眼底疾病的专家,号贩子张嘴就来。

【同期】号贩子

看徐晓琳(医生)的。你等会儿,等会儿,你等会儿,警察来了。

【正文】

还没聊几句,号贩子就紧张地让我们散开,原来是派出所的民警来了。等民警进入治安室后,负责挂号的号贩子给了另一个号贩子一张记有一个电话号码的纸条,就去挂号大厅了。

【同期】号贩子

警察进去了,告诉她一声。

【正文】

原来这个号贩子是负责揽客和望风的。记者立即赶到挂号大厅,只见负责挂号的号贩子也不排队,直接到窗口从窗口边缘,把钱和就医卡送进去,一个专家号就出来了。

【现场】

上3楼,12点半直接去看就行了,给钱给钱。

【正文】

这就奇怪了,号贩子和窗口的工作人员没有任何交流,就拿出了专家号,他怎么知道号贩子要挂哪个科的呢?

【同期】号贩子

我们约的什么号我们知道。

播出时间:2016年2月26日
栏目:《朝闻天下》《新闻直播间》等
标题:赶走号贩子
   建立沟通机制 推行分级诊疗

【导语】

近期,北京市卫计委、公安局、各大医院都推出了"组合拳"来严厉地打击号贩子。对此业内人士表示,号贩子是生长在医院的毒瘤,也是城市管理的牛皮癣。

而面对危害巨大又异常顽固的号贩子,探索建立一个打击的长效机制才是当前治理顽疾的正解。(如图3-16)

【正文】

业内人士指出,"号贩子"表面上看是倒卖挂号的资源,更深层面其实是优质资源供应和公平供给的问题。想要根治,首先要解决上下级医疗机构信息不通的问题,其次要大力推行分级诊疗的服务模式。

【同期】中国中医科学院主任医师 杨金生

我们要建立居民健康信息管理和服务这个平台,现在我们是上下不通的。就加重了很多的负担,重复检查的负担,重复用药的负担。

图 3-16 节目截图

【同期】北京天坛医院副院长 王拥军

（要）分级诊疗，才能解决什么样的病人在社区，什么样的病人进大医院，什么样的病人，在大医院需要顶级专家解决。这样能保证分级诊疗，合理利用医疗资源，那么去让更需要的人找到更为合适的专家，这是未来解决的一个根本办法。

【正文】

业内人士认为，解决号贩子的问题，不仅需要医疗机构、医护人员自律，同时还需要相关部门多听听医患双方的声音。

【同期】北京天坛医院口腔科主任 王昊

因为我们每个医生，我们胸前都有牌子。我们的一切在医院的活动，都代表了医院本身。所以我们要维护医院的利益，要尽自己最大的可能，来为患者服务。

【同期】北京天坛医院主任医师 冯涛

大家看看就说到底在哪个环节出了问题，那么患者怎么挂不上号，多调查研究，听听患者的这个心声，听医生的心声，那么怎么把这个两方面（工作）做好。

【正文】

业内人士强调，医疗卫生体制改革是个世界性难题，绝非一蹴而就，但就目前情况来看，并非没有逐步推动的抓手。专项整治等治标之策要坚持，治本之策更要抓紧推进，医疗卫生、社会保障以及相关部门更要群策群力，才能彻底解决这一问题。

【同期】北京首钢医院院长 顾晋

比如说这个大专家他有一个团队,他的团队里边手下的几个人,都可以在同一个时间来看(病人)。就这样他可以提高效率,缩短看病的时间,为更多的患者服务。

【同期】北京天坛医院神经外科主任 张俊廷

我觉得去做这样一个打击,而且绝对不是今天喊完了以后,明天就放手不干了。一定要长期地去做这些事情,长期地,形成一个社会化。

播出时间:2016年2月26日
栏目:《朝闻天下》《新闻直播间》等
标题:赶走号贩子 大家来支招(支着)

【导语】

号贩子妨碍的是整个医疗秩序,损害的是全体患者的利益。究竟怎样才能够有效打击倒号行为呢?还需要群策群力。

没错,中央电视台新闻中心官方微博从2月20号开始,在网上公开征集打击号贩子的好办法。短短几天的时间,就收集到了两千多条建议。

【正文】

一部分网友认为,虽然医院挂号已经实行了实名制,但是号贩子往往用自己的身份证先挂上号,等找到买号的人后,再用两台挂号机器同时操作,一边退自己的号,一边立刻挂上买号人的号。要想防止这种现象也并不是没有办法。

有网友说——

【字版】

一字丿开20500:首先,实名制挂号,仔细排查身份证的真假。其次,号贩子一般是一个人拿亲戚的身份证来挂号,此时,就可以设置一个人脸识别,若同一张脸一天之内挂号两次之上,拒绝第三次挂号。

还有网友说——

nitroglycerine:应该要像火车票那样在网上注册后还要本人到医院核实,有多次退票记录的账号还要记录到个人信用考核机构标记失信。

【正文】

还有一部分网友认为,打击号贩子,与其扬汤止沸,不如釜底抽薪。他们建议从专家号的投放机制上进行彻底改变。

有网友说——

【字版】

华西医院廖志林:病人爆满的大医院必须把不用大专家看的病人用流程和经济杠杆分流。如果一流专家挂号费50元,他每次都预约一流专家,如果500,他可能就要犹豫了,如果5000,非不得已他不会看这个专家。因为这个病普通医生足够。

【正文】

还有一部分网友主张对号贩子加大处罚力度。

有网友说——

【字版】

Angle冰莹:医院没有执法权是个大问题,可以把执法权给医院,有号贩子直接严惩领导,医院在评级时一票否决!医生保安之类一经发现立马开除并罚款。

还有网友说——

Leonardo丶初暖:开展就医黑名单,恶意排号扣分,扣满12分1年内禁止在该医院就医。加大社会诚信档案建设,将诚信档案与身份证信息挂钩,恶意挂号记入黑名单,档案信用差的,限制其作为公民的各项基本权利。

【正文】

另外,一部分网友建议推行分级转诊制度,合理调度医疗资源,从根本上缓解大医院的挂号难问题。

有网友说——

【字版】

车手秦云鹏:单纯打击票贩属于治标不治本,问题的根源在于医疗资源与需求人群的供需不平衡。要建立网上预约挂号平台,全面联网实名制,做到一人一病历。

播出时间:2016 年 2 月 27 日

栏目:《朝闻天下》《24 小时》等

标题:记者调查　揭秘号贩子利益链

　　　"名存实亡"的预约实名制

【导语】

为打击号贩子,医院采取了实名制预约挂号的办法,但是这却并没有止住号贩子的脚步,反而是给号贩子带来了便利,别人约不上,他却能约上。

但是不提前很多天预约,怎么能在看病的当天拿到号呢?即便是拿到了号,名字不对甚至是性别不对那怎么能看病呢?即使是看了病,如果名字是不对的话,医药费又怎么能报销呢?这一切号贩子是怎么做到的呢?我们来看一下记者的调查。(如图 3-17)

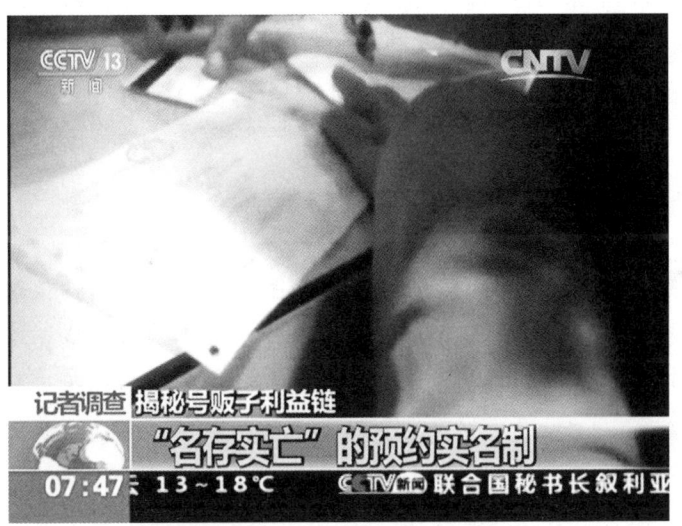

图 3-17　《朝闻天下》截图

【正文】

对于远道而来的患者来说,在上海住上将近一个月去预约挂号,其实并不现实,因此找号贩子帮忙成了他们唯一的途径,而号贩子在网上随便一张身份证提前预约拿到的专家号给当天来买号的人,能顺利看成病吗?

上午 9 点多,记者再次找到了之前那个号贩子,要挂一个当天上午内分泌科的专家号,没想到她直接递过来一个之前预约的当天上午的第2号,但是预约专家号的名字却是一个叫陈利英的女子。

【同期】号贩子

你就讲性别给你打错了,无所谓的。

记者:没事儿是吧?

肯定没事的。

记者:我不会看不成吧,我还得报销呢。

报销我肯定想办法给你弄成报销的,你下来找我,我马上去给你改过来,就是你自己的名字。

记者:然后你能帮我换是吧?

对。

【正文】

带着疑惑,记者来到专家的诊室,虽然已经过号了,记者找到分诊台还是排了进去,在叫到陈利英的时候,记者准时出现了。

【同期】医生助理

陈利英,进来,你是叫陈利英吗?

记者:我啊,不是。

【正文】

人名不符的问题并没有影响到记者看病,医生表示,来看病的像这种人名或性别不符的并不在少数,最后专家给记者开了一个300元的血液检查项目,缴费后,记者找到了号贩子,希望收据的名字能改成记者本人的,号贩子用记者的名字直接挂了一个推拿科,然后让推拿科的医生按照记者的名字又开了一个一模一样的验血单。

【同期】号贩子

现在去交钱。

记者:开(收据)了吗?

开了。

记者:还交钱,这个都交完(钱)了。

这个要退的。这里交钱这里退钱。

【正文】

在号贩子的带领下,记者果然很顺利地退掉了陈利英的300元,然后连窗口也没换,又一次缴费,并且拿到了印有记者名字的验血收费单据。

【同期】号贩子

记者:你在这做几年了?

十多年了。

记者:十多年了?那你跟这医院应该都熟了?

要不你看我这东一下西一下,哪里都熟?!又有做检查的,喂。

播出时间:2016年2月28日
栏目:《朝闻天下》《新闻直播间》
标题:赶走号贩子
　　　号贩子为何屡禁不止

【导语】

其实,近年来,国家相关部门已经多次对号贩子进行严厉的打击了,但是却一直不能杜绝。

如何去根治医院"黄牛病""挂号难"的顽疾,再次成为全社会关注的问题。那么"号贩子"为什么会屡禁不止呢?(如图3-18)

图3-18　节目截图

【正文】

业内人士介绍,号贩子,是寄生在医院和患者身上的寄生虫。但很多人把号贩子的泛滥归结为医院管理不严,认为医院只要加大整顿力度,就能清除号贩子。殊不知,医院能采取的手段极其有限。

【同期】北京同仁医院保卫处处长 马洁

从难点上说,首先一个我们单位的保卫部门。是一个单位的职能部门,属于我们内部的一些问题。从这个打击号贩子这一块,我们只能配合公安机关进行打击。

【正文】

业内人士指出,"号贩子"让人深恶痛绝,他们倒卖社会稀缺资源牟取个人利益,加剧了看病难。但在许多情况下,一些老百姓对他们的态度却相当复杂。

【同期】中国中医科学院主任医师 杨金生

有些人,他把他的这个医保卡、身份证就给了这个医院里头等待给他代为他排队的人,他不愿意受这个苦,他不愿意在这来排队,他就让(号贩子)代他去排队,有的人一来,他觉得他来这个大城市,他要吃呀,住呀,花费更多,我多花两百,多花三百,就给他(号贩子),让他只要能把号拿到,所以这样也滋生了这种号贩子这种土壤。(如图3-19)

图 3-19　杨金生接受采访

【正文】

业内人士认为,目前针对医院"号贩子"的法律仅有《治安管理处罚法》,惩罚上限是15天拘留加1000元罚款,而号贩子牟取的却是暴利。收益诱惑和违法成本间的悬殊加剧了"号贩子"屡打不绝的情况。

【同期】北京天坛医院副院长 王拥军

因为违法成本太低了,可能从现在这个处罚条例来讲,可能只有拘留,只是一个扰乱医疗秩序,现在觉得就关我一个星期,那我损失一个星期,回来我要再把这一个星期补回来。对他(号贩子)来讲,从拘留所出来出去的话,很多人已经变成了家常便饭了。

【正文】

此外,号贩子屡禁不止与我国优质医疗资源以及医学人才稀缺不无联系,资源分布严重不均,供不应求在一定程度上造成了医院"一号难求",进而也给号贩子的滋生提供了土壤。

播出时间:2016年2月28日
栏目:《朝闻天下》《新闻直播间》等
标题:赶走号贩子
　　　北京医疗机构多举措严打号贩子

【导语】

为了构建公平有序的就医秩序、打击号贩子,北京市卫生计生委组织有关单位共同推出了八条措施,同时各医院也是纷纷出台举措。(如图3-20)

图3-20 《朝闻天下》截图

效果究竟怎么样呢？来看记者调查。

【正文】

一大早记者在北京同仁医院的挂号处看到，与以往相比，这里依然人声鼎沸，但秩序明显好了很多。大厅里随处可见带着红袖标的医院安保人员在维持秩序，查证挂号人员的身份信息。

【同期】安保人员

怎么俩人一块排（队挂号）？

（哪个快排那个）

给谁给奶奶挂（号）？

（对）

是什么病呀？

（糖尿病眼底出血）

【正文】

目前，同仁医院安保部门除了24小时对挂号处等敏感区域进行监控，还派专人在医院的各区域进行巡逻，发现号贩子立即驱离。在医院一楼的预约挂号处记者了解到，门诊号源全面实行预约管理后患者即使挂不上当天的号也不会空手而归。（如图3-21）

图 3-21　同仁医院安保部门监控中

【同期】记者

挂上号了是吧？您排多久了？

（没排多久）

没多会就挂上号了？

（这是明天下午的，预约的今天的没有了）

【正文】

2月17号起，北京同仁医院为落实非急诊挂号全面预约工作，不再限制国家重点学科眼科、耳鼻咽喉头颈外科普通号源。此外，延长眼科、耳鼻咽喉头颈外科专家门诊出诊时间，取消专家加号。

【同期】北京同仁医院副院长 张罗

我们在医管局的统一部署下，会很快推出知名专家主诊团队这样一个概念。那么患者到了医院来，首先看这个知名专家的团队的成员的普通号，如果病情需要，那么由医院将患者转诊给知名专家，那么省却了患者来自己挂专家号这样一个复杂的流程。

【正文】

为了打击号贩子，目前北京各大医院纷纷推出了一系列的具体举措。北京儿童医院将开始推行严格的"实名建卡、实名挂号、实名就医"；妇产医院进一步规范了产科建档流程推行非急诊挂号全面预约；同仁、宣武、天坛三家医院将一共组建15个知名专家团队，北大口腔医院规定，对于管理和辅助人员内外勾结的，一经查实立即辞退。

播出时间：2016年3月21日

栏目：《朝闻天下》《新闻直播间》等

标题：北京警方破获网上贩号案　号贩子招募"抢手""秒杀"专家号

【正文】

据犯罪嫌疑人宇某交代，她批发给一线号贩子的号都是通过她的大学同学杨某在网上抢到的，杨某有一个抢号"神器"，能够"秒杀"所有的网上预约号。那么杨某的抢号神器究竟是什么呢？在杨某的手机里，民警发现了一个微信群，群里有46个人，原来这就是杨某能快速抢到号的"秘密武器"。

【同期】犯罪嫌疑人 杨某

我自己一个人抢的概率也低,然后宇某说你可以找别人,我就在朋友圈里发了谁想做网络兼职,然后他们有人想做网络兼职就进到群里了。刚开始没有这么多人,也是逐步到今天这个情况。(如图 3-22)

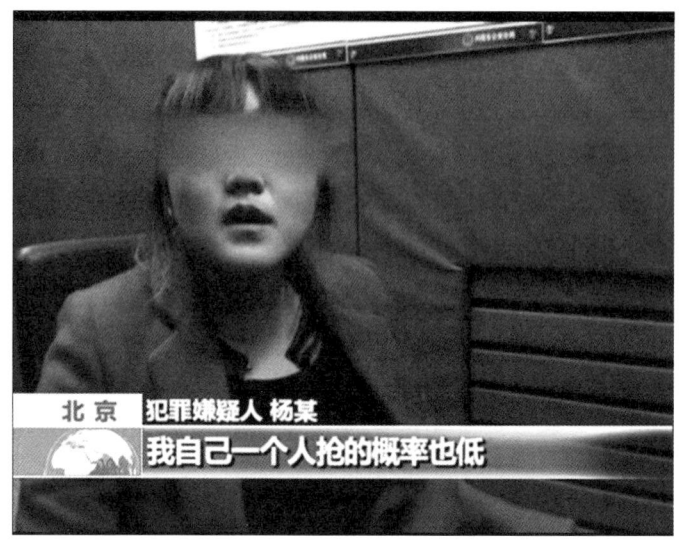

图 3-22　杨某接受采访

【正文】

杨某所说的网络兼职就是上网抢号,他们抢号的渠道主要就是通过关注手机微信公众号或下载 App,早上七点半,医院一放号,大家就开始迅速占号。

【同期】犯罪嫌疑人　杨某

微信公众号关注"小薇健康公众平台"。

民警:还有什么?

"健康之路"App。

民警:大概每天早上几点开始?

杨某:早上 7 点 30 分医院放号,然后你看见号源,占住号源,显示预约成功,给北京宇某发截图,她会给相应的报酬,5 块到 10 块,20 块不等。

民警:那你们一天大概能抢多少号?

不等。

民警:就说个大概呢?

杨某:10个、20个的。

【正文】

杨某说她们在两个月的时间里帮宇某、王某挂了700多个专家号,一个专家号杨某提成10块钱,共计获利数千元。

目前,犯罪嫌疑人宇某、王某等14人均已被刑事拘留,4人被治安拘留,10人被警告,现该案正在进一步办理中。北京警方也表示,针对群众反应强烈的号贩子问题,他们将常抓不懈。

播出时间:2016年5月19日
栏目:《朝闻天下》
标题:上海 一号难求 号贩子高价兜售专家号

【导语】

本月初,国家卫生计生委等部门联合印发集中整治"号贩子"和"网络医托"专项行动方案,严厉打击违法犯罪活动。然而,记者近日在上海调查的时候发现,仍然有一些号贩子在高价兜售专家号,有不少大医院一号难求的热门专家门诊,这些号贩子是提前半天就能够拿到。

【正文】

挂号网是国家卫健委批准的全国就医指导及健康咨询、免费为患者提供预约就诊的平台。记者在晚上八点左右登录该网站,查询第二天上海某三甲医院头颈外科的预约就诊信息,显示一位特需专家号已经全满。记者通过举报人联系到一名号贩子,他告诉记者,只要把病人身份证拍张照发给他,再加价600元,就能挂到这位专家的号。

【同期】号贩子

我让有关系的人看,给你留号,不是加号。

记者:保证能挂得到吗?

没问题。

【正文】

次日一早,当记者抵达医院时,特需门诊的电子显示屏显示:头颈外科的专家号已全部挂完。然而,黄牛却帮记者挂上了号。

【同期】号贩子

现在这个卡就是这个病人的实名制。

记者:实名制了?但是我没给你身份证。

这个身份证号码给我了,然后早晨我就叫小工给你排队买了这个卡,现在就是实名制了,你放心吧。

【正文】

上午11点左右,记者拿着这张专家号顺利坐到了诊室里。在另一家三甲医院,网上预约显示,皮肤科专家号已经全部满员。然而,号贩子给记者的答复是开价500元和一份患者身份证照片。第二天一早,记者在医院挂号窗口查询,皮肤科专家当天一百多个号已经全部挂完。旁边一名患者告诉记者,自己已经等了一个小时。

【同期】患者

7点40分开始等。

记者:7点40你就开始等了?

来的时候挂号没有挂上,没有号了。

【正文】

记者联系了号贩子后,很快接到号贩子发来的手机预约成功的短信,排号36位,凭着这条短信,记者成功看上了专家。

事实上,上海各大医院早已实行实名制预约挂号,预约挂号时,要提供患者本人有效身份证件;他人代办,需同时提供代办人的身份证件。更关键的是,为杜绝黄牛占坑拿号,之前卫计委还规定,实名制预约后,不能更改姓名;要更改,就只能先取消,再重新预约,而取消后的号,是不定时放出的。然而从记者的亲身体验看,在提前预约和现场挂号都满号的情况下,号贩子的确能挂上不少三甲医院的专家号。

【同期】号贩子

记者:这钱主要被谁赚了?

老板。

记者:老板。

(网上)分配给我们的。

记者:大老板。

嗯,现在预约公司都发财了。

作品五:《路权行动》

播出时间:2014年11月22日
栏目:《新闻直播间》
标题:直击斑马线
　　天津:德与法共同扮演"路权大战"终结者

【导语】

我国《道路交通安全法》规定,行人、机动车、非机动车各行其道,各自享受权利承担义务,并且提出了保证行人的优先路权,但如何将这一规定落实,却缺少细则。缺乏明确的界定,执法有难度,使得人车争路难解,又似乎各有各的道理。相关专家认为,应该加强法律的可操作性,通过强有力的执行,来养成大家良好的交通习惯,平衡人与车的路权分配。(如图3-23)

图3-23 《新闻直播间》截图

【正文】

记者在采访中注意到,在一些高峰时段有交通协管员维持秩序的路口,即使协管员撤离,行人闯红灯、人车争路等现象也会比其他路口相对少一些。

【同期】南开大学交通经济研究所 刘维林

通过这样一种非常非常严格,甚至我们现在认为过于苛刻的规定,就使得机动车和行人能够保持良好的安全距离和良好的出行秩序。

【正文】

专家介绍,在国际上,越是机动车发展快速的城市,机动车所受的限制和约束就越多,这是交通文明的一种体现。同时,还应该从设施建设等多方面,来规范和引导交通参与者的行为。

【同期】南开大学交通经济研究所 刘维林

比如说我们现在斑马线都是白色的,你能不能把它设成其他颜色,或者让它整个比路面高一块,这样对于行人来说更有安全感,对于机动驾驶员来说,也能够去主动意识到,到了这个地方是要减速的。

【正文】

而除了严格的法规、精细的管理,社会成员相互谅解,约束好自身行为,才是解决人车争路的根本。

【同期】行人

都慢一步就不会出现其他问题了,都让一步,都互相换位思考一下。

【同期】驾驶员

大家都让一下也是挺好的。

播出时间:2017年11月4日

栏目:《新闻直播间》

标题:"平安回家路"交通安全媒体行动

抢路之争:谁侵犯了我的路权?

【口播】

接下来我们要关注的重点是"路权",道路的路,权利的权,刚才短片当中的场面我相信大家都不陌生,在很多的城市,在很多的街道,时常会上演道路抢行。比如说机动车和机动车抢路,机动车和非机动车、行人抢路,(近日,"童话大王"郑渊洁就在他的个人微博上发文,说自从他骑自行车出行以来,就发现非机动车道大量被机动车侵占。在北京市朝阳区六里屯一带,"在很多道路上,骑自行车几乎无路可走"。此外,不少非机动车道被路边画线的收费机动车停车位侵占,导致自行车和机动车混行,自行车或骑上人行道,或者和步行者混行,"给交通参与者造成了风险")那么郑渊洁刚才说的是北京的情况,其实在我国很多城市,也有类似的情况。

第三章 助力社会治理:社会文明进步的媒体赋能

好了,再回到我们今天的主题词"路权",路权,简单地(来)说,就是作为交通体系的参与者在路上享有的权利,机动车、非机动车、行人都有自己的路权,那么是谁在侵犯别人的路权呢?今年以来,央视新闻频道联合公安部交通管理局,推出"平安回家路"交通安全媒体行动,行动自从8月份启动以来,每月一个主题。这个月,我们重点聚焦"路权"。

【导语】

说起来路权是一个很简单的概念,就是各走各的路,但是在现实生活当中,一旦发生了时间和空间上的冲突,就涉及一个谁让谁的问题。近日,央视记者跟随着天津交通广播的记者,体验了一把他们的上班路,接下来我们就来看看那里道路上的真实情况。

【正文】

郑毅和李叶都是天津交通广播的记者。在早高峰时间,我们跟随他们从天津市南开区华苑居住区出发,到天津市和平区天津广播电台,全程12.5公里。

【字幕】地点:天津市南开区华苑中孚路

和平模范小学 天津中学

【同期】天津交通广播记者 郑毅

这路边上的车就是送孩子的,因为前边就是天津中学,左边就是和平模范小学,你看这条路很窄,你看这里压车都压到路口的中央了,你看这里有牌子,写着,严禁停车,违章拖走,但是在这牌子底下就有停车,停了一排。

【同期】天津交通广播记者 郑毅

现在马路上就停了三排车,很多人就怕自己的车被堵在里面,他就越停越靠外,就造成车道越来越紧张。

李叶:还有跨护栏过来的。

因为(家长)把车停在对向的快车道上,然后他就这样(跨)过来。(如图3-24)

【字幕】地点:天津市南开区卫津南路

天津市肿瘤医院

【正文】

在天津市肿瘤医院门口,送人的车辆排起了长龙,多条车道被占用。

【同期】天津交通广播记者 李叶

虽然说有一个专用车道,但是车已经排到了很远很远的位置,所以很多车都没

图 3-24 《新闻直播间》截图

在专用车道上。

郑毅：你看这儿四条车道，里面那个黄线是公交车专用道，现在公交车专用道已经被占了。

李叶：而且很多人没地方停车，等在这儿时间太长了，所以这儿衍生了一个服务就是叫代泊车服务，你要是停在这儿，就会有人上来问你，需不需要帮忙停车，可能是20块钱，现在停车已经到了这么严峻的地步。

标题：天津　你挤他占"慢慢"上班路

【正文】

从起点到终点，全程12.5公里，最终用时45分钟。而在非高峰时期，他们只需要20分钟左右。那么，骑自行车会比开车好一点儿吗？第二天早上，我们继续跟拍了郑毅骑行上班的过程。

【同期】天津交通广播记者　郑毅

一旦出现压车的情况，自行车就必须得在机动车里面穿行，左侧就是正在等灯的机动车，右侧就是停放在路边的机动车，自行车其实是无路可走的，这条路在这种路况条件下，其实是变成了机非混行，但是在这种机非混行的条件下，非机动车其实是相对弱势的一方。

【同期】天津交通广播记者　郑毅

这条路暂时是没有自行车道的,都是机动车道,所以说每次在这儿骑车的时候,都得特别小心,前后左右都是来车。

【同期】天津交通广播记者 郑毅

其实骑自行车,更愿意走一些小路,因为机动车会相对比较少一些,但是正是因为路窄,不会给你规划出来自行车道,而且在这种路上骑,除了要注意汽车之外,还要注意路边的行人。

【正文】

相对于开车来说,骑自行车的一路危险更多,这样的交通状况下,12.5公里的路,郑毅同样是花了四十多分钟,到达了目的地,与开车时间相差不大。

【同期】天津交通广播记者 郑毅

随着机动车保有量的逐渐增加,让我们感觉自行车道越来越不够用了,这样给我们的感觉就是"走别人的路,让别人无路可走",有一种在夹缝中求生的感觉。

播出时间:2017年11月5日

栏目:《新闻30分》

标题:谁动了我的路权

通行权和先行权等构成路权

【口播】

接下来我们要关注一个话题,路权。先解释一下,路权是指使用道路的权利,包括上路行驶权、通行权、先行权和占用权等内容。其中,通行权和先行权是保障交通秩序的主要内容。

先说说通行权被侵占的话题,我们发现,这个通行权被侵占,又有两种主要的情况,不过总的来说都有一个特点,那就是"恃强凌弱",体格大的机动车占用非机动车和人行道,体格小一点的非机动车又占用人行道。此外,近年来大量涌现的电动车,可以说是非常"霸道",既挤占机动车道,又挤占人行道,已经成为严重的安全隐患。(如图3-25)

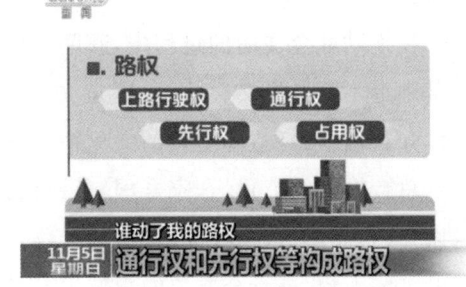

图3-25 《新闻30分》截图

第四章　助推精神文明：
凝聚现代社会的文明共识

一个民族的复兴需要强大的物质力量,更需要强大的精神力量。如果没有先进文化的引领,没有主流价值观的引导,没有民族精神力量的不断增强,现代化进程就会受到影响。而人们的文化习得、价值观养成、民族精神培育,很大一部分来自媒体。正因如此,在以中国式现代化全面推进中华民族伟大复兴的今天,新闻媒体需要主动引领精神文明,通过媒体力量凝聚社会共识,推动现代社会文明进步。

一、守正创新,弘扬先进文化

文化是一个国家、一个民族的灵魂。先进文化与精神文明是一致的,是凝聚和激励全国各族人民的重要力量,是综合国力的重要标志。党的十九届四中全会指出,发展社会主义先进文化、广泛凝聚人民精神力量,是国家治理体系和治理能力现代化的深厚支撑。我们必须深刻把握先进文化对现代化建设的重大意义,弘扬和发展先进文化,全面把握中华优秀传统文化、革命文化和社会主义先进文化,巩固全体人民团结奋斗的共同思想基础,为国家现代化和民族复兴提供深厚支撑和强大精神力量。

在推动社会文明的过程中,新闻媒体要坚持文化发展的正确方向,在文化自觉的基础上不断增进文化认同、坚定文化自信、建设文化强国。实践中,就需要新闻媒体守正创新,打造高质量的文化精品,吸引人们关注,引领文化走向。

总台推出的节目《吾家吾国》是一档针对国士大家的挖掘式纪实采访节目。节目以"为人民留史,为社会留记,为人物立传"为初心,对我国党史、国史及历史事件中的重要人物,进行全方位的影像记录,通过富有温度的真诚对话,撰写"中国国家影像人物志"。

这些为国家奋斗终生的前辈们醉心专业、深居简出,甚至只有当他们"陨落"之时,公众才第一次从新闻中知晓他们的名字。正因如此,节目组决心建立从航空航天、农业,到考古、文学、戏曲等各个领域的大家资源库。在筹备节目过程中,"杂交水稻之父"袁隆平、翻译泰斗许渊冲先后逝世,他们都早早存在于节目方案里。先生们的陨落令节目组越发坚定,怀着满腔热血与时间赛跑。

节目组面临的另一大课题便是如何以不到30分钟的体量展现先生们的人生风华。《吾家吾国》兼具纪录片与人物访谈的优点,借用许多小而特殊的物件,作为先生们丰富人生的切入口。比如,绣着杨苡先生在《基度山恩仇记》中最爱短句的手帕,被葛昌纯院士带进厨房用来科学配比做饭的天平……节目找寻人物的锚定点一探到底,先生们的形象也因此更为具体、个性,是滚烫的,亦是鲜活的。

自2021年9月30日首播以来,《吾家吾国》先后登陆国庆档、元旦档、春节档、五一档,通过延续性和系列性的传播方式,娓娓道来这些比共和国还要年长的"80后""90后""00后"的峥嵘记忆和热血历程,向当下的年轻人分享他们沉淀一生的经验和智慧,完成了一次珍贵的接力式补给。顾名思义,《吾家吾国》是一场关乎"家"与"国"的对谈,诠释着"家国同构"的内涵。作为第一次青藏科考队的队长,孙鸿烈院士像父亲孙健初考察玉门一样,冒着生命危险,历史性地调查一片新的地理区域,两人的身影在这个片刻某种程度地重合在了一起。嫦娥五号返回着陆,探月工程首任总指挥栾恩杰当时已80岁高龄,他不顾所有人的反对,执意前往内蒙古,他要亲眼见证中国探月工程"绕落回"三步走战略的圆满收官。栾老父母生病从不与他讲,他们生前对他最多的叮嘱是"好好学习,好好工作,不要惦记家"。国之大家的背后,是一个家的牺牲和奉献。我国焊接专业创建者潘际銮先生的夫人李世豫是北大才女,二人相识于年少,如今耄耋之年的他们依然相守相伴。以前,李世豫常坐在潘际銮的自行车后座上漫游校园;如今,潘老会骑着三轮车带着老伴儿去菜市场买菜。潘际銮的家国情怀,有国,也有家。

我们始终着眼于人物,立意于人格,将目光投向他们的童年、青年、友情、亲情。观众随着主持人王宁的视角,感受大师之知、大匠之行,重温一段历史,体会奉献和奋斗的价值。摄像头下,成功总是相似的;光环之外,人生磨砺各有不同,耄耋之年的他们已卸下重担,志趣和品格仍使他们卓尔不群。以2022年1月5日新闻频道播出的《倾听郑振香的故事与心声》为例,节目挖掘到丰富的有表现力的细节。郑振香年龄偏大,语速慢、谈吐不是很清晰,对于有些问题会简单答复"别聊了,没有"

"不是,那都是开玩笑"。据记者讲述,老人在采访过程中最常问的一个问题就是采访什么时候结束,"因为她想把更多的时间花在读书和写日记上"。对于这样一位"难采"的嘉宾,报道依然呈现出很多精彩的细节,能够让观众忽略受访者的高龄。一是"投其所好",虽然老人对自己的成就不愿意谈,但说到考古工具、她所喜欢的商文化、甲骨文还是愿意聊的,甚至还要考考记者"说得对不对"。二是善于发现,报道中展现了老人的日记、手边书等。比如,一本王国维的《观堂集林》,她从年轻读到年老,书页都翻烂了。比如,老人在日记本上摘抄的话,其实也是她的座右铭,"不要等待运气降临,应该去努力掌握知识"。比如,老人90岁之后写的日记本,密密麻麻又工工整整。三是采访中无意提到的"生日"话题,也体现了老人纯粹、淡泊的性格。"如果不是记者的来访,她会在读书中度过这一天。"整个谈话氛围自然、轻松。四是剪辑保留了老人的一些"嘎言嘎语",比如她在谈到自己满满几架子书的时候说:"我在世我的书都不卖,等我死了以后再说。"记者说想看老人的笔记本时,老人说:"可以看,你拿走不行。"这些细节生动而立体地展现了郑振香先生宁静淡泊的学者风范。

这档节目不局限于展现先生们的人生,还接入了更广泛的社会议题,比如中国女科学家如何定义美丽,高雅音乐如何走进普罗大众,传统文化如何继承和发扬,怎样的子女教育才是好的,等等。先生们年岁虽高,思想却走在前沿,像中国比较文学学科奠基人乐黛云早在20世纪80年代就提出"男女共同主外共同主内"的婚姻主张,语言学家陆俭明表示应对网络热词采取包容的态度,中国工程院院士叶铭汉也是哈利·波特的忠实粉丝。与此同时,节目里也处处体现着优秀家风的传承和美好家庭的温度。1958年,陆俭明和夫人马真在北大念书时,就和同学共同参与编写了《汉语成语小词典》,这也是中华人民共和国成立以后的第一本成语小词典,夫妻二人为现代汉语学科的建设发展作出了巨大贡献,他们退休后也致力于对语言的研究与推广。两位语言学家相濡以沫,时光与他们一同酿出幽兰的气息。

通过《吾家吾国》,公众得以透过先辈看见历史的更多维度,体会到人生价值多样之美,感悟到中国脊梁的气节与风骨。这档节目场景化、碎片化、问题化的表达方式,以及大小屏联动播出、优质内容的二次传播进一步加持了裂变的深广度,覆盖人群更加广泛。

如果说家国情怀是中华优秀传统文化的重要内容,那么乡村文化更是传统"乡土中国"的精神延续,从中可以管窥中国传统文化的变迁。2020年12月19日,新

第四章 助推精神文明:凝聚现代社会的文明共识

闻频道推出大型纪录片《村庄故事》,拍摄者们深入浙江、陕西、福建、山西、安徽、贵州等地农村,累计行程数万公里,选择这6个不同区域各具代表性的7个村庄为拍摄对象:浙江省永嘉县岩龙村、福建省宁化县延祥村、安徽省休宁县右龙村、贵州省黔东南州从江县占里村、山西省高平市圪塔庄村、陕西省延川县乾坤湾镇伏义河村和肥家山村。这些村庄不同于过往节目中突出呈现的"新、奇、特",它们的特色正是"普通",朴素村庄才更具有普遍性,切实反映中国大部分村庄的真实样貌。这些村庄也有丰富的历史内涵,守着独特的自然环境、旖旎风光,却没有显赫的名气,甚至从未被外人关注过。藏于村中的节日、节气、民俗文化正是中华民族千年文化的积淀和智慧的结晶,也是乡村文化振兴的"根"和"魂"。

一年多时间里,《村庄故事》的拍摄者们沉浸在村里,突破常规拍摄模式,跟踪拍摄这些普通村庄和村里普通人的生活变化。那些平时外人看不到的生活,令人感怀兴叹的故事,以及想象不到的关系和纠葛,他们的欣喜与忧虑均被镜头捕捉。最终,节目以9集的体量,以纪实手法刻画中国农村具有普遍性的村民们自己的故事,反映出村民们要改变现状的迫切愿望与奋斗精神,生动呈现大时代背景下普通乡村的变与不变。走过春种、夏耘、秋收、冬藏,节目中每一个人物都是真实的,每一段故事都是鲜活的。

以《村庄故事——田舍延祥》为例,这集介绍的是福建省三明市宁化县泉上镇的延祥村,它处于宁化、明溪、清流三县之间,坐落在闽北客家祖地宁化县的群山之中,已有近千年历史。相传宋朝末年,曾在朝做官的刘、杨、官、曾四姓族人为躲避战祸而南迁,路过此地,见山清水秀,有祥瑞之气,乃架屋而居,取名"延祥"。延祥古村里有一项沿袭600余年的传统技艺——花灯。每到腊月,村里的几个老艺人牵头,给全村的人家翻新旧灯、制作新灯。以竹为骨,以纸为面,以书画为妆。延祥花灯既有承袭古韵的闲情雅致,又有喜庆热烈的乡野民风。作为省级非遗"延祥花灯"的传承人,花灯老艺人杨道元对老祖宗传下的手艺倾尽全力,却苦于古老手工技艺后继无人;他要传承下去的不仅是手艺,更是乡村文化的根基。在准备客家祭祖大典花灯巡游时,杨道元被查出身患重病,大家让他休息,可是他还是按时出现在现场,指导各个环节。以往,乡村文化传承人和民俗传承人在公众心目中类似于文化符号,而节目突破了这种刻板印象,记录了一个恪守匠心、薪火相传的可爱形象。

花灯承载的传统民俗文化在历史长河中熠熠生辉,却也难掩此处的现实发展问题。《村庄故事》节目直面延祥村所代表的乡村发展问题,因为不通公路,年轻人已经全部外出,这里土地撂荒问题严重,4000多亩地撂荒1000多亩;户籍上登记人口有180人,可实际上常驻的只剩下了4户,8位老人。节目创作者并没有将视野停留在简单揭示问题的层面,而是由此出发,彰显了基层干部在解决问题过程中的责任和担当,展现了干部群众齐心合力奔小康的内生动力。《村庄故事》向公众发问:"村里的年轻人都出去打工了,空心化日益严重,怎么办?"也传递了答案:"靠无数热爱家乡、不断奋斗的人,我们的村庄一定能够振兴。"片中,杨立斌当选延祥村村委会主任后,面临古村保护、基础设施建设、民俗手工艺传承、种植养殖、经济发展等种种亟待解决的问题。他四处奔走,努力寻找振兴古村的途径,全力组织村民在撂荒地种植中药材,成立"村贤会",向政府申请古村维修基金,帮扶村民解决老房修缮难题,带头示范盖一所外观和古村建筑一致、内部现代设施齐全的新民宿样板间,帮扶最后两户贫困户脱贫。他没有遗忘传统文化,张罗把正月里传统的花灯搞起来,因为在村里人的观念里,人灯平安才能换得来年的风调雨顺。村主任杨立斌从城市返回家乡,一心带领大家致富,一年中,他解决了一个个困难,也不断地自我发现、自我成长。从片中脱颖而出的正是村干部朴实勤恳、一心为村民干实事的可敬形象。

75岁的官远水是村里最会种地的老农民,一年中他经历了初春的希望、盛夏的疲累、秋天的绝收和秋后的坚守。他拒绝了儿子要把他和老伴接到城里去的提议。从16岁开始,他就种水稻,水稻是他的命根子。大山深处的铁炉坑,动物比人多。为了不让鸟、老鼠、野猪糟蹋粮食,官远水发明制作了各种自动发声装置,屡战屡败,屡败屡战。期盼已久的公路修到村子里,为他带去了新的希望。政府给村里通了公路,老官决心下一年再多种上几十亩水稻。他这种近乎"唐·吉诃德大战风车"的执拗,反映其义无反顾、倔强不服输的精神,这种精神正是他骨子里的中国农民精神。节目摄制组扎根村庄、用"两脚泥"拍摄出"真善美",记录下村庄里的人们为美好生活而奋斗的过程,描绘出新时代农民用诚实劳动开创的美好生活。

《村庄故事》紧紧围绕振兴乡村主题,营造有利于传承弘扬中华优秀传统文化的良好社会氛围,广泛凝聚社会共识,切中百姓的痛点,具有很强的社会意义。节目不仅饱含真挚情感,流畅讲述人物故事,还以4K超高清拍摄,充分运用航拍、无人机等拍摄手段,赋予作品电影般的细腻画质。总编导专门给摄影和编辑制定了拍摄和编辑手册,细致到每一个情景的拍摄、每一幅画面的构图用光,大家合力打造了一部优秀作品。

二、真诚沟通,传播主流价值观

社会文明程度是衡量一个国家现代化水平的基础指标,社会主义核心价值观是当代中国精神的集中体现,也是当代中国发展在价值取向上的"最大公约数"。作为主流价值观,社会主义核心价值观将国家、社会、公民三个层面的价值要求融为一体,可以影响人们的国家认同和行为习惯,从而形成全民积极向上的精神风貌,促进社会发展,提高社会文明程度。

新闻媒体推动社会文明进步的方式有很多,传播主流价值观是非常重要的组成部分。通过正能量的新闻报道、公益广告等形式,新闻媒体可以引导人们的价值走向,助力主流价值观的形成,提升主流价值观的影响力。在这个过程中,传统的说教已经逐渐失去效果,真诚的沟通才是符合当下人们接收信息的有效路径。

《真诚·沟通》节目就是我们在传播主流价值观上的一个重要探索。《真诚·沟通》诞生于2002年,最早是《东方时空》栏目中的一个子栏目,自2010年起正式被放大到新闻频道播出,成为一个独立的特色栏目。它开创了"同一总主题纪实公益广告"的先河,即以"真诚·沟通"为总主题,每一期的播出时长为60~90秒,每7到10天更换一期,而且每期都有不同的主旨思想,选取典型的人物形象,以最小切入点,体现出闪亮的人性光辉,带给观众心灵上的强烈震撼。

为什么要创办这样一个栏目?要找到答案需要回到《真诚·沟通》的诞生期和成长期。当时,改革开放不断深入,国家和社会取得很大进步;同时,人们在思想、文化、道德上暴露出一些薄弱或者缺失的地方。为了追逐市场利益、个人利益,许多人走得太快,忘了当初为什么出发。央视力图通过《真诚·沟通》这样的节目,去挖掘和表现在当时的社会中仍然坚守的人。坚守什么呢?坚守五千年文明史中最有价值的东西,可能是文化,可能是生活方式,也可能是道德。而这些东西,如果我们不加以关注和传播,就会被很多人忽略。

如何真诚沟通?真诚是态度,而沟通既是方法,又是目标。节目编导有很多津津乐道的总结,比如:"沟通,意味着一种交流前后的变化和反差,或者,对这种变化的期待。心理有了某种失衡,才需要沟通。我们找到的不是客观物化的解决办法,而是寻求心态和谐的思维方式。""沟通就像一部超短的情绪电影。最重要的变化,都发生在心里;而所有的情绪变化,都能反映在现实影像的细微之处。"再比如,沟通有一个定语:"尖锐的打动,安静的震撼。"每一位创作者都像一位心理大师,去探寻普通人内心的那个能燃起熊熊烈火的火种。

节目组用一分钟的短片,刻画一个人和他的精神,传递意义和价值,引发观众的思考,与观众进行心与心的沟通。沟通的核心是"真、善、美、爱、喜、怒、哀、乐、理解、包容……"2017 年,《真诚·沟通》悄然离去,而它的情怀和精神,却以新的节目样式延续下去。

(一)创新表达方式,触达内心世界

新闻栏目与其所处的时代息息相关。一档广受观众欢迎的新闻栏目,一定回应了社会的关切,不仅满足而且引领了观众的需求。社会的改革必然会在电视传媒的表达内容和表达方式上泛起涟漪。《真诚·沟通》摆脱了电视媒体长期作为官方话语的单一路径,策划了一次普通百姓在电视荧屏的集体亮相。它在我们惯常采用的宣传方式和理念之外,用一种创新的艺术形式,提供了另外一种直入人心的路径。

1.以人为本,把握时代新脉搏

2002 年,《真诚·沟通》开播。就像前文所说,最初在设计这个节目的时候,节目组力图挖掘和表现当时社会中仍然在坚守的人。当时的社会是什么?中国社会的工业化和城市化某种程度上改变了人们的意义赋予与价值认定的方式。工业化和城市化之前,我们有着稳固的人际网络和伦理观念。但是在社会转型的过程中,一切坚固的东西都烟消云散了。我们在城市中,面对的是日渐疏离的人际交往和抽象的市场体系,节目组想要通过电视节目架设一个桥梁,关注人的价值和生存状态,促进人与人之间的沟通,重建人与人之间的联系。

节目组希望通过记录真实的小事件、小人物,引发观众的思考。《真诚·沟通》的主角没有大话空话,都是来自采访对象内心的大实话。如在寒风中苦寻货主的重庆"棒棒"郑定祥(如图 4-1)。他的爱人常年生病,为了给家属治病,他常年外出打工。但是近些年搞装修的少了,"棒棒"挣钱也越来越辛苦。在一次挑货中,他和货主走散了,价值两万元的衣物就这样落在了郑定祥的手里。这时有人劝他把货留着自己用,也有人说你把货物挑过来,便宜点儿卖了,但是郑定祥不为所动:"如果不缺钱,谁还当'棒棒'呢?那些老板虽然已经很有钱了,但也累得很,东西值那么多钱,别人还是着急。""人穷志不穷,缺钱不缺德。"郑定祥的话朴实无华,但却呈现了他做这个举动时的复杂心理。就是在这样真实的细节中,节目让观众感受到他生活的艰辛与不占不义之财的品质,使这个人物更加有分量和光辉。在郑定祥的讲述中,观众和人物同悲共喜,感受他们心理的变化与思想的起伏,感受小人物的大能量。郑定祥正派、诚信的品质带给观众很多启发和思考。

图 4-1 《真诚·沟通》重庆"棒棒"郑定祥

在这样一个又一个直抵人心的故事背后,观众在感同身受中产生共鸣,节目拉近了人与人之间的距离。节目不是像新闻那样直接暴露社会问题,提出解决的思路,而是传递这个社会的温度。事实证明,整个社会还是温暖的,是充满希望的。

2.以德为先,探索社会新标尺

转型中的中国不仅面临着经济体制的变革,我们的行为方式、生活方式、价值体系都发生了明显的变化,在传统与现代、西方与中方的交汇与冲撞中,我们应该树立怎样的是非观念和价值评判?这些转型的特征有好有坏,我们又该如何趋利避害?主流媒体具有公共属性,引领正确的价值导向,于社会生活实践中形成价值共识,是其职责所在。《真诚·沟通》通过呈现一个真实而鲜活的案例引发观众的思考,在事件的起承转合中指引行动的方向。节目没有义正词严的说教,也没有空泛的表述,而是让观众在节目的观赏中自己做出判断。正如习近平总书记所强调的,"一种价值观要真正发挥作用,必须融入社会生活,让人们在实践中感知它、领悟它"。

在市场化经济体制的运作中,"诚信"的重要性不言而喻。中华民族自古以来就讲究"立身处世,当以诚信为本"。但是这个标准说时容易做时难,面对各种各样的现实诱惑,坚守诚信是对我们的巨大考验。节目中的彩票销售员赵书兵,像往常一样帮助自己的老顾客垫钱买彩票,但是却意外中了高额大奖,是如实告知买主还是据为己有?是摆在他面前的重要选择题。这笔彩票或许能够让他住上更宽敞的房子,能为子女攒一笔教育经费,能让他的生活更加安逸,但是在这样的诱惑下,他没有动摇,如实告知用户,经受住了人性的考验。正如他所说,"虽然我生活不富裕,但是我相信诚信是做人的原则,别人的东西我不能占为己有,否则我一辈子都不会心安"。这样的事情,不同的人或许有不同的解决之道,但就是这样一位朴实无华的劳动者用他自身的言行感染着我们,为我们指引着方向(如图4-2)。

图4-2 《真诚·沟通》彩票销售员 赵书兵

比诚信更进一步的是"责任"。责任是一种担当,一种动力。危险集装箱查验员陈维兢兢业业地检查每一个集装箱,尽的是社会之责,维护一方安宁;北斗导航卫星总设计师谢军不断攻克难题,研制创新,尽的是国家之责;熊猫饲养员吴代福一丝不苟喂养熊猫,尽的是职业之责。职业只有分工,而没有高低贵贱,每份职业都值得被尊重。

在《真诚·沟通》的人物选题中,"爱心"占据重要的比例,其中最突出的是"爱国之心"。20世纪80年代,改革开放大潮中出国留学的年轻人越来越多,蔡林海就是其中一员(如图4-3)。他去日本留学之前,父母要求他答应一件事:"你是中国人,将来成功了也还要做中国人。"他遵守了自己的承诺,学成后拒绝了高薪工作,毅然回到了祖国,他说:"人一辈子要去很多地方,回家的时候是最安稳的时候。"回来之后他作为清华大学的课题组负责人承担了国务院侨办的课题,研究如何根据中国的国情引进日本建设社会养老服务体系的成功经验,发展中国的服务业,这些都源自他对国家之爱。在四川大凉山支教的苏朗拥青,坚持十年清除非法小广告的七旬老人,为聋哑人创办手语角的王建民,现代南丁格尔王文珍,他们用自己的言行践行着"爱他人之心",为建设美好的社会贡献着自己的力量。

图 4-3 《真诚·沟通》归国华侨 青岛大学教授 蔡林海

此外,《真诚·沟通》还提出了一些具有现实意义的话题,供观众思考和讨论。比如由南京彭宇案引发的跌倒老人扶不扶的问题。因见义勇为而不慎伤人,是否需要承担法律责任?遇到有危险的任务,执行还是不执行?这些问题其实就是生活放在我们面前的考题,我们应该交出怎样的答卷?每个人都有自己的观点和想法,而《真诚·沟通》呈现了一份真实的答卷,它来自生活在我们身边的、和我们一样的普通人。节目用他和她的选择,来引导更多的善意和善行。

3.以情为重,树立社会新风尚

这里的"情",主要指的是"共情"。《真诚·沟通》在报道中通过展现特定个体的内心状态与现实境遇,营造同一情境笼罩之下的相似情绪体验,唤起情感共鸣。

在退伍武警杨森与 95 岁老人为主题的节目中,我们可以看到以德报恩的故事。杨森在部队的时候搞军民共建,他和支大妈结成了帮扶对子(如图4-4)。因为杨森没有父母,支大妈拿他当自己的孩子看待,杨森生病的时候,支大妈苦寻偏方,天天照顾生病的杨森。杨森退伍之后,支大妈犯了心脏病,他决定留下来照顾老人,一晃就是17年。整个节目杨森的自述虽然不多,但是他给老人做饭、喂老人吃药、给老人梳头等细节画面却充分体现了他对老人的关心和照顾。正如他在短片的最后所说的,"我们之间虽然没有血缘关系,但是胜于血浓于水的那种感情"。这些表述将杨森和支大妈那种淳朴的亲情彰显无遗,展现出强烈的情绪感染力。我们社会的核心价值就是千千万万个杨森和支大妈这样的人构成的,他们的互帮互助、他们的仁爱之心、他们的无私奉献,正是我们当下这个社会所需要的。

图4-4 《真诚·沟通》退伍武警 杨森

在《真诚·沟通》节目中,人物对于内心的表达和呈现的生活状态不仅是真实的,更是多元的,使节目的人文主题得以具象化体现。有爱岗敬业型、奉献爱心型、信念梦想型、勇于创新型、文化传承型、环境保护型等,其中,爱岗敬业型和奉献爱心型更是占据了节目的半壁江山。创作者就是要通过小人物的优秀品质弘扬中华民族精神里的核心价值观、道德观,传播社会文化的正能量。希望通过每一个真实的案例,让观众自己去感悟,去深思,去感受社会的人文情怀,源源不断地为社会注入力量,这种方式也达到了宣传的最高境界,那就是潜移默化,"润物细无声"。

(二)平民化视角,追求情感共鸣

《真诚·沟通》的主角是谁?到底是名人、明星更能达到沟通心灵的目的,还是普通人?在这一点上,创作者们的想法比较一致,关注普通人。即便把镜头对准大人物,也一样把他们还原成普通人。

"不猎奇,不追求极端,追求情绪的典型性和社会的共鸣性。"那么,如何从普通人身上挖掘引发共鸣的"火种"?一是人,选什么样的人,以及在报道中呈现出这个人的什么;二是访,走进一个人的内心世界,发现其中的五彩斑斓,最终呈现出一个有新鲜感、有感染力的人。

1.人——平民视角与英雄情怀交相辉映

《真诚·沟通》的制作过程中,制作者会有意识地避免拔高和升华,不是在塑造"平民英雄",而是在记录"有亮眼气质的平民"。

"平民化"视角首先体现在人物的选择上。在做节目的时候,创作者不是去表现一个人或者一个群体如何优秀,而是发现他们有价值的状态和感觉,这种状态和感觉,大家都乐于分享。比如被称为中国最北"看山工"的计文革,他在哈尔滨铁路局加格达奇工务段图强线路工区担任巡道员(如图4-5)。一间小屋,千米铁路,是计文革所在的巡逻点,他是众多铁路职工中平凡的一员。他每天都要在深山里守护铁路,清理碎石,防止巨石滑落。最打动记者的是,每当火车过来,他会按要求把所有物件整理得整整齐齐,然后端端正正地向火车敬礼,再目送火车远去。那一段

图4-5 《真诚·沟通》漠河铁路巡守员计文革

铁道上只有他一个人,但他丝毫不含糊。他说,"养路工人也有咱的气质,没有太好的服装,但你站的姿势必须得标准,这是一种仪式,是我们基层人相互的仪式"。听到了这句话,就会瞬间明白,为什么他能在这里坚守下去,他的这份坚守背后的意义是什么。

再比如炒饭师傅郑建安,人称"大勺哥"(如图4-6),每天凌晨3点带着14口锅去摆摊,靠这个挣钱,供自己的孩子上大学。他爱自己的孩子,供养孩子,他通过辛苦的合法劳动,而不是投机取巧。他很喜欢自己的生活,每天生意一结束就哼着曲儿,高高兴兴地回家。他说,"凭本事吃饭,生活也能有滋有味的"。这种踏踏实实做人的精神,开开心心生活的态度,不正是很多人需要的吗?"大勺哥"被媒体发现之后,越来越出名。他又有了新的金句,"我们就是普普通通的沈阳人、辽宁人,我总在想别耽误了正事。我们夫妇的正事就是出摊炒饭,如果老也不出摊,我们就啥也不是了。我们并不太想出名"。这份宠辱不惊的态度,让创作者觉得这样的人物没选错。

图4-6 《真诚·沟通》炒饭师傅郑建安

"平民化"视角还体现在报道方式上,即使是栏目里偶尔出现的社会精英人物,节目也将他去掉光环还原为一个普通人。如表现北斗导航卫星总设计师谢军时,谢军有这么一段叙述,"每次卫星发射之前,我都要到卫星的塔架跟前,仰望着它,要拜托我们的火箭将卫星送入安全的轨道,就像自己的孩子一样",节目用了好几个分切镜头对这个情节做了细致的表现,在采访时谢军还双手抱拳做出拜托状,呵呵笑着。这个细节让观众看到北斗导航卫星总设计师也很可爱,有着和普通人一样的忐忑情绪和举动,使得这个人物离我们更近,仿佛就是自己身边的同事。

《真诚·沟通》这种"平民化"视角是建立在对于普通人价值的肯定上的。肯定我们的生存价值,肯定我们的劳动价值。此外,过去我们更强调人对于社会的创造与贡献,这在一定程度上造成了观众的错觉,认为只有对社会做出了贡献才能得到大家的认可。实际上人的自我规范、自我提升、自我完善,也对社会做出了贡献,也应得到社会的肯定,被提倡,被尊重。

2.访——追求选题人物的坦诚相待

采访是记者工作的核心和基础,可谓记者的家常便饭。但在《真诚·沟通》节目组,采访是无比重要甚至神圣的一件事,因为创作者认为,采访是决定"沟通"质量的关键与核心。是否能让对方摘下面具,卸掉盔甲,是否能让他或她完全不设心防地讲述自己的喜怒哀乐?需要既有道,也有术。

"道"说起来很简单,如果希望对方"丢盔弃甲、坦诚相待",前提就是你足够坦诚。"以真心换真心",这句万古不变的名言在这里同样适用。

当你做到了"坦诚"之后,还需要掌握一些基本原则。

(1)保持好奇心。采访提纲要尽量多地列出想问的问题,不要局限于已知的事实以及预设的"沟通"主题。充分的准备才能保证记者在现场能不断地"聊下去"。在谈话中,已知的事实只是钓饵,我们需要用它来获取大鱼。如果一场采访所获取的内容都是在过往媒体中讲述过的,那这场采访的意义又在哪里呢?

(2)认真聆听。采访当中一定要认真聆听,并随时追问,千万不要只局限在采访提纲的那几个问题中。因为有时"沟通"的落点是未知的,可以在交流中逐渐发现它。

(3)从细节出发。在采访中要特别注意捕捉事物的过程与细节。人物的独特感受一定是基于真实细节的,它常常藏在对于细节的讲述当中。不反复发掘细节,记者就无法发现属于人物自己的个性化表达与感受。"沟通"的方式,不是概括与归纳,而是"见微知著""以小见大"。对方能说出多少细节,取决于记者问到了多少细节。而记者能问出多少细节则取决于两件事:观察和聆听。

(4)引导对象进入"谈话场"的核心原则:放松。"沟通"采访最大的特点就是两个字:聊天。几乎每个成熟的沟通记者(编导)都有在开机前先跟对方聊半天家常,关机后又聊好一会儿的经历。

没有表达不好的对象,只有表达不好的状态。不妨观察一下,被访者平时跟自己熟识的家人、朋友聊天时的语气和内容——那就是梦想中的"谈话场"。对方不一定是健谈的人,但即使是最不擅长表达的人也有他自己的语言特性。对于采访者也同理:是否在用自己平常使用的说话方式与对方交流?一个简单的道理就是,希望对方"说实话",首先自己就要"说实话"。如果采访者装腔作势、语言枯燥,就很难让对方面目可爱、言语生动。

(5)要有与对方"漫谈"的耐心。"沟通"的采访时间通常为30分钟左右。制作一条60~90秒的短片,采访的前几分钟在后期剪辑时基本上是可以不用的。因此,先随意地聊几分钟,一点一点靠近重点,能有效地让对方放松下来,把话说顺溜了。

维护谈话场,只要不跑题太远,尽量不要打断对方的谈话。一个支离破碎的谈话气氛会让采访变得毫无生机——与多拍的几分钟素材相比,这个损失后果更严重。对方讲话时,要多用点头和眼神来鼓励他的表达,但避免不停地发出"嗯、嗯"的回应声。

与摄像师形成默契。开机时尽量显得轻松随意一点儿,避免仪式感(比如打板,或大声喊"开机")。有时候一个眼神、一声咳嗽,都能成为编导与摄像师之间的默契暗号。被访者以为拍摄工作结束之后,有可能说出更为精彩的内容,因为经过紧张的采访,他的状态放松了,而他的谈兴被激发了。

采访现场的无关人员越少越好。有条件的情况下要清场。除了采访者本人,其他工作人员(摄像师、录音师等)要尽量避免面对被访者,更不能与他有眼神交流。这样能有效消除被访者的紧张感,同时也不会出现对方的眼神四处乱瞟的情况。所有这些努力,都是为了让对方在更自然、更自在的状态下表达。

还需要注意的是,采访拍摄时,要尽量保持被访者鲜活的语言特色。我们认为,只有被访者在与记者(编导)交流过程中处于"第一次告诉你"的新鲜感时,才能做到这一点。"沟通"的采访是"向未知取材",要保留这种"未知",预采访就要有节制、有技巧。通常预访时要尽量避免追问细节和个人感受,只要大体核实客观事实就可以了。如果在预访时已经问得很详细,则在正式拍摄时,最好换一个采访者来提问,这样可以让对方在现场保有交流的新鲜感。

(三)转变叙事方式,讲好人物故事

新闻报道要学会讲故事,《真诚·沟通》也是如此。创作者把《真诚·沟通》比作一部超短的情绪电影,或者一部超短的戏剧,节目的长度,就是讲一个段子的长

度,段子要精彩,就要有预埋、有高潮、有收尾。《真诚·沟通》的挑战在于,如何在1分多钟的片子里,讲出一个好故事——好看、可信,又能够引发共鸣。

1.第一人称讲述,"我以我口诉我心"

不同于常见的人物纪实片,运用第三人称全知视角,以权威的姿态娓娓道来平凡人物崇尚的事迹和精神;《真诚·沟通》标新立异地采用第一人称为主的视角策略。它将主要的叙事权交给故事主人公,使人物能够站在"我"的立场上以"我"的口吻讲述"我"的故事、呈现"我"的内心。

《真诚·沟通》每期节目的开场都会传来一个不一样的叙事声音,这些声音大多以主人公介绍自己的基本信息或实践情况作为切入点,因而"我"字的陈述句打头成为《真诚·沟通》的常见现象,比如《相守相伴 崔荫森》中,"我这一生过来,遇见这两个女人,一个我妈,一个我爱人"。通过这样简单的一句话,观众知道这是一位老人与他的老伴和老妈的故事。

比如"大勺哥"郑建安的短片中,他首先介绍了自己的经历:"我以前也做过厨师,也开过饭店,但是开得都不算太理想。2006年的时候吧,就搬到这个美食街里来,租了个摊位,卖炒饭炒面。""大勺哥"的寥寥数语,把他的来龙去脉讲清楚了,这种语言的感染力远远大于解说(如图4-7)。

图4-7 《真诚·沟通》截图

《上海交通警察 陈栋》关注的是一位在上海北京西路、胶州路站岗的交警。短片一开始,他从自己在道路高峰期的"委屈"说起,"路口十分拥堵的时候,有人指责你,觉得自己受委屈,比较郁闷"。这种第一人称的讲述,仿佛是有人对你倾诉,有人和你拉家常,作为观众的你和他(她)之间,并没有一个全知全能的第三者,亲近感顿生(如图4-8)。

图4-8 《真诚·沟通》上海交通警察陈栋

2.平中见奇,寻找令人心头一动的"点睛之句"

好的沟通,一两句话,说到令观众"心头一动"。这一两句话也是塑造人物性格的关键。为每期节目找"点睛之句"是一件难事,也是一件乐事。

编导们采访过一位农民工兄弟老董,他在工地上特别踏实肯干,不仅干自己分内的活儿,别人只要一喊他,他都会上去搭把手。旁人就笑话他心眼儿太实。编导们采访完都很感动,但老董本人不善于表达,没有所谓的金句。怎么来表现这样一个人,如何来构建这样一期片子,编导们都犯了愁。有一天,大家一起看素材,发现了一句话,老董笑着说:"老实人多干活不是吃亏,是福气!"这句话一下子打动了现场所有人,这样的人得有多大的人生智慧啊!这样的话,就是我们想要找到的"点睛之句"。

还有一期节目《老有所乐:王钟津 张广柱》,讲的是一对老夫妻在退休后结伴穷游世界的故事,他们不会说英语,自学"英语三百句",靠肢体语言和人交流;也没什么钱,坐廉价航空。即便是这样,他们依然觉得,"旅行改变了我们的人生,给了我第二次恋爱的感觉,我们是一个生命共同体,要一起走完这辈子"。有朋友告诉我,看了这期节目,他也决定安排一次家庭旅行。不管是心动,还是行动,这样的效果是我们乐于见到的(如图4-9)。

第四章　助推精神文明：凝聚现代社会的文明共识

图 4-9　《真诚·沟通》花甲背包客 王钟津夫妇

我们可以看到，《真诚·沟通》不是创作者的经验或智慧，而是真实地源自讲述者生活实践、生命感受，它没有一丝一毫的宣教色彩，甚至从来不会要求"你去干什么"，只是在讲述"我在干什么""我的感受是什么"，它的力量却是巨大的。

(四)提高创作技巧,呈现节目质感

《真诚·沟通》作为电视短片，它最独特的地方是采访具有纪录片的特性，而镜头的拍摄则具有广告的特性。这对于拍摄者有更高的要求，既要让被访者尽量保留生活中真实的样子，又要让画面呈现出电影的质感。用网友的话说，这一看就是电影人做的短视频。创作者不是电影人，但有着对于画面的执着和热爱，始终追求"言有尽而意无穷"的境界。

1.拍摄：以技入境 以情抒怀

对于《真诚·沟通》而言，所有的空镜都是精心设计的。这是由其本身的特性决定的。作为一档时间为 60 秒又多次重复播出的节目，其本质就是公益广告，是广告中的一种特定类型。它的播出方式决定了其影像必须精致，必须"耐看"。内容的美与形式的美相结合，才能产生艺术美的巨大魅力。

拍摄角度的设计、光线的营造、摄像机的运动、画面的构图、剪辑的节奏、音乐的渲染等各种创作元素缺一不可。

曾有学者统计过《真诚·沟通》的镜头特点，"习惯于运用景深镜头，这种拍摄方法的好处是将主体与背景分离，产生出一种焦点聚集、视线集中的效果。景深镜头的大比例使用，结合高调的摄影方式还可以创造出一种视觉上的独特感受，让画面本身更具美感"。而在影调上,"多采用高调摄影,表达一种赞美、支持的意味"。

《炒饭师傅 郑建安》一开场就是烧热的火炉、上下翻飞的油锅、油亮的米饭,伴随着老板娘的声音"一个红烧肉的,一个鱿鱼的",然后是郑建安耍杂技式的招牌炒饭动作:走着花式步伐,用14把大勺一起炒饭。

《上海交通警察 陈栋》(如图4-10)的开头,则是一串交警陈栋出警前的准备动作:按袖扣、拉拉链、摩托车速度表指针快速转动,几个极短的特写镜头快速切换,表现了陈栋行事风格的干脆利落,交代了人物工作的特性。然后是陈栋用上海话对着对讲机与伙伴通话,长焦镜头,背景虚化,衬托出陈栋的年轻英俊,而上海方言使得这个人物更加生活化。

图4-10 陈栋在工作中

《真诚·沟通》的拍摄中,还有一个突出的拍摄手法是象征性镜头的使用。编导用自然景观来充当象征符号,以寄托情感并营造氛围。

《为老年人义务理发 叶伟兵》中(如图4-11),编导两次使用了树叶的画面,分别代表了两种情绪。当理发师叶伟兵讲述自己因为出差而未能实现带一位老人去看鸟巢的承诺,等他回来以后老人已经离世时,短片使用了一个黄叶满地的画面,"黄叶萧萧"用来表明生命的离别和终结,也表现了叶伟兵内心的失落。当老叶说,他意识到"善心是不能等"的时候,出现了一个"枫叶如丹"的画面,枫叶象征热情,也象征坚毅,用来表示老叶要把这件事做下去的决心。

节目的拍摄对象大多数都是普通人,不是专业演员,不可能要求他们在面对镜

图 4-11 《真诚·沟通》为老年人义务理发 叶伟兵

头时随时生动自然。因此,正确的拍摄方式能有效地增加镜头的感染力。下面罗列十几个小心得:

(1)清晨和傍晚是"魔术时间",光影动人,千万不要浪费掉。

(2)尽量选取特写与全景(或远景),反差形成冲击。

(3)人物的中、近景尽量抓拍。面部表情尽量抓拍。

(4)拍中、近景时,可以适当采用手持拍摄的方式,增加"纪实感"。特别要注意前、后景的虚实变化及光线的方向。

(5)中、近景要尽量避免让拍摄对象的脸正面面对镜头,除非你有意为之。

(6)特写要拍得准确;近景要拍得生动;远景要拍得有气势。

(7)拍特写时要特别注意光线的方向,以及后景的信息,不要只注意构图。不要总是在同一个距离上用长焦推上去拍,要尝试使用不同景深的镜头,用广角同样能拍出很有味道的特写。

(8)远景的构图一定要规范,要特别注意地平线的位置高低。摄像机尽可能地尝试后退,以获得更大的空间感。远景构图也要考虑前、后景的虚实变化。

(9)对于重点空镜,一定要多景别成组拍摄,远景、中景、特写结合。对于核心动作,要多角度拍摄,这样才能为后期剪辑提供足够的可能性。

(10)不要总是对好焦才开机,要保留对焦的过程。这会让你的后期剪辑更加丰富。

(11)远景要尽量避免手持拍摄。要注意设计镜头内的调度(如运动的人和物体)。

(12)充分利用现场环境、物件、道具、人物动作、光影等来设计"情绪性空镜"。

注意结合彼时彼地的自然条件(天、地、风、水)。

(13)通过镜头运动或镜头内的调度,可以打破景别的区分。

2.剪辑:一帧一秒编排节奏韵律

"塑造人物性格"是人物类短片的必杀技。而人物的性格,在短片中主要是通过语言传递出来的。所以,在拍摄前期编导要充分理解人物的语言个性,挖掘人物的语言魅力,在拍摄后期则要强化人物形象、凸显人物性格。

要精心设计短片张力。处理好三个"第一":第一个开场镜头;人物的第一次亮相;说的第一句话。

要用5~10秒迅速"进入"正题。《真诚·沟通》的开场是切入式的,它没有时间让你慢慢地展开故事,因此,过滤掉不必要的信息,用最快的速度交代人物、事件背景,然后直奔细节。很多时候,短片都是直接用一个细节切入进去的。

对于1分多钟的短片,编导必须学会做内容的取舍:尽可能地用最少的话说清楚事情。要反复推敲:"删了这句话,是否对观众的理解造成障碍?"能用镜头直接表现出来的信息最好不要再用语言重复。即便是1分多钟的短片,依然可能有一堆废话,这与时长无关。关键是,你能否真正构筑一个画面和语言的极简世界。

剪辑的重点是强化核心情绪,利用动作、场景、变速等手法反复进行强化和渲染。做到这一点还需要与拍摄有机结合。我们习惯将原始的时长通过后期制作延长,用以渲染情绪、创造回忆或强调某个关键性的动作等。比如,在表现劳动洒水场景时,运用了延时效果——水珠在空中慢慢飘洒的瞬间被拉长,呈现出晶莹剔透的视觉效果,极具艺术美感。

在音乐的处理上,最好将背景声和配乐结合起来,推动情绪。从作用上来说,现场声的重要性大于背景音乐的配置,它能增加片子的质感和真实性。

在字幕的处理上,除了人名字幕,尽量少用解释性的字幕,但是当信息量非常大的时候,则有必要注释。比如《漠河铁路巡守员 计文革》,片子一开始有这样的字幕,"大兴安岭·漠河 -36℃",交代了地点以及地点的特殊性——极其寒冷。片子最后又打上字幕,"岁月冲洗过的黄马褂,写出了你巡守员的生涯,那无数汽笛的欢唱,不正是你那饱经风霜的情肠"。这种字幕不是信息的提供,而是情感的传递。

主流价值观蕴藏于社会发展的方方面面,总台在主动作为推出节目的同时,也适时抓住热点议题,加强对主流价值观的传播。北京冬奥精神是培育社会主义核心价值观的鲜活资源,"胸怀大局、自信开放、迎难而上、追求卓越、共创未来"的北京冬奥精神是中华民族宝贵的精神财富,是激励我们奋进新征程、建功新时代、一起向未来的强大精神动力。2022年5月21日,新闻频道《新闻调查》栏目播出《"土豆"小学的天空》。记者走进北京一所小规模学校的校园,在后冬奥时代,记录了校长如何将北京冬奥精神传递给参与冰雪运动、热爱冰雪运动的青少年们,学生们如何与冬奥结缘,以及师生间的日常、学校如何积极探索学生全面发展的故事。报道以纪实为主,生动有趣。一方面,报道从日常点滴中让人思考"教书育人"的大课题,既客观反映了学校在冬奥项目及素质教育上的探索和成绩,寻找这所小学"逆袭"背后偶然中的必然;另一方面,报道也没有回避这种"小土豆"学校所面临的招生压力、毕业压力等客观实际。报道客观平和,带着探讨和思考,给人以启迪。

位于北京市石景山区的电厂路小学,是一所小规模学校,学生300多人,12个教学班,35位老师,因此被称为"小土豆学校"。校长薛东秉持着对教育工作的热爱在此深耕10年,充分发挥学校坐落在北京冬奥组委办公区附近这一区域特点,将奥林匹克教育和冰雪运动纳入学校常规教育教学工作中,完善和丰富课程体系,系统规划冬奥教育,使其在"双减"课后服务中发挥作用。

2021年,电厂路小学被国家体育总局授牌全国唯一"冰雪学校";电厂路小学多年的努力也被写入《北京2022年冬奥会和冬残奥会遗产报告》之中,国家级荣誉一个接着一个。报道并未罗列这所学校获得的荣誉,而是将镜头聚焦孩子们一张张灵动的笑脸,"土豆"小学的学生们眼里迸发着光芒,他们在操场上与校长对打乒乓球、认真学习抖空竹、自由自在地奔跑、自信地在国旗下发表一周新闻综述,一改从前缺乏自信、不善于表达的面貌。电厂路小学的学生白欣妍积极参加为冬奥运动员写信送祝福的活动,给苏翊鸣写了一封热情洋溢的信,表达了她对单板滑雪运动的热爱与对苏翊鸣的支持,并祝愿他取得好成绩。苏翊鸣在回信中鼓励道:"让我们一起加油吧!"这给予热爱冰雪运动的白欣妍更大的动力。"土豆"小学的学生们也有机会走出校门与冬奥健儿面对面交流,更加坚定了他们一起向未来的信心。正如国际奥委会副主席小萨马兰奇的评价,"奥林匹克精神应该在校园蓬勃发展。电厂路小学的孩子们眼中闪烁着光芒,他们对奥运会和冰雪运动的热爱令我们兴奋和自豪"。

与此同时,报道也客观展现了学校面临的外地户籍生源多、学生文化课成绩不突出、小升初没有更好对口资源等现实压力。精彩纷呈的活动也有"弊端",教育工作者也会不由自主地徘徊在应试教育和素质教育之间,陈艳民老师在采访中表示,

"活动多了,眼界开阔了,他的思维都不一样了,是有好处的,但是活动这么频繁,孩子心都浮了,有得必有失",学校的老师们要如何帮助孩子们在得失之间做出取舍,也是需要思考的问题。"没有爱就没有教育,没有兴趣就没有学习,教书育人在细微处,学生成长在活动中",著名教育学家顾明远这四句话,用朴素的语言阐释了教育和教育管理的真谛,已成为广大教育工作者的座右铭。正如印在电厂路小学教学楼上的一句话:"为孩子的童年留下美好记忆。"报道记录了学生的状态、老师和校长的状态、学校的状态、家长的状态,展示了学生们到底收获了什么、失去了什么,家长们又是如何选择学校,报道中的人物个个活灵活现、真实可信。报道对成绩和问题的展示,态度平和,带着思索和探讨,看完节目每个人应该都会思索,"我们到底需要什么样的学校教育、什么样的小学教育","教育为什么要严重内卷",报道给人以启迪。

北京冬奥会是对"更快、更高、更强——更团结"奥林匹克新格言的成功实践,中国经验、中国智慧蕴藏其中,并促进世界文明互鉴沟通,让国际社会看到"中国用绿色描绘未来的创新力和行动力"。冬奥会的正向影响,从赛时延伸到赛后,持续放大的冬奥效应也渗透到生活的方方面面。薪火相传的奥林匹克精神和理念映射到一个又一个"小土豆学校"的活动中,在中华大地广泛传播。

三、发掘史料,振奋民族精气神

中华民族伟大复兴,不仅要在物质上强大起来,也要在精神上强大起来。在新时代的伟大征程上,我们要深刻认识伟大的民族精神,不断提振全民族的精气神,努力创造中华民族新的奇迹。新闻媒体面向大众传播,具有很强的传播力、引导力、影响力,对振奋民族精气神起着重要作用。

抗战精神是中国人民弥足珍贵的精神财富。习近平总书记在纪念中国人民抗日战争暨世界反法西斯战争胜利 75 周年座谈会上指出:"中国人民在抗日战争的壮阔进程中孕育出伟大的抗战精神,向世界展示了天下兴亡、匹夫有责的爱国情怀,视死如归、宁死不屈的民族气节,不畏强暴、血战到底的英雄气概,百折不挠、坚韧不拔的必胜信念。"抗战精神对我们在前进道路上可能面临的各种各样的风险挑战,有着重要的精神引领价值。

弘扬抗战精神是宏大主题,传播抗战精神未必需要宏大叙事。从抗战历史上的一点切入,讲好一个个故事,也可以很好地展现抗战精神。基于这一点,我们主动作为,选择把抗战家书作为切入点,推出了《重读抗战家书》节目(如图4-12)。从一封封"抗战家书"中,我们读出了不畏生死、勇赴国难的壮志豪情,也读出了惦念家人、牵挂儿女的铁骨柔情,感受到了先烈们浓厚的家国情怀。

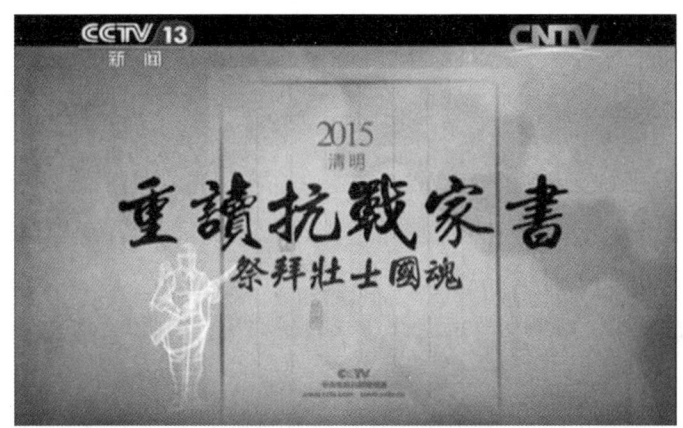

图 4-12 《重读抗战家书》截图

(一)善于从历史中发现题材

抗日战争的硝烟早已远去,但战场上留下的一封封家书,却成为历史永远的见证;家书中展现出的伟大抗战精神,成为中国人民弥足珍贵的永恒精神财富。今天,当我们再次打开这些尘封的家书,依然能读到硝烟和苦难、思念和牵挂,更能读到以死殉国的毅然决然。在这些家书中,有一部分,实际上是英烈们自知即将走到生命尽头而留给亲人的遗书。遗书,是一个人留给这个世界最真实的心声,因而也最动人。

今天,推进中国特色社会主义伟大事业,在新的历史起点上实现中华民族伟大复兴的中国梦,我们尤其需要进一步弘扬伟大的抗战精神,不断增强团结一心的精神纽带、自强不息的精神动力,振奋起全民族的"精气神",为实现中华民族伟大复兴提供强大的精神动力。这也正是《重读抗战家书》系列报道推出的初衷。

鉴于抗战精神的当代意义,央视于 2015 年 4 月 1 日到 4 月 12 日正式推出《重读抗战家书》。《新闻联播》《朝闻天下》《新闻 30 分》《新闻直播间》等栏目相继播出了左权、彭雪枫、赵一曼、张自忠、戴安澜等11位抗日英烈的"抗战家书"。节目一经推出,立刻引发公众强烈共鸣,网络上展开了围绕"抗战家书"的热烈讨论。随后,当年的12月,央视又推出第二季,并推出纪录片、文艺晚会等多种节目形态,影响力广泛而深远。最近几年,《为了不能忘却的纪念》《重温烈士遗言 感受红色记忆》《与亲书》等同类型节目也均发端于此。

《重读抗战家书》系列报道,成为抗战英烈家国情怀的重要见证,成为弘扬伟大抗战精神的生动读本,是教育民众、增强理想信念的最生动和最有说服力的教材。同时,系列报道的成功推出也极大促进了对烈士家书在文物价值和学术意义上的深度挖掘,推动了各文物部门对抗战文物的进一步研究与利用。报道播出之后,中共中央宣传部十分重视,立刻组织整理成书《重读抗战家书》,由中华书局出版。随后该书被收入中国人民抗日战争纪念馆。2020年4月,该书还入选《教育部基础教育课程教材发展中心中小学生阅读指导目录(2020年版)》(初中段),成为爱国主义教育的一部分。

第一,历史题材的报道,关键在于选材。对媒体来说,从报道选题的确定,到历史资料的发掘,都要有创新思维,善于从故纸堆中寻找到契合时代精神的素材。《重读抗战家书》从一开始就把这作为突破口。

首先,在人物选取上,《重读抗战家书》重在凸显亿万中国人"天下兴亡,匹夫有责"的民族气节和爱国情怀。基于此,节目组选取的报道人物既有共产党员,也有国民党军人;既有军队高级将领,也有普通军官士兵;既有出身贫寒的工农子弟,也有生活殷实的富家子弟;有知识分子,还有爱国华侨,真正体现了全体中华儿女众志成城、共御外侮的决心和信心,抗击侵略、救亡图存已成为中国各党派、各民族、各阶级、各阶层、各团体以及海外华侨华人的共同意志。其次,节目组选取的报道人物用自己的鲜血和生命践行了自己的豪迈誓言,家书怎么写的,他们就是怎么做的,身体力行,践行了伟大的抗战精神。最后,这些家书中既有父母兄长的谆谆叮咛,也有夫妻恋人的依依深情,其言净净,其语切切,无不体现着厚重的家国情怀,彰显着崇高至伟的人间大爱。这些为抗战而牺牲的英烈们,是军人、是战士,同时也是有血有肉的普通人,他们有父母,也有儿女。但是,在国家民族危亡面前,他们义无反顾,舍弃父母,离别妻子,先国后家,尽忠职守,取义成仁。这些人物是我们的民族之魂。我们的报道,就是要把这些精神生动准确地刻画出来,传递给观众。

第二，宣传片大胆创新。《重读抗战家书》在宣传片的制作上，投入了最强阵容，首次采用"书信体"和"手绘线条"的表现手法，做到了以情动人。

"七十年前走向战场，只为挽救民族危亡；

本来早应函达问候，奈何战在紧要前方；

双亲大人，若儿难归，请必保重玉体；

家中的妻，若我难回，望勿以我为念；

亲爱的儿，不要忘记，未曾停止爱你。

2015清明，重读抗战家书，祭拜壮士国魂。"

在创作宣传词的过程中，编辑提前与记者取得联系，拿到各位烈士的家书内容后，反复研读，寻找灵感，确定宣传词主旨。

宣传片开篇是战场，用来交代环境，对情绪进行铺垫，通过对一位普通军人的描绘来表达每位军人对家的思念和对祖国的忠诚。战场上，我军战士开枪射击，最后中弹身亡，一封书信从战士怀里滑落，被鲜血染红（如图4-13）。

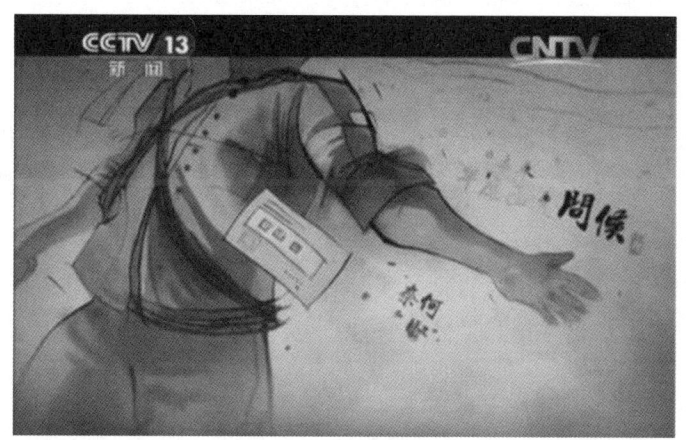

图4-13 节目截图

书信用手绘线条表述人物关系，用黑色的实线加光影表现真实的世界，用白色线条勾勒已牺牲的烈士，寓意光辉的灵魂。信中的三句话是全篇的核心，最能表达家书和壮士国魂的味道，他们为了国家刚毅坚强，对待亲人又是如此温情柔软。战士跪拜父母不愿起身，深沉的情感难以割舍；妻子轻抚战士脸庞，战士挽着妻子的腰，简单的动作满含情义，妻子抬起的手好似当初的挥别，又带着失去的怀念和追忆,战士微微前倾的身躯表现难舍难离的爱意,但僵直的身体又表达出为国家对自身情感的克制;在摇篮中的婴儿被战士白色灵魂般的手轻轻摇动着,表达出战士永无止境的爱,就算牺牲也要化作清风哄孩子入眠,默默守护在孩子身边。

宣传片落版是一位持枪、挺拔的军人,由代表灵魂的白色线条勾勒而成,他带着守卫家园的坚毅,传递出哪怕牺牲也要守护家园的情怀。宣传片以具有年代感的淡黄色为基色,显示出历史沧桑感。音乐运用也恰到好处,前半段恢宏大气,后半段温馨甜蜜,浑然一体。宣传片与报道内容融为一体,成为报道重要的组成部分,起到了先声夺人和情感带动的作用。

第三,邀请先烈们的后人诵读家书,情感张力强烈。节目中,每封家书都由烈士后人朗读,赵一曼的孙女、左权的女儿、张自忠的长孙等读信时都几度哽咽甚至泣不成声,这种亲人间的真挚情感,最为打动人,最富情感张力。这样的报道手法,很好地营造了追忆英烈的浓厚气氛,使观众和英烈的后人一起,重温前辈在字里行间表达的父爱、母爱和民族精神,增强了家书的感染力。同时节目组还邀请了几位形象正面、曾经饰演过抗战剧的演员来重读抗战家书,录制了《重读抗战家书》特别版,在新媒体上传播;央视新闻新媒体,每天不仅播放节目视频,还深度耕耘,制作了《重读抗战家书》夜读版,实现了节目融合传播、立体传播。

第四,节目对珍贵史料进行了深入发掘。由于时值抗战,加之年代久远,英烈们留下的除了一纸家书,其他资料极为有限。这对于电视报道来说,挑战是巨大的。为了克服这一先天不足,记者多处走访拍摄,穷尽各种手段,发掘出珍贵的书信手稿、人物照片、史料记载、报纸新闻、影视作品等各种抗战史料,经过精心挑选、巧妙设计,最终得以呈现出一流的视觉效果,为类似题材的电视新闻报道进行了有益探索。

(二)注重挖掘细节

《重读抗战家书》节目注重挖掘细节,凸显铁骨柔情,感人至深。赵一曼的故事中有这样的细节:她牺牲时只有31岁,在唯一能留下的遗嘱中,也没有泄露自己的真实姓名。这份存在日军审讯档案中的遗嘱,直到1957年才被发现。当原东北抗联组织部的工作人员到赵一曼家乡四川宜宾进行烈士身份核实时,她的儿子才第一次知道自己母亲的身份。于是,儿子专程前往东北烈士纪念馆,抄下这封被翻译成中文的遗书。今天,这封信激励了整整三代人。戴安澜将军给家人的绝笔书信

第四章 助推精神文明:凝聚现代社会的文明共识

寥寥数语,"为国牺牲,事极光荣""望勿以我为念",表达了以死报国的决绝。然而,在写完给家人的遗书之后,戴安澜将军又给亲友写了一封"托孤信",信中说到,"人之相知,贵在知心。余如战死之后,妻子精神生活,已极痛苦,物质生活更断来源。望兄等为我善筹善后"。通过"托孤信",我们看到的是他对家人的牵挂和恋恋不舍。无情未必真豪杰,怜子如何不丈夫。在这些家书中,"不舍"与"决绝"形成强烈对比,让抗日英烈在我们心中的形象更生动、更立体、更丰满。

在报道戴安澜将军时,节目呈现了这样一个细节:他是"远征军殉国的最高将领,是毛泽东主席亲笔签发烈士证的民族英雄。他牺牲时距离祖国边境只剩下三四十里的距离。山高林密,没有棺木,士兵们就把军装脱下来,裹在将军的遗体上,抬也要抬回祖国"。牺牲在距离祖国边境一步之遥的异国他乡,这个细节感动了无数人。

在报道左权将军时,报道中提道:"翻开左权将军生前留下的照片,差不多每张都特别严肃,唯有抱着女儿时,笑得很灿烂。"1941 年 9 月 24 日,左权在给妻子的家书中这样写:"时刻想着,如果有你及太北在一块儿,能够听到太北叫爸爸妈妈的亲恳声音,能够牵着她走走,抱着她玩玩,闹着她笑,打着她哭一哭,真是太快乐了。可惜我最亲爱的人,恰在千里之外,空想一顿之后,只得把相片摆出来,一一地望着。"这封信,直到 1982 年,左权将军牺牲四十周年时,女儿左太北才第一次读到,当时已过不惑之年的左太北,哭得像个孩子。她接受采访时说:"过去父亲对我来说,就是英雄。到了 1982 年,我母亲把她保存的我父亲的 11 封家书寄给了我,我都 42 岁了,我才知道,我有一个多好多疼爱我的父亲。看了这些家书以后,我才觉得我父亲那么疼爱我……小天使、小宝贝,他脑子里头所能用到的那个词,就是一种发自内心的爱的表达。"播出这段内容的时候,左太北老人在屏幕里哭,观众在屏幕外哭(如图 4-14)。

在报道张自忠将军时,报道中提道:"日军战史资料记载了张自忠牺牲的时刻,第四分队藤冈元向敌方最高指挥官模样的军官冲去,此人从血泊中站起,第三中队长堂野开枪射击,打中军官头部。张自忠殉国当日,他的部下夜袭南瓜店,拼死抢回张自忠将军的遗体。经查验,张自忠全身八处负伤,右肩、右腿为炮弹伤,腹部为刺刀伤,左臂、左肋骨、右胸、右腹、右额各中一弹。""炮弹伤""刺刀伤""子弹伤"遍布全身,其刚果勇猛、舍身报国的精神可见一斑。

图 4-14 《重读抗战家书》左权:烽火连天家国情

(三)激发民众的家国情怀

抗战精神是革命文化的重要组成部分,对当下党的事业具有精神指引作用,对民众来说则是爱国主义教育的精神动力。《重读抗战家书》从历史中挖掘"家书",体现的却是抗战精神、民族大义和家国情怀,人们也通过媒体见证了先辈的家国情怀,重温了抗战历史。

"清明节"是中国最重要的民俗文化传统节日之一,人们在这一天缅怀先人,祭祀先祖,它包含了"敬祖""孝道""感恩""责任"等要义。而 2015 年,恰逢中国人民抗日战争暨世界反法西斯战争胜利 70 周年。70 年前,无数中华儿女为了民族存亡、国家独立,"舍小家保大家",献出了自己宝贵的生命。70 年后,《重读抗战家书》以"家书"的形式,在清明节这个特殊节点推出,缅怀那些在抗日战场上为国捐躯的英烈们,弘扬他们的爱国精神,更能引发观众共鸣,激起爱国情怀。在这个具有双重意义的节日里,将受众缅怀的对象从以往的"小家"提升到"大家"的层次,视野更为开阔,纪念更具意义,主题也得到了升华。

"家书"是中华民族最重要的沟通交流方式。家人之间相互往来的信件,是通信不发达时期传递信息、维系家人情感的重要载体。"鸿雁传书"是中华文明的重要组成部分。除了沟通信息、联络感情,家书还具有记载家风民俗、反映社会现状的重要功能。在这个意义上,家书也是历史的记录者。因此,任何一封家书都带有特定时代特征,一封家书往往也承载着一段历史。书写于战火纷飞年代的家书,时代感更加突出和鲜明,重读抗战家书也是在重读抗战历史,重温伟大抗战精神。

首先,《重读抗战家书》是对抗战英烈家国情怀的见证。《重读抗战家书》让我们在了解波澜壮阔的抗战史的同时,也见证了每一位抗战英烈充满理想信念和浓厚家国情怀的抗战细节。这些家书是这些抗战英烈们最私密的心灵表白、最真实的生活记录,这些家书成为英雄们的最后见证、最后希望、最后期待。这些家书,包含了国共双方抗战烈士的家信和遗书,既有像左权、戴安澜等重要将领的珍贵家书,也有普通战士和爱国华侨的抗战家信,充分反映了70年前,在抗日战争的硝烟中,热爱亲人、热爱家乡、热爱祖国的中华儿女,在抗击日寇侵略的战场上,捍卫国家和民族尊严、不屈不挠抗争到底的民族精神之魂。中华民族正是有无数个像左权、郝梦龄、张自忠这样矢志不渝、抗战到底的优秀儿女,才最终取得抗日战争的伟大胜利。革命英烈的一封封抗战家书,不但是中国人民英勇抗战的永远见证,也是中华民族宝贵的精神财富。

通过家书,我们看到这些英烈们的共同特点:都有崇高的理想,都以追求真理与光明、公平与正义为人生目标;都有坚定的信念,忠诚于时代、国家、民族、人民的事业,不动摇、不言败;都有高尚的品行,诚实坦荡、光明正大、敢于担当、血战到底;都有丰富的情感,尊人伦、重亲情、讲气节。这些优秀品质,既以中华文明为底色,又熔铸有近现代社会历史的特点,是我们的民族之魂。

其次,《重读抗战家书》是对抗战历史的最生动再现。比如左权的家书,展现的是中国共产党进行持久战、游击战的情况,左权写道:"志兰,亲爱的,别时容易见时难,分离21个月了,何日相聚,念念念念……敌人又自本区开始扫荡,明日准备搬家了。"谢晋元和蔡炳炎的家书,则介绍了淞沪会战有关的情景,谢晋元写道:"上海情势日益险恶,租界地位能否保持长久,现成疑问。敌人劫夺男之企图,据最近消息,势在必得。敌曾向租界当局要求引渡未果,但野心仍未死。"蔡炳炎写道:"我等于本日仍在此间休息,因沪上连日胜利,且战区狭,不能使用巨大兵力故也……殊不知国难至此,已到最后关头,国将不保,家亦焉能存在?"张自忠的家书则记录了枣宜会战的场景(如图4-15):"仰之吾弟如晤,现已决定于今晚往襄河东岸进发,不顾一切,向北进之敌死拼。无论作好作坏,一定求良心得到安慰。由现在起,以后或暂别、永离,不得而知。专此布达。"戴安澜的家书记录了中国远征军进入缅甸作战的情形:"余此次奉命固守东瓜(即同古城),因上面大计未定,其后方联络过远,敌人行动又快,现在孤军奋斗,决以全部牺牲,以报国家养育!"彭雪峰的家书则记录了日伪军集结重兵对淮北苏皖边区发动大扫荡的情况,并且分享了战场胜利的喜悦心情:"十几天以来,我们过的是昼伏夜出的生活,白天隐蔽封锁消息,夜晚行动,爬(跋)山涉水,淮河已经来往渡了三次,打破了敌人包围合击聚歼的计划,而且在敌后尽力扰袭,使敌人顾前而又顾后,疲于奔命。"《重读抗战家书》让历史说话,用史实发言,浓墨重彩地书写了抗战历史,是我们弘扬伟大抗战精神的最生动记录。我们用一个个鲜活的报道,有力地印证了习近平总书记多次强调的"历史是最好的教科书""中国革命历史是最好的营养剂"的论断。

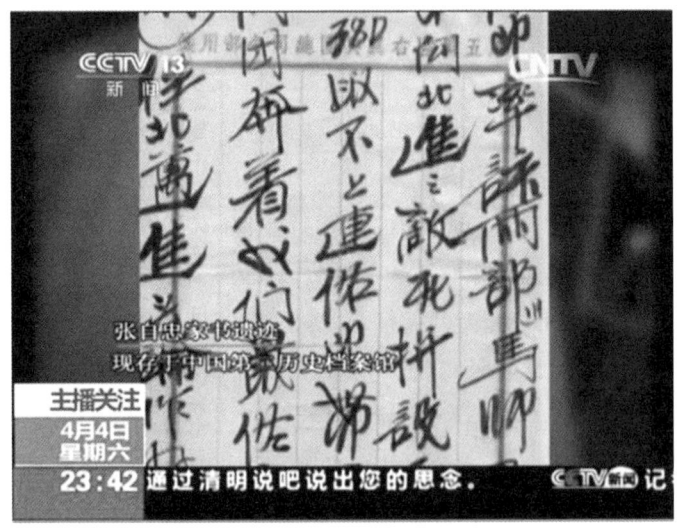

图 4-15 《重读抗战家书》张自忠:尽忠报国 取义成仁

最后,《重读抗战家书》是弘扬伟大抗战精神的生动读本。抗战英烈们的这些家书,展现了写信人坚定的理想信念和深厚的家国情怀。当年,这些书信联络的只是两三位当事人,但通过我们的发掘、再现和弘扬,这些英烈们的"书信"走出了"深宅",走到了社会大众的面前,与更多人"见面",从而激励和教育更多人,凝结成强大的社会共识。比如,赵一曼临刑前给宁儿的信:"我最亲爱的孩子啊!母亲不用千言万语来教育你,就用实行来教育你。在你长大成人之后,希望不要忘记你的母亲是为国而牺牲的!"吉鸿昌写给妻子的信:"红霞吾妻鉴:夫今死矣!是为时代而牺牲。人终有死,我死您也不必过于悲伤,因还有儿女得您照应。"左权写给母亲的信:"当局对我们仍然是苛刻,但我全军将士,都有一个决心,为了民族国家的利益,过去没有一个铜板,现在仍然是没有一个铜板,准备将来也不要一个铜板,过去吃过草,准备还吃草。"

《重读抗战家书》是对抗战精神内涵的具体诠释。蔡炳炎的"国难至此,已到最后关头,国将不保,家亦焉能存在";左权的"牺牲了我的一切幸福,为我的事业奋斗";张自忠的"为国家民族死之决心,海不清,石不烂,决不半点改变";郝梦龄的"抱定牺牲决心,不能成功即成仁"(如图4-16);戴安澜的"孤军奋斗,决以全部牺牲,以报国家养育",透过这一封封抗战家书,我们看到了滚烫的爱国情怀:天下兴亡、匹夫有责;感受到了豪迈的民族气节:视死如归、宁死不屈;触摸到了久违的英雄气概:不畏强暴、血战到底。这些精神,汇聚成了伟大的抗战精神。

图4-16 《重读抗战家书》郝梦龄:民族危亡 决心牺牲

这些书信叮咛,成为当代父母读给孩子最好的、最生动的课本,是亲子互动阅读的最佳范本。这些家书也是进行品行教育、党性教育、爱国主义教育的最生动、最有说服力的教材。

70多年时光流逝,这些不屈不挠的身影,依然激荡着我们的心灵;在战争中为国捐躯的英魂,始终守护着一个民族生生不息的精神血脉。一段段真实鲜活的回忆、一封封真情流露的家书、一份份新近披露的档案,带我们回到那个山河破碎、烽火连天的年代,聆听中华儿女浴火重生的英雄壮歌。70多年过去了,曾经的伤痛正在化作对历史的深刻思考,成为激励一代又一代中国人拼搏奋进、自强不息的动力之源。先烈们留给我们的宝贵财富,不仅是国家的独立和民族的尊严,更是深厚的爱国情怀和百折不挠的民族精神。

站在新的历史起点,我们距离民族复兴的梦想从未如此之近,从历史深处走来的抗战精神,唤起我们对民族的使命与担当,不断激发中国人民对国家的自信心与自豪感。伟大的抗战精神将始终是我们克服一切困难、实现更大作为的关键所在。

(四)建立个体与国家命运的联结

为庆祝中华人民共和国成立70周年,央视新闻频道策划制作了系列报道《七十年 我们的家》。站在历史节点,回望中华人民共和国不平凡的发展历程,新闻工作者作为时代变迁的感受者、见证者、记录者,走到普通人的生活中去,通过一帧帧生动的场景,为公众讲述一段段"沾泥土,带露珠,冒热气"的家国故事,讲述那些将个体价值实现与国家民族命运联结在一起的家国故事。

中华人民共和国70年的壮丽奋斗史是无数中华儿女的家国情怀传承史。《七十年 我们的家》系列报道共8集,主要通过采访全国各地、各领域不同的家庭,触及不同的家庭故事,记录了"守护三尺讲台 见证乡村巨变""攀枝花的'平凡英雄'""三代从医 初心不改",等等,以家庭成员不同的视角,反映70年来国家建设发展和变化的历程,折射家国情怀。其中,在河北唐山滦州有这样一个普通家庭,他们把几十年来家里的点滴变化,以388本家庭档案的形式保存记录了下来。

报道通过这些家庭档案,形象地展现了家国变迁。比如,骆宗明老人绘制的一份工资曲线图,在改革开放以前增长了三回,从26块5、29块5,一直到46块,从1978年改革开放一直到现在这40年里增长了30次,平均(增长额)是176块,一直到现在是4936块9毛2(分)。这个数字非常直观地体现了个人的工资变化、经济状况与国家的发展同频共振。在这些家庭日常的柴米油盐里,我们看到的是中华人民共和国70年的沧桑巨变。一本本家庭档案也剖析了重视家庭建设是培育和弘扬社会主义核心价值观的重要基础。它们折射出国家的发展史,这种记录不仅是家庭的宝贵财产,也是社会文化财富,是国家档案资源的重要组成部分,是国家历史和社会记忆的有益补充。

嘉宾的一段同期声,也把个人与国家的关系揭示得朴素而生动:"我们的家和我们的国家是连着的。当我们国家受侵略的时候,我曾经挨过鞭子,我们的国家在受穷的时候,我也吃过糠、咽过菜,当我们的国家站起来的时候,我们家分了房、分了地,当我们的国家富裕起来了,强大起来了,我们家也实现了现代化。"岁月无声,时光流转,历史无言,精神常青。一份小小的家庭档案,不仅承载了一个中国普通家庭生活的过往,更浓缩并反映了家国变迁的时代回声,这份家国记忆让骆宗明老人内心充盈着满满的幸福与自豪。

报道不仅展现了这个家庭物质生活的不断充裕,更体现了骆宗明老人所代表的家庭成员精神文化生活的日益充实。骆宗明退休后,他的家庭档案还增加了一份特殊档案,记录的是从2006年开始,他和几位老党员,走遍当地91个村,采访451名老人,把当年冀东抗日根据地的抗战故事总结成了一套3万多字的乡土教材,并到全镇的中小学校巡回宣讲,进一步引导广大青年学子做社会主义核心价值观的坚定信仰者、积极传播者、模范践行者。骆宗明坚持了13年,孩子们亲切地称他们为"老爷爷宣讲团"。

家庭是国家发展、民族进步、社会和谐的重要基点,是人们梦想启航的地方。骆宗明的家庭虽然平凡,但朴实无华的家风下,孕育的正是中华民族代代相传的家国情怀。正如骆宗明的四女儿骆艳青在采访中所述:"我爸爸送给我们每家一个本,我们明白他给我们这个本的意思,让我们不管走到哪,都不要忘了这个家。习主席说不忘初心,只有记住那些历史,时常想想一路走来经历的风风雨雨,才会更珍惜现在这来之不易的幸福生活。"

家是最小国,国是千万家。骆宗明老人通过家庭档案的形式,回顾国家前行步伐的铿锵回响,展示一个普通家庭在国家变迁中的巨大变化,共同感受中华人民共和国成立以后,普通家庭发生的巨大变化和浓浓的家国情怀。该节目在2019年9月14日的《新闻联播》播出后引发强烈反响,还被纳入总台"国庆70周年特别节目"。

四、小结:主动作为,承担起助推精神文明的使命

在中国式现代化的新征程上,伴随着物质生活的丰富,人们的精神需求日益增长,精神文明建设的重要性更加凸显。这需要媒体主动作为,承担起助推精神文明的使命,在各个方面、各个环节都坚持正确舆论导向和价值导向,推动社会文明

进步。

首先,助推精神文明要抓住中华优秀传统文化这一灵魂。中华优秀传统文化是我们精神世界的共同支撑,可以有效凝聚新时代社会进步的文明共识。习近平总书记强调:"要加强对中华优秀传统文化的挖掘和阐发,使中华民族最基本的文化基因与当代文化相适应、与现代社会相协调。"随着数字技术的进步和媒体融合的推进,弘扬先进文化拥有更多元的展示路径、更广阔的传播空间,新闻媒体要综合运用报刊、广播、电视、互联网等渠道,加强对中华优秀传统文化的传播力度。

其次,助推精神文明要积极转变方式方法。随着人类文明的进步,人们在关注自身生产环境的同时,也开始关注现实生存状况,重视个体的精神生活和尊严。因此,人文关怀主张把人放在首位。尤其是随着市场经济的快速发展,传统美德、社会伦理遭遇各种挑战,更需要有人文关怀。正如德国著名思想家沃尔特·本雅明(Walter Benjamin)所言:"人要活得有声有色,但必须得去除头上的光环。"这是近代人文关怀提倡的先进理念,也就是说,人不仅要关注自己,还要关注他人,关注人文环境,要有人文精神。

作为时代的记录者,媒体在提倡道德和人文关怀中需要承担起应有责任。这种人文关怀,既可以在新闻报道中体现,也可以在公益广告中得到体现。《真诚·沟通》节目聚焦平民群体,采用平民化语言,讲述普通人的故事,充分体现了人文关怀。整个节目播出的人物中,类别非常多,但没有采用宏大的叙事,而是记录普通人的点滴言行,呈现出平民化和人文主义的倾向。

再次,助推精神文明需要转变传播观念。现代社会,传播技术高度发展,不缺平台,不缺技术,更不缺广告,缺的是先进的传播理念。《真诚·沟通》主张平等对话,而非单向说教,符合互联网环境下人们的信息接触习惯,因此受到广泛欢迎也是情理之中的事。面向未来,这种人文叙事依然是媒体创新的重要理念基础。

《真诚·沟通》的特点在于它所秉持的"真诚"和"沟通"的理念。原因就在于,做好这一分钟的短片,不容易。编导们总结,做《真诚·沟通》有三重境界,对拍摄过程的兴趣、对人的兴趣、对自己的兴趣。"最终你会发现,你拍的都是你自己心灵的镜像",相信,就是愿意相信。

最后,助推精神文明建设是凝聚社会文明共识的重要路径,而民族精神则是凝聚社会文明共识的基础,更是筑牢中华民族共同体的思想基础。中华民族精神是各族人民共同培育、继承、发展起来的,已深深融进了各族人民的血液和灵魂,成为推动中国发展进步的强大精神动力。对新闻媒体来说,要把振奋民族精神作为引领精神文明、凝聚社会文明共识的一个重要思路是从史料中挖掘资源。

在新的媒体环境下,"新闻是最近发生事实的报道"这一经典的新闻定义面临着来自时效性的挑战。一方面,"最近发生"的"近"无限逼近实时性;另一方面,那些沉淀在历史中的事实,经过媒体广泛传播后,受到的关注度丝毫不逊于最新发生的。正因如此,媒体上出现越来越多以特定对象为主题的人文历史作品,聚焦历史事件、城市、人物、建筑等,如《故宫》《敦煌》。这些作品受到观众的追捧与热议,把历史碎片铸成新时代的文化名片,成为主流媒体挖掘历史文化资源、传播中华优秀传统文化的成功实践。

历史的长河中有很多感人的故事,它们由于种种原因不为世人所熟知。数十年乃至上百年过后,当后人看到这些故事,其新鲜感和感染力不亚于当下发生的事情。这些年在各种历史节点的纪念日或庆祝时期,媒体开始重视对这些历史文化资源的挖掘,使之成为媒体产品中的一道亮丽风景。《重读抗战家书》之所以成功,就是抓住了"家书"这一被忽视的历史资料,通过读家书感受抗日烽火,传承革命精神。

历史是一座媒体富矿。中华民族五千年生生不息,历史文化的传承和延续是关键所在。在媒体高度发达的今天,历史文化不再简单通过出版物得以延续,而是可以通过报刊、广播、电视和互联网等众多渠道进行大众化的传播,让历史文化得到更好的传承。《重读抗战家书》节目的经验表明,在迈向第二个一百年和民族复兴的关键时期,媒体可以从历史中挖掘更多精神产品,为时代发展注入精神动力。

第一,从中华民族发展史中挖掘体现民族精神的媒体资源。五千年的中华民族发展史中,无数能够体现中华民族精神的生动故事或为世人熟知,或仅存在于浩瀚的史料中。这些故事通过媒体大众化的呈现后,可以更好地传播中华民族精神,对当前社会主义核心价值观建设具有重要作用。

第二,从党史、革命史中挖掘体现革命精神的媒体资源。百年中国共产党党史和革命史中,无数革命烈士的英勇事迹、蕴含的革命精神对新时代党建工作、社会主义核心价值观教育等都是生动范本,具有精神激励作用。《重读抗战家书》正是从革命史的一个细节出发,挖出了这一系列令人感动的故事。

第三,从中华人民共和国的历史中挖掘体现国家独立、建设和发展的媒体资源。中华人民共和国的历史,是一部中国共产党持续推进伟大社会革命的壮阔史诗,也是一部党团结带领人民筚路蓝缕、奠基立业、艰苦奋斗、改天换地的壮阔史诗。①

第四,从改革开放史中挖掘国家走向富强、民主、文明和现代化的媒体资源。四十多年的改革开放史是中国一步步走向富强的现代化史,这个历程中有很多值得报道的故事。作为社会发展的推动力量,新时代的媒体要在民族复兴大业中承担历史责任,改革开放史可以成为宝贵的报道资源。

第五,从社会主义发展史中挖掘体现马克思主义、中国特色社会主义的媒体资源。要在社会主义史中把握中国特色社会主义的历史源流、现实方位和优越性。通过对社会主义史的挖掘,打造新闻作品,传播社会主义思想,增强中国特色社会主义道路、理论、制度和文化的自信。

数千年的历史中,革命家书只是其中一小部分,其彰显的魅力尚且如此,可想而知,在媒体融合发展的今天,如果主流媒体能够充分挖掘历史宝藏,一定能够打造出更多受欢迎的融媒体作品。在互联网导致传统媒体报道时效性不凸显的背景下,我们回到历史中寻找故事,会另有一番创新空间。

附作品

作品一:《重读抗战家书》系列作品

播出时间:2015 年 4 月 1 日
播出栏目:《朝闻天下》
标题:重读抗战家书

戴安澜:为国战死 事极光荣

【导语】

再过几天又到清明节了,这是一个追思前辈祖先的时刻,我们也特别制作了一个系列节目,来缅怀一群人,他们就是在 70 多年前的抗日战场上为民族存亡而奋

---

① 姜辉.从新中国史中汲取继续前进的智慧和力量[J].求是,2021(11):22-25.

第四章 助推精神文明:凝聚现代社会的文明共识

不顾身的先辈们。当年的那场战争早已经离我们远去了,但是战场上留下的一封封家书却成为历史永远的见证。那么今天我们再一次打开这些尘封的家书,依然能够读到硝烟和苦难,读到思念和牵挂,也更加地能够读到以死殉国的毅然决然。从今天开始,我们推出系列报道《重读抗战家书》,接下来我们一起来静静地读一封没能寄出的家书。

【同期】戴安澜的小儿子 戴澄东

亲爱的荷馨,余此次奉命固守同古,因上面大计未定,与后方联络过远,敌人行动又快,现孤军奋斗,决以全部牺牲以报国家养育,为国战死,事极光荣。

【正文】

这是国民革命军第200师师长戴安澜写给妻子的最后一封家书。1942年,戴安澜率领中国远征军的先头部队开赴缅甸,紧急支援英军盟友,抗击日本,并在保卫同古、收复唐吉等战役中立下赫赫战功,写下这封家书时,他正和全师将士孤军奋战、坚守同古城。在危急关头,他对全体将士下达了这样的命令:"本师长立遗嘱在先,如果师长战死,以副师长代之;副师长战死,参谋长代之;团长战死,营长代之。以此类推,各级皆然。"

【同期】戴安澜的小儿子 戴澄东

父亲这封信不是寄出来的,是什么呢,父亲写了这个遗书以后就放到他的一个皮包里头,父亲牺牲以后这个皮包带回来,再打开以后一看里面有这个遗书。(记者:那时候已经看到这封信的时候已经时隔多久了?)已经到七八月份了吧,(父亲牺牲后)已经一两个月了。

【正文】

牺牲的时候,戴安澜将军年仅38岁。从他的最后一封家书中,后人能读到一个铁血军人以身殉国的决绝。

【同期】戴安澜的小儿子 戴澄东(念家书)

你们母子今后生活,当更痛苦,但东、靖、澄、篱四儿,俱极聪俊,将来必有大成,望勿以我为念。

【正文】

望勿以我为念!可人非草木,孰能无情?就在给家人写了寥寥数语的绝笔信之后,戴安澜又悄悄地给三位亲友写了一封托孤信,信中流露的,是一个普通的父亲,对家人的眷恋不舍。

【同期】戴安澜的小儿子 戴澄东

余如战死之后,妻子精神生活,已极痛苦,物质生活,更断来源,望兄等为我善筹善后。人之相知,贵在知心,想诸兄必不负我也。

【正文】

东、靖、澄、篱,是戴安澜将军的四个孩子。小儿子戴澄东告诉我们,他们的名字,也都和抗日有关。

【同期】戴安澜的小儿子 戴澄东

父亲正好1928年北伐的时候到了济南,日本人搞了济南惨案,父亲亲自问起日本人他们打仗,亲历过这个事,所以对日本人恨得不得了,这个时候哥哥出生了,母亲问叫什么名字,说叫覆东,覆灭的就是天翻地覆的覆,覆灭东洋。姐姐出生了叫藩篱,女孩子你不能打仗,把墙面篱笆做牢,不要让敌人冲进来。二哥出生了叫靖东,我叫澄东。

【正文】

后来戴安澜将军的四个子女合编了一本书,把父亲的遗书和很多史料照片放到一起,成为永久的纪念。这张照片戴澄东一直珍藏着,那是在父亲牺牲的第二年,尽管家里的生活很困难,母亲王荷馨还是捐出全部的抚恤金,在广西全州开办了一所以戴安澜名字命名的"高级工业职业学校"。这所学校后来历经战火,几度迁移,成为今天安徽芜湖安澜中学的前身。

如今,戴安澜将军的墓地放在老家安徽芜湖的一个公园里,每年清明来扫墓成了戴澄东一家人几十年来雷打不动的安排,父亲牺牲的时候戴澄东刚满周岁,对父亲的全部印象都来自亲人的描述,这也是他一直以来的遗憾。2011年,退休后的戴澄东曾远赴缅甸多方寻访,在缅北的热带雨林中找到了父亲战斗牺牲的地方。

1942年5月26号下午5点,戴安澜将军在这里壮烈殉国,年仅38岁,当时他奉命率领部队突围回国,在越过最后一道防线时,遭到日军伏击,胸腹中弹。牺牲时,距离祖国边境只剩下大约三四十里距离。山高林密,没有棺木,士兵们就把军装脱下来裹在将军的遗体上,抬也要抬回祖国。

【同期】戴安澜的小儿子 戴澄东

亲爱的爸爸戴安澜将军,还有远征军的将士们,我们来凭吊你们了,你们跟我们回去吧,回到自己祖国的大地,和家人团聚,和亲人团聚。

【正文】

戴安澜 1904—1942

第四章　助推精神文明:凝聚现代社会的文明共识

中国远征军第五军第 200 师师长

播出时间:2015 年 4 月 2 日
播出栏目:《朝闻天下》
　　标题:重读抗战家书
　　　　左权:烽火连天家国情

【导语】

继续《重读抗战家书》系列报道。今天我们要读的家书,作者是八路军的副总参谋长、牺牲于太行山的左权将军。(如图 4-17)

图 4-17　节目截图

左权将军是中国共产党在抗日战场上牺牲的最高级别的将领。烽火岁月中,他辗转战场,给母亲、妻子写去了一封封朴素而深情的家书,记载了一个儿子、丈夫和父亲,对家庭的眷恋,以及对未来的憧憬,还有誓死奔赴国难的决心。

【同期】左权将军的女儿 左太北(念家书)

志兰:此间一切正常,唯生活较前艰苦多了,部队如不生产简直不能维持。我也种了四五十棵洋姜,还有二十棵西红柿,长得还不坏。想来太北长得更高了,懂的事情更多了。可惜三人分在三处,假如在一块的话,真痛快极了。志兰! 亲爱的,别时容易见时难。分离二十一个月了,何时相见,念,念,念,念。

【正文】

这是八路军副总参谋长、八路军前方指挥部参谋长,后兼八路军 2 纵队司令员的左权将军,在1942年5月22日,写给妻子的一封家书。就在写完这封信的三天之后,左权将军在掩护八路军总部突围日军的扫荡时,被弹片击中,壮烈牺牲,年仅37岁。那一年,他的女儿小太北,只有两岁。

【同期】左权将军的女儿 左太北

我是(5月)27日的生日。这是22号的信。完了他的信写完了写了日期以后说,敌人又开始扫荡了。我们明天就转移了。当时,3万日本鬼子来扫荡太行山和129师的总部,扫荡八路军的总部。后来到5月25号他就牺牲了。

【正文】

左权将军曾在黄埔军校第一期学习,加入共产党后,又先后赴苏联莫斯科中山大学和伏龙芝军事学院学习。从参加长征到华北抗日,打过一系列硬仗、恶仗。1940年8月起,他协助彭德怀在华北敌后指挥百团大战,给予日寇沉重打击。抗战的烽火岁月中,他写给亲人的一封封家信,记载了日军的罪行,也记录了一名军人在亡国关头的悲愤。

【同期】左权将军的女儿 左太北

他说前线太残酷了,日本的三光政策,而且日本放毒,连孩子都不放过。(他)过黄河的时候给奶奶和给我叔爷爷的信上,就写他们(日本侵略者)到中国来是要亡我们的国家,要灭我们的种,就是亡国灭种(的威胁)已经轮到我们每一个中国人的头上。(如图4-18)

图4-18 左太北接受采访

【正文】

左权将军的家书还记载了八路军面临的困境,但将士为国抗争之心,却未曾有过分毫的动摇。1937年12月3号,左权在山西洪洞给母亲的信中这样写道。

【同期】左权将军的女儿 左太北(念家书)

我们改编为国民革命军后,当局对我们仍然是苛刻,但我军将士,都有一个决心,为了民族国家的利益,过去没有一个铜板,现在仍然是没有一个铜板,过去吃草,准备还吃草。就是我们一定要把日本帝国主义赶出去,我们只有一个目的,所以他这个信念特别的强烈,就是打日本帝国主义,就是要把他们消灭了。

【正文】

翻开左权将军生前留下的照片,差不多每张都特别得严肃,唯有抱着女儿时,笑得很灿烂。1941年9月24号,左权在给妻子的家书中写道。

【同期】左权将军的女儿 左太北(此段为电话录音)

时刻想着如果有你及太北和我在一块,能够听到太北叫爸爸妈妈的亲恳声音,能够牵着她走走,抱着她玩玩,闹着她笑,打着她哭一哭,真是太快乐了。可是我的最亲爱的人恰在千里之外,空想一顿之后,只得把相片摆出来——地望着。

【正文】

这封信直到1982年,左权将军牺牲四十周年时,女儿左太北才第一次读到,当时已过不惑之年的左太北,哭得像个孩子——

【同期】左权将军的女儿 左太北

过去父亲对我来说,就是英雄。到了1982年,我母亲把她保存我父亲的11封家书寄给了我。我都42岁了,我才真的觉得我有了父亲,看了这些家书以后我才觉得我父亲那么疼爱我,那么关心我。在抗战的间隙,他那么忙,还那么惦着我们。老是希望我母亲在他身边,我能在他的腿上坐着,就是老是在那想象。小天使,小宝贝,我父亲他脑子里头所能用到的那个词就是对女儿的那种发自内心的这种爱的表达吧。

【正文】

也就是在读到父亲的家书之后,左太北踏上了追寻父亲足迹的旅途——她多次前往太行山,走遍了父亲和战友们当年战斗和生活过的地方,并将父亲的家书结集成册。

【同期】左权将军的女儿 左太北

我就觉得我其实很幸福,我有这么好的一个父亲。我想传递的就是学习父亲的这种精神,就是心里想着国家、想着民族。大家都不是为了个人,而是为了国家和民族。怎么使我们的国家更加强大和富强。

【字幕+太行山上音乐】

左权

1905年—1942年

湖南醴陵人

八路军副总参谋长

牺牲于太行山

1949年 解放军南下

将士们途经醴陵看望其母

老人才得知爱子已为国捐躯7年

播出时间:2015年4月3日

播出栏目:《朝闻天下》

标题:重读抗战家书

赵一曼:一封迟到二十一年的家书

【导语】

接下来继续我们的清明特别节目《重读抗战家书》。或许你从电影里、书里,已经认识一位叫作赵一曼的抗联女英雄。她曾以纤纤弱质率众抗击入侵东北的日本侵略者,被捕后又顽强不屈,直至英勇就义。但很多人可能并不知道,她还是一位普通的母亲。在生命的最后,她给儿子留下了一封家书。而这封家书,整整迟到了21年。

【同期】赵一曼孙女 陈红

宁儿,母亲对于你没有尽到教育的责任,实在是遗憾的事情。母亲因为坚决地做了反满(此处指伪满洲国)抗日的斗争,今天已经到了牺牲的前夕了,母亲和你在生前是永远没有再见面的机会了,希望你,宁儿啊赶快成人,来安慰你地下的母亲。

【正文】

这是1936年8月2日,时任东北人民革命军第三军二团政委的赵一曼,在牺牲前一刻留下的话。这份记录在日军审讯档案里的家书,时隔21年后,才传到赵一曼的儿子——宁儿那里,而赵一曼的真实身份也在1957年被揭开。

【正文】

赵一曼,原名李坤泰,1905年出生在四川宜宾一个富裕家庭,是家里最小的孩子。21岁时加入中国共产党,次年进入黄埔军校学习,成为该校唯一一届女学员中的一员。1932年春,儿子宁儿未满三岁,李坤泰就接到党中央派遣,从此杳无音讯(信),留给宁儿的,只有这张合影。不久后,在东北的抗日战场上,一位名叫赵一曼的女英雄,成为传奇般的人物。她带领群众罢工,建立游击队,多次给日军以沉重打击,以"红枪白马女政委"声名远扬。

【同期】赵一曼孙女 陈红

(父亲)就只知道他妈妈是就是地下党,干革命去了,当时那会儿谁都不知道赵一曼是谁,因为她到东北去了以后,就跟家里人没有一点书信往来,一点音讯都没有。(如图4-19)

图4-19 陈红接受采访

【正文】

1935年冬天,赵一曼为掩护战友、不幸被俘。为获得东北抗日联军的情报,日军对她施以了长达9个月的非人折磨。

【同期】(四川宜宾)赵一曼纪念馆讲解员 姚玉兰

她被捕以后,敌人对她进行各种严刑拷打,比如吊烤、竹尖刺指甲、坐"老虎凳",把烧红的烙铁刺进她腿部的伤口,但是赵一曼,她的革命意志力非常非常坚定,她什么都没有说,由于她在不说这样的一个情况下,日本人就起了杀害她的心。

【同期】赵一曼孙女 陈红(切家书画面)

"我最亲爱的孩子啊,母亲不用千言万语来教育你,就用实行来教育你,在你长大成人之后,希望你不要忘记你的母亲是为国而牺牲的。1936年8月2日,你的母亲赵一曼于车中……"(如图4-20)

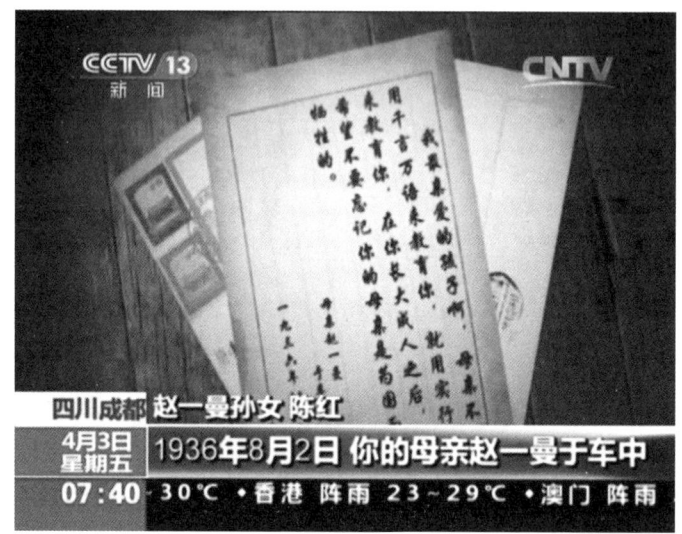

图 4-20 节目截图

【正文】

牺牲的时候,赵一曼只有31岁。在唯一能留下的遗嘱中,赵一曼也没有泄露自己的真实姓名。而这份存在日军审讯档案中的遗嘱,直到1957年才被发现。

【同期】(四川宜宾)赵一曼纪念馆讲解员 姚玉兰

这一封是当时日文的一个复印件,然后这一封是我们把它翻译成中文的复印件。

【正文】

新中国成立后,电影《赵一曼》在全国热映,女英雄的名字家喻户晓,观众中就有宁儿。1957年,当原东北抗联组织部的工作人员到赵一曼的家乡四川宜宾进行烈士身份核实时,宁儿才第一次知道了母亲的身份。

【同期】赵一曼孙女 陈红

他知道以后,他很伤心地大哭了一场就觉得母亲也是很伟大的母亲,但是呢他心里也是很难受很伤心的,为什么后来他没有拿那个就是领那个烈士证和抚恤金呢,他觉得是他妈妈,用鲜血换来的,他说我拿着那个我甚至是根本不敢去碰,不敢去拿,他就干脆(说)我就什么都不要,可能心里还好受一点。

【正文】

知道赵一曼就是自己的母亲之后,宁儿曾专程前往东北,在东北烈士纪念馆,他用笔抄下了这封被翻译成中文的遗书。

【同期】赵一曼孙女 陈红

他当时(拿着)就是钢笔吧 就是那种,完了还在手上刺了三个字赵一曼,后来他临去世他那个字都在手上。看得出写字的时候很激动的,字又写掉了,写错了,你看他这(字迹)。

【正文】

如今,宁儿也已去世。这封写自1957年的手抄家书,传到了赵一曼孙女陈红的手上。

【同期】赵一曼孙女 陈红

特别是后来做了母亲 那个就是这封算是家书吧,遗书,感触就越来越多了,我奶奶不管她有多么坚强的信念也好,多么坚强的意志,但是临要牺牲的时候,我觉得她又回归到一个母亲。所以她想的就是她的儿子,(我父亲)长大成人之后,她希望我父亲不要忘记她是为国而牺牲的,我的理解是她为了更多的孩子,所以舍去了自己的孩子。

【正文】

誓志为人不为家,涉江渡海走天涯。

男儿岂是全都好,女子缘何分外差。

未惜头颅新故国,甘将热血沃中华。

白山黑水除敌寇,笑看旌旗红似花。

——赵一曼《滨江述怀》

【字幕】

赵一曼(1905—1936)

四川宜宾人

牺牲于黑龙江省尚志县

直到1957年

她在四川老家的亲人

仍在苦苦找寻她的下落

播出时间:2015年4月4日

播出栏目:《朝闻天下》

标题:重读抗战家书

　　　张自忠:尽忠报国 取义成仁

【同期】读信人:张自忠长孙张庆宜

仰之吾弟如晤:现已决定于今晚往襄河东岸进发,不顾一切,向北进之敌死拼。无论作好作坏,一定求良心得到安慰。由现在起,以后或暂别、永离,不得而知。专此布达。

【正文】

这是1940年5月,在枣宜会战前线,张自忠将军写给部下、第33集团军副总司令冯治安的亲笔信。作为总司令,张自忠亲自率部渡河作战,与日军奋战九昼夜,在追击中陷入重围,身负重伤,仍坚持作战,最终壮烈殉国,年仅49岁。

【同期】张自忠长孙 张庆宜

他那会儿是防守的襄河的最后的一道防线,是南瓜店,失了南瓜店的话,敌人就会渡河过去打宜昌,重庆就受到危及了,影响整个的川汉形势了。

【正文】

张自忠是抗战阵亡将士当中军衔最高的将领。周恩来曾称赞他"其忠义之志,壮烈之气,直可以为中国抗战军人之魂"。在1938年的"临沂战役"中,张自忠率领五十九军与敌鏖战七昼夜,将日军号称"铁军"的板垣师团击溃,粉碎了日军向台儿庄前线增援的战略企图。

【同期】张自忠长孙 张庆宜

一个叫剑新的记者,到了战地去采访他,他说了一句话,"敌人的武器虽然精锐,可是我们的部队在国仇家恨之下,都咬紧牙根,和他们死拼,在伟大坚强的民族意识和热情的飞涨之下,高涨着抗日的怒火之下,他们的武器也和我们平衡了"。

(如图4-21)

第四章 助推精神文明：凝聚现代社会的文明共识 ◇

图 4-21 张庆宜接受采访

【正文】

全面抗战爆发之前,张庆宜曾经和爷爷共同生活过七年。在他的记忆里,爷爷是非常亲他们的,但是有时候是一个令人害怕很厉害的人。

【同期】张自忠长孙 张庆宜

家里头他在当天津(市)市长的时候,他有一辆汽车是 001 号牌,他不许人坐,不许家里人坐,坚决不许家里人坐,家人只有坐他买的旧的一辆,他就认为不能占公家便宜,私人跟公家,应该分得清清楚楚,绝对不会允许家里人用他的名义出去什么招摇撞骗。

【正文】

张自忠治家严格治军也一样严格。平时,他和士兵穿一样的军服,吃一样的大锅饭,推一样的平头,为了磨炼部队意志,他曾经率先脱掉大衣,带兵在冰天雪地里训练,因此被称为"张扒皮"。尽管如此,他却很受普通官兵的爱戴,在 1940 年枣宜会战的关键时刻,他和他的将士,都以"将不畏死,兵不惜命"的境界,慷慨赴死。

【同期】张自忠长孙 张庆宜

各级的连排长、营长照样有不怕死的精神,有连排长不怕死的精神必须(要)有师团长的这样的整个领导的不怕死的精神,有这样的精神,才能鼓舞起士兵的不怕死的精神。那会儿他只有两万多人,可是日本人十好几万呢,"我拼一分,敌人就少一

193

分,削其锐气",这是他最后牺牲的目的啊。

【正文】

日军战史资料记载了张自忠牺牲的时刻:第四分队藤冈元向敌方最高指挥官模样的军官冲去,此人从血泊中站起,第三中队长堂野君开枪射击,打中军官头部。张自忠殉国当日,他的部下夜袭南瓜店,拼死抢回张自忠将军的遗体。经查验,张自忠全身八处负伤,右肩、右腿为炮弹伤,腹部刺刀伤,左臂、左肋骨、右胸、右腹、右额各中一弹。

在牺牲前的最后日子里,张自忠没有给家人留下只言片语,却给将士们写下了鼓舞士气的抗战家书。

【同期】张自忠长孙 张庆宜

看最近情况,敌人或要再来碰一下钉子。只要敌来犯,兄即到河东与弟共同去牺牲。国家到了如此地步,除我等为其死,毫无其他办法。更相信,只要我等能本此决心,我们的国家及我五千年之民族,决不亡于区区三岛倭奴之手。为国家民族之死的决心,海不清,石不烂,决不半点改变。

【字幕+照片+音乐】

张自忠

1891-1940

山东聊城人

牺牲于枣宜会战

遗体运往重庆安葬时

十万宜昌军民

不惧日军飞机盘旋

恭送灵柩至江岸

播出时间:2015年4月5日
播出栏目:《新闻直播间》
标题:重读抗战家书
　　蔡炳炎:国将不保 家焉能存

【导语】

1937年的淞沪会战,是全面抗日战争爆发后一场极其残酷的战争。在这场战争中,35岁的少将旅长蔡炳炎,深知此战意味着什么。从1937年8月21号深夜到22号凌晨,蔡炳炎连续写了四封家书,详细安排后事,包括日常用度,女儿未来的婚姻,幼子的抚育,真正是英雄气概、儿女情长。五天之后,蔡炳炎将军倒在阵地的最前线。

【同期】蔡炳炎家书(吴京安)

志学内子雅鉴:

新秋入序,暑气渐消,尤以夜间气爽,想皖地亦同此景象耳。沪战闻我军连日胜利,敌方大有恼羞成怒之势。昨日报载,又由日舰运来援军五万余口。果尔,则二次大战即将爆发。我等刻仍在此间休息,如沪寇日内再不解决,或即参加战斗也。困难至此,已到最后关头,国将不保,家亦焉能存在?洁宜手启。(如图4-22)

图4-22 节目截图

【同期】蔡炳炎家书（吴京安）

淞沪抗战,蔡炳炎将军亲率一营兵力与日军反复冲杀。激战中,身中数弹,壮烈殉国。时年35岁。在前线,他留给了妻子这样一封信。

【字幕＋音乐＋照片】

蔡炳炎

1902—1937

安徽合肥人

陆军第18军少将旅长

牺牲于淞沪会战

罗店争夺战中

率部反复冲击日军主力

敌援骤增 众寡悬殊

临危不惧 壮烈殉国

播出时间:2015年4月8日

播出栏目:《朝闻天下》

标题:重读抗战家书

  郝梦龄:民族危亡 决心牺牲

【同期】郝梦龄的长女 郝慧英(94岁)

余自(武)汉出发时,留有遗嘱与诸子女。此次抗战乃民族国家生存之最后关头,抱定牺牲决心,不能成功即成仁。(如图4-23)

【正文】

这是国民革命军第九军军长郝梦龄将军1937年10月在忻口会战的前线,写给妻子的家书。此前,在率部奔赴战场,途经武汉的时候,他已经给孩子们悄悄写下了一封遗书。直到今天,郝梦龄将军的长女、已经94岁的郝慧英老人,回忆起那一刻仍然记忆犹新。

【同期】郝梦龄的长女 郝慧英(94岁)

这个遗嘱就是他离家之前写的,(我母亲)说你爸爸昨天晚上睡不着觉,写了撕,撕了写,不知道写的是什么东西,我拿给你看看。她拿给我一看,就是写的遗嘱。

第四章 助推精神文明:凝聚现代社会的文明共识

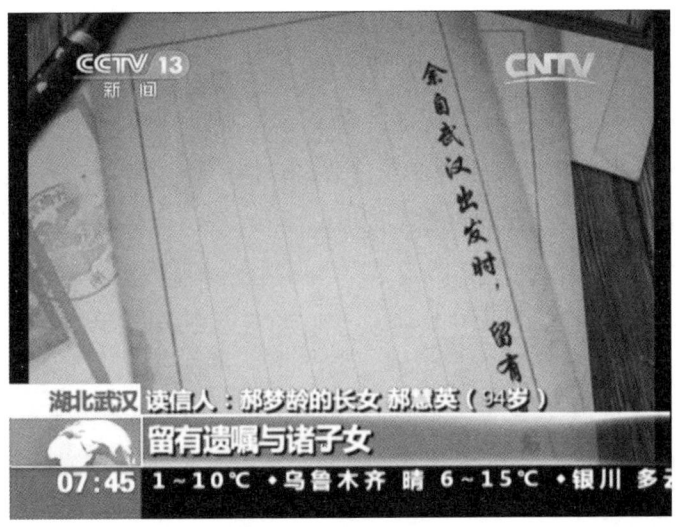

图 4-23 郝慧英读信中

【正文】

因为母亲不识字,家里的信,一直是15岁的郝慧英来读。她记得很清楚,父亲悄悄写的这封信,跟以往的都不一样。

【同期】郝梦龄的长女 郝慧英(94 岁)

我牺牲后,只要国家存在,诸子女教育当然不成问题,别无所念。倘余牺牲后,望汝好好孝顺老母,教养子女,对于兄弟姊妹也要照顾,故余牺牲也有光荣。

【同期】郝梦龄的长女 郝慧英(94 岁)

我说你(父亲)为什么没有走,就要写这个东西给我们。他听了这个话(问我)什么东西,我说你昨天写的放到抽屉里头,我拿出来,他看了以后就撕了,撕了就扔在痰盂里。但是我也很快把痰盂拿走一冲,把它拿出来倒下来就是这份遗嘱。

【湖北省档案馆画面】

当时,郝梦龄原本正率领第九军修筑川黔、川滇公路,卢沟桥事变爆发后,他先后三次上书请缨,要求上战场。

【同期】郝梦龄的长女 郝慧英(94 岁)

他从贵阳请求要求调到北方去抗日,他(父亲)说我打仗打了半辈子,都是打内战,对国家人民毫无意义。这一次出去是对日本作战,为了我们国家民族的生存。

197

【正文】

老人讲,父亲率部从武汉出征的那天,她悄悄地跑到汉口火车站,望着父亲的背影远去,没想到,那一眼,竟成永诀。

1937年10月4日,郝梦龄率部抵达忻口。10月10日,与日军短兵相接,展开激战。当时,驰援忻口的大部队还没有赶到,作为军长,郝梦龄亲临前线坐镇指挥,率部每天击退日军十几次进攻,歼敌上万人,自己的部队也伤亡惨重。死守阵地的部下曾打报告请求增援,郝梦龄只批了八个字:站在那里,死在那里。在下达了无情的命令之后,当天的战场日记里,他是写下了这样一段话:连日昼夜,炮战甚烈。往日见伤员多爱惜,此次专为国牺牲,乃应当之事。此次战争为民族存亡之战争,只有牺牲。此谓我死国活,我活国死。走到生死关头的郝梦龄将军,提笔给家人写了一封绝笔家书。

【同期】郝梦龄的长女 郝慧英(94岁)

为争取最后胜利,使中华民族永存世界之上,故成功不必在我,我先牺牲。为军人者,对国际战亡,死可谓得其所矣!

【正文】

在与敌激战6昼夜后,10月16日,身处最前沿阵地的郝梦龄将军,不幸被日军机枪击中,壮烈牺牲,年仅39岁。他也兑现当时告别家人、奔赴战场时立下的誓言。

【同期】郝梦龄的长女 郝慧英(94岁)

每次我只要看见我父亲的遗嘱,就给了我一种责任感。他的那种决心,也给了我很深(刻)的教育。让我知道,先有国,后有家。父亲上前线是应该去的,如果没有国,也就没有家。他(父亲)处处想的都是首先是国家第一,然后才是家里。他相信这一点。只有国家民族存在,你们才有希望。如果,中华民族受到欺辱,在别人的铁蹄践踏下是不会有好日子的,所以父亲虽然牺牲了,但是为国家为民族捐献了他最后一滴血。

【正文】

在湖北省博物馆,这一页页泛黄的,是78年前的报纸,记载了郝梦龄将军为国捐躯的事迹。当时,武汉各界为他举行公祭,并把他的遗体安葬在武昌。为纪念郝梦龄的抗日功绩,武汉汉口的小北路也改名为"郝梦龄路"。

郝慧英大半辈子在武汉度过,对她来说,从15岁的1937年的那年,在武汉火车站诀别的那一刻开始,对父亲的思念一天也没有停止过。清明节的时候,因为自己行动不便,老人只好托付了她的学生和家人代她去看望自己的父亲。在郝梦龄烈士陵园,人们把女儿对父亲的思念,和后人对前辈英烈的敬仰,带到了将军的墓前。

【同期】郝梦龄的孙女 郝枚(郝梦龄孙女用 iPad 给老人看扫墓照片)

你看,这是你和小姑送的花篮。这一个是我们孙辈给爷爷献的花篮。

【同期】武汉市十七中学生 朗诵《纪念郝梦龄将军》

梦龄将军尽天职,血肉长城护国尊。途经武汉留遗言,血战忻口勇献身。

【字幕】

郝梦龄(1898 年 2 月-1937 年 10 月)

河北藁城人 牺牲于忻口会战

在忻口战役中与日军激战 6 昼夜

牺牲时距离日军阵地只有 200 米

倒下后 郝梦龄仍高喊杀敌报国

其留下的战衣上布满了鲜血和枪洞

播出时间:2015 年 4 月 10 日

播出栏目:《朝闻天下》

标题:重读抗战家书

　　　　白雪樵:祖国危难时 竭我一滴力

【同期】白雪樵女儿 陈耿凡(采访地:广州)

亲爱的父母亲:

别了,走之前,我是难过极了。家是我所恋的,双亲弟妹是我所爱的,但是破碎的祖国,更是我所怀念热爱的。所以虽然几次的犹疑、踌躇,到底我是怀着悲伤的情绪,含着辛酸的眼泪踏上征途了。(如图 4-24)

【正文】

这是 1939 年一位马来西亚华侨女青年,在回国参加抗战前,留给父母的一封信。白雪樵原名白雪娇,祖籍福建安溪。1936 年,父母把她送回福建,就读于厦门大学中文系。

【同期】白雪樵女儿 陈耿凡(采访地:广州)

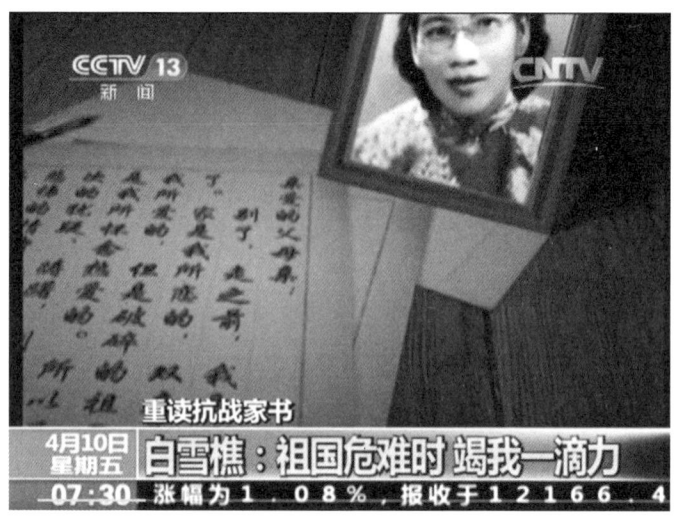

图 4-24 节目截图

祖父告诉她那里才是我们的根,她从小就在父母亲的影响下总是觉得自己的根在中国,中华文化和传统对她的影响是根深蒂固的。

【正文】

抗战开始后,中国沿海的港口几乎全部失陷,唯有地处西南的"滇缅公路"成为军事物资和工业原料的运输大动脉。得知国内车辆、司机严重匮乏,华侨领袖陈嘉庚号召华侨中的年轻司机和技工回国参加抗战。25 岁的白雪樵瞒着父母,化名"施夏圭"报名参加了"南洋华侨机工回国服务团"。

【同期】白雪樵女儿 陈耿凡

我的外婆就是她的母亲,是姓施的,夏我理解是华夏,她归华夏去,这可能是她其中一个含义,另外谐音我私下回中国。

【正文】

"再会吧南洋,你不见尸横着长白山,血流着黑龙江,这是中华民族的存亡。"

1939 年,3000 多名南洋的热血青年华侨,唱着由田汉作词、聂耳作曲的《别南洋歌》,分 9 批踏上归国的轮船,奔赴烽烟四起的抗日战场。从槟城出发归国前,白雪樵给父母留了一封信。

【同期】白雪樵女儿 陈耿凡

亲爱的双亲,此去虽然千山万水,安危莫卜。但是,以有用之躯,在有用之时间,消耗于安逸与无为中,才更是令人哀惜不至的,尤其是在祖国危难时候,正是青

第四章 助推精神文明：凝聚现代社会的文明共识

年人奋发效力的时机。这时候,能亲眼看见祖国决死争斗以及新中国孕育的困难,自己能替祖国做点事,就觉得此是不曾辜负父母的养育之恩了。

【正文】

在抗日战场上,南侨机工迅速成为一支重要力量,一度担负了滇缅公路上近一半的物资运输任务。但艰苦的生活条件、日军的轰炸,也先后夺走了1000多位南侨机工的生命。在此期间,白雪樵等4位女机工多次要求要到最前线去,都没有得到同意。在邓颖超的建议下,白雪樵转赴成都就读齐鲁大学,并参加了大学生抗日宣传队,徒步从川北走到陕西,宣传抗日。

抗战胜利后,1946年白雪樵回到马来西亚,参加当地反对殖民主义的革命活动,并成为一所小学的校长。1949年10月1日,白雪樵带着老师,根据报纸上的照片,动手做了一面五星红旗,在学校里升起,这也是马来西亚槟城升起的第一面五星红旗。

【同期】白雪樵女儿 陈耿凡

英国当局说她是中共的嫌疑分子,把她逮捕抓去,坐牢,一年之后把她驱逐出境。

【正文】

1951年,经过7天7夜的海上漂泊,白雪樵抵达广州港,再次回到祖国。不久后,她正式加入中国共产党,进入广州师范学院中文系工作,直到退休。青年时代的传奇经历,老人很少在儿女们面前提及。

【同期】白雪樵女儿 陈耿凡

她并不觉得自己是惊天动地,按照她的说法,她觉得是应该的,就是国家兴亡,自己每个人都有责任,她并没有觉得自己很特别,所以爸爸妈妈给我们两姐妹起的名字,平,凡,姐姐叫陈耿平,我叫陈耿凡,他们就觉得要对国家对人民要忠心耿耿,平平凡凡。

【正文】

2014年,白雪樵先生安详地走了,按照她的叮嘱,孩子们没有给她举办追悼会,把她的骨灰撒进大海。人们也不禁再度回忆起,当年风华正茂的白雪樵奔赴抗战前线的时候,留给父母的那封家书。

【同期】白雪樵女儿 陈耿凡(采访地:广州)

这次去,纯为效劳祖国而去的,虽然在救国建国的大事业中,我的力量简直是够不上"沧海一粟",可是集天下的水滴而汇成大洋,我希望我能在救亡的汪流中,竭我一滴之微力。

【字幕】

南洋华侨机工回国抗日纪念碑

3200 位南侨机工

1000 多人牺牲

近 1000 人留在国内

成为新中国的建设者

播出时间:2015 年 4 月 12 日
播出栏目:《朝闻天下》
标题:重读抗战家书

吉鸿昌:誓死抗日 誓死反帝

【导语】

继续《重读抗战家书》的系列报道。"九一八事变"发生后,当时的蒋介石政府以"攘外必先安内"为借口,对入侵日军实行"不抵抗政策",引发了各界人士强烈不满。

1933 年,在中国共产党的推动下,爱国将领吉鸿昌联络冯玉祥组织武装,并在东北建立了"察哈尔民众抗日同盟军",他变卖家产购买枪械,带领队伍转战多地,一直坚持抗日,最后遭到国民党特务逮捕杀害,用生命谱写了誓死抗日,誓死反帝的就义歌。

【同期】吉鸿昌重外孙女 史如静

唯自察事失败以来,华北危机日甚,帝国主义复进而企图分割中国,徒以淫暴之下,人民讳言反帝,实为民族生命夭亡迫于眉睫。昌窃以为过去之失败,乃为吾人此后所用借镜;而未来之奋斗,实为吾人夙夜所应筹划者也。

【正文】

这是 1934 年 6 月,吉鸿昌写给原察哈尔民众抗日同盟军总司令冯玉祥的一封"抗战家书"。抗日同盟军成立后,吉鸿昌任同盟军第二军军长兼北路前敌总指挥,率部从当时的察哈尔省东部出击。经过 20 多天的浴血奋战,收复了康保、宝昌、多伦等地。但随后,蒋介石政府反诬同盟军破坏国策,令 16 个师与日军夹击,吉鸿昌

第四章 助推精神文明:凝聚现代社会的文明共识

率部战至弹尽粮绝,终告失败。他转赴平津等地继续从事抗日活动。在给冯玉祥将军的信中,吉鸿昌动之以情,希望他以"民族大义"为重,将抗日反帝进行到底。

【同期】吉鸿昌重外孙女 史如静

先生处此危局,谅亦已动心,伏望本平生之大勇,号召民族,为民众而奋斗,组织同志,誓死抗日,誓死反帝。昌虽驽骀,决当追随。覆巢之下,焉有完卵;锋镝余生,尚何所惧也!(如图4-25)

图 4-25 史如静读信中

【正文】

吉鸿昌,河南扶沟县人,1895年生。1913年入冯玉祥部,因骁勇善战,屡立战功,从士兵递升至军长。因为他为人正直、不畏权势,也受到将士们的爱戴。

1930年9月,吉鸿昌所部被蒋介石改编后,奉命"围剿"鄂豫皖革命根据地。但他不愿打内战,坚决请缨抗日,也因此触怒了蒋介石。1931年8月,他被解除军权,强令出国"考察实业"。

【同期】吉鸿昌女儿 吉瑞芝

被逼去的,当时很气愤就走了。寄一些书给他办的学校,邮局的人就说哎呀我们在地图上都找不到中国了,你们不是都让日本给吞了吗?吞没了,没有了,还有中国吗?他一听气得不得了。我就中国人,中国很好,中国是一个地大物博,人口众多,怎么没有中国了呢?这样一说他就走了,他一生气回到旅馆走来走去气愤得不得了,他就找服务员要了一块草板纸,他写了我是中国人,他让他的翻译把底下给翻译成英语,免得他们不认识,"我是中国人"走到哪儿他都挂着牌,昂首挺胸。

【正文】

1932年,吉鸿昌在上海"一·二八"抗战炮声中回到祖国,当年4月,在北平加入中国共产党,按党的指示潜赴泰山联络冯玉祥出山组织武装抗日,自己还变卖家产6万元来购买枪械。在"察哈尔民众抗日同盟军"被当局和日军联合绞杀之后,吉鸿昌又在天津组织成立了"中国人民反法西斯大同盟",进行抗日民族统一战线工作。他在家里设立了一个秘密印刷所,出版《民族战旗报》。他的家,也成了党组织的地下联络站。女儿吉瑞芝还记得,那时候,父亲教她最多的一句话就是"我是中国人,不当亡国奴"。

【同期】吉鸿昌女儿 吉瑞芝

我记忆最深刻的是他(父亲)总把我抱到饭桌上给大伙儿演讲,就看我怎么样给大伙儿讲"我是中国人,不当亡国奴"。回来大伙儿还给我鼓掌。

【正文】

1934年11月9日晚,吉鸿昌在法租界秘密开会时遭军统特务暗杀受伤,后被逮捕。11月23日,北平军分会举行了一场所谓的"军法会审"。吉鸿昌在法庭上义正词严地说:"我是中国共产党党员,由于党的教育,我摆脱了旧军阀的生活,而转到为工农劳苦大众的阵营里来,为我们党的主义,为全人类解放事业而奋斗,这正是我的光荣……"在就义前,吉鸿昌给妻子写下了绝笔家书。

【同期】吉鸿昌女儿 吉瑞芝

红霞吾妻:夫今死矣,是为时代而牺牲的,人终有死,我死你不必悲伤。你有子女需要你来照顾,要培养他们成为一个对国家有用的人。所以他时时刻刻都离不开国家离不开人民。

【同期】吉鸿昌女儿 吉瑞芝

(父母)通过一个电话,我母亲讲反正她就泣不成声了,说不了了,后来他还喊我问我在哪呢,我就问他一句话,我说爸爸你怎么还不回来呀,我还要骑大马,我说完这话以后就没有声音。当然这我不记得,这是我母亲告诉我的,她说你还傻拿着电话还在那等着,他那边已经哽咽得说不出话来了。我觉得他那么样视死如归是多么坚定,为了国家为了共产党。做一个党员,他的事业就为人民,就为我们的民族。

【字幕】

吉鸿昌 1895—1934

爱国抗日将领,共产党员

牺牲前

他以树枝作笔 以大地为纸

写下就义诗——

恨不抗日死

留作今日羞

国破尚如此

我何惜此头

作品二:《真诚·沟通》系列作品

播出时间:2012 年 10 月 9 日

播出栏目:《真诚·沟通》

标题:重庆"棒棒"郑定祥

【同期】

"老板有货挑没有"

"没有"

【字幕】

我的老伴经常生病

出来挣点钱

是为了给老伴来治病

【同期】

"给五元钱"

"五元太多了"

【字幕】

搞装修的少了

棒棒挣钱越来越困难了

我的老伴治病把钱用得差不多了

缺钱啊

有的人说 扁担

你挑来

便宜点 卖给我

有的又说

没有人要

你就挑回去自己用

还是有点两难

不缺钱 谁还当棒棒

那些老板已经很有钱了，

也累得很

东西值那么多钱

别人肯定还是着急

有很多人都认识我了

说我好

说我歹

我这个人

虽说穷

志不穷

缺钱 不缺德

播出时间：2012 年 5 月 25 日

播出栏目：《真诚·沟通》

标题：归国华侨 青岛大学教授蔡林海

【字幕】

我的祖籍是广东潮州

一个沿海侨乡

我祖父在清末的时候

到南洋去谋生

最后到泰国落脚

我父亲他是在泰国曼谷出生
我的祖父从国内请私塾先生
来教(他)中国的文化
他没有见过自己的祖国
他只是在书本上学习
了解了这个国家
十六岁那年
他回到了祖国
一直到他九十四岁过世
一直生活在大陆
89年我到日本筑波大学留学
后来我跟我的日本同学
相爱以后结婚
我父亲跟我说
不要忘记自己是中国人
我父亲晚年的时候
有一次突然又问我
是不是还是中国护照啊
我给他看
确认这一面，
再看里面的照片
日期啊什么的
拿着这个护照
除了履行一个承诺以外
我们本身对中华文化的传承有一种自豪感
人可能一辈子要去很多地方
回家的时候
永远是最安稳的时候

播出时间:2011年7月30日

播出栏目:《真诚·沟通》

标题:退休武警杨森与95岁老人的故事

【字幕】

我们认识的时候她78

她是孤寡老人

94年部队在地方搞军民共建

我就跟支大妈结为帮扶对子

刚退伍的时候我去老人那里

她犯心脏病了

我最后决定留下

互相有个照应

我没父母

她拿我当自己孩子来看

我有一天早上突然起来

感觉整个后背发僵

最严重的时候我动不了

人家告诉她一个小偏方

老人就天天给我熬那个(药)

看着她那么大年龄还要照顾我

特别感动

一晃17年过去了

我们虽说没有血缘关系

但我感觉

我们胜于血浓于水那种感情

再喝一口粥行不行

大夫说了

明天早上咱吃完饭就回家

给奶奶亲一个

奶奶亲亲

播出时间:2012 年 5 月 3 日
播出栏目:《真诚·沟通》
标题:漠河铁路巡守员 计文革

【字幕】
我叫计文革
645 公里看守点看守员
今年 45 岁
属猴的
看山的工作
是胆大再一个是心细
与自然作斗争
你了解不了石头什么时候下来
你就得勤检查 注意山体变化
夏季大到暴雨就是不间断地走
直到雨停
前年下的那场大雨就特大
一出门口就像倒水似的
出来三套衣服全给浇湿了
后来穿上大棉裤
夏天也穿出去
把车给接了
最近的镇离我有 5 公里
周围没有人家
你见不到别人
见到人就是(火车)司机
我接车不管在什么时候
只要接车了就标标准准站着
因为这里只有你 你就是主人
养路工人也有咱的气质

没有太好的服装

但你站的姿势必须得标准

这是一种仪式

是我们基层人互相的仪式

钢轨运输线没有尽头

你守着其中一点

安全记录虽然是零

也是安全的零

这就是我做到的

我就感觉挺自豪

播出时间:2012 年 5 月 4 日
播出栏目:《真诚·沟通》
标题:炒饭师傅 郑建安

【同期】

"一个红烧肉的 一个鱿鱼的"

"饭好嘞"

【字幕】

我以前也做过厨师

也开过饭店

但是开得都不算太理想

06 年的时候吧

就搬到这个美食街里来

租了个摊位

卖炒饭炒面

【同期】

"今天下雪 道不好走 咱们早点走吧"

"道太不好了"

"满脑子全是汗 给我擦一擦吧"

"来个炒饭"

第四章 助推精神文明:凝聚现代社会的文明共识

"来这么早呢"

"哎呀 我怕吃不着呗"

【字幕】

这个地方吃饭

都有点(时间)的

(人多)都站排等着

我得多增加几个勺

【同期】

"挺好吃 一会再给我来一份呗"

"再给我也来一份"

【字幕】

要眼疾手快

心里还(要)有数

这个放咸淡

那个火大了

火小了

每炒一份饭的时候

都得(掂)三四十次

一天也得有几千次

每个月炒饭

供两个孩子上学

天上不会掉馅饼的

凭本事吃饭

生活也能炒得有滋有味的

播出时间:2012 年 4 月 19 日

播出栏目:《真诚·沟通》

标题:上海交通警察 陈栋

【同期】

"我想问问看 这边信号好吗"

【字幕】

路口十分拥堵的时候

有人指责你

觉得自己受委屈 比较郁闷

但是同时也看到了

别人对你真正希望是什么

还是要路口比较畅通

让大家出行比较便利

在(拥堵的)这条路上

自己走一遍

看看产生拥堵的原因是什么

自己去想办法把它找出来

等待红灯的车辆

通过交警的指挥手势

跨越停止线 往前走一步

就为后面的车子空出了空间

后面的车子可以利用这个空间

右转弯走掉

(同样的时间里)流动的车子变多了

路口自然而然就会变得更加畅通

外表的美丽

在每个人的心目当中

都是不一样的

但是对于每个人内心世界来说

有一个评判的标准就是

对待事物是否专注

专注的人

更容易得到别人的关注吧

播出时间:2012年6月2日
播出栏目:《真诚·沟通》
标题:为老年人义务理发 叶伟兵

【字幕】

刚到北京
看见很多北京的老年人
都在公园桥底下剪头
那时候我就想
我自己成立一个发廊
老年人很多不好意思
她就讲
你可以多收一点儿
外头那小摊儿还得几块呢
后来说这样吧
我说那就收一块钱吧
然后把这一块钱
搁在捐款箱里面
捐到更需要的地方
行吗 长短合适吗
可以
很靓丽啊
这边呢 这边也不错
有一个孤寡老太太
她说没去过鸟巢
我说
我一定带你去鸟巢看看去
结果我就出差了
回来以后居委会告诉我
他说四天前
就已经离开了

当时我眼泪就含在眼里

就不知道怎么回事

就在那待着 傻傻地

那以后

我就觉得善心是不能等的

大姐

行善不能等

行孝不能等

您好 来

奶奶你好

过来给你剪头来了

你要去哪啊

我这样上哪玩去啊

找个五六个年轻人

就给你抬下去

陪你玩玩

再给你抬回来

好看吗 好看

我们都会有老的一天嘛

善待老人就是善待今后的自己

播出时间：2012年6月2日
播出栏目：《真诚·沟通》
标题：菜农的作家梦 姚启中

【字幕】

09年生意不好做

搁那儿老愁眉苦脸的不招病吗

我也(就)想着

咱把自己那个家史

都给它写出来

又练字了
心也静了
一上午这个时间觉得挺快
俺市场（的人）都说我神经病
卖个菜有什么可写的
有骨头没肉的谁看你
别人说什么我都不听他的
咱跟自己比
不管将来怎么样
我把我今天的字写好
一遍一遍写得特别有进步了
这不就挺好的吗
小学四年级啊
不简单啊
查字典嘛
好 加油
3年写了这20多万字
人就得跟钟表一样
一直在奋斗吧
我农民工怎么了
一步登天咱做不到
一步一个脚印没问题吧
就像熬粥 熬草药一样
细细糯糯熬的味儿那才好呢
才浓哩
熬出来的人生才是自己的

◇ 主动作为：新闻媒体推动社会文明进步的实践探索

播出时间：2013 年 03 月 01 日
播出栏目：《真诚·沟通》
标题：战机打磨师 方文墨

【字幕】

跟我师傅开玩笑的时候就说

我的工龄是 25 年了已经

我从 3 岁开始就跟我妈上班

一天要往复八千次

一遍一遍地去体会

加工的手感

看奥运会的时候

我总在想

我跟奥运冠军是一样的

把自己的每样活

都当成自己训练去看

曾经最痴迷的程度

天天晚上就把东西拿回来

看着看着睡着了

第二天起来一看挺扎的

就是一个非常精密的活

【同期】

"这要是有一天装飞机上"

"（舱门）打不开了"

"出了事谁担得起责任"

【字幕】

态度差

就导致每一个环节

都差那么一点点

最终的产品差很多

我不糊弄产品

我也不糊弄我的人生
棱角打磨得差不多了
慢慢就知道自己想要什么了
自己喜欢这个职业
我就想把这个职业
当作我的事业去看
干好了谁都会瞧得起你

播出时间:2013 年 04 月 08 日
播出栏目:《真诚·沟通》
标题:特级厨师 付洋
【字幕】
客人口腔
大小的地方
就是一个厨师的舞台
现在可以赶快尝一下
这个是冰雪鸳鸯蚝
我的心里边有这些食客
我要做一些感动的菜品给他们
从每一刻开始
从每一秒开始
从你做的每一件
细节的工作开始
用心
是真的能够把心意
传递到菜里面
你的菜就是你的脸
所有人都在吃红烧肉
但是没有人知道
它的背后的故事

什么故事
中国菜的工艺
这种复合的口味
是在西方不具备的
东方可以把它神话
我们为什么要学
欧洲做的意大利面
为什么他们不来学
我们做的红烧肉呢
我们怎么不可以成为
红烧肉之神呢
因为我们不讲究
所以我们要讲究一次
我们讲究两次
我们讲究一生一世

第五章　恪守职业伦理：增强媒体履责的内在动力

第五章　恪守职业伦理：增强媒体履责的内在动力

新闻媒体推动社会文明进步的过程中,责任和情怀是其源源不断的精神动力。这种责任与情怀需要新闻业的职业规范和伦理遵循,以此确保新闻、媒体、记者在老百姓心目中的公信力。灾难事件关乎人民的生命财产,也频频引发舆情,对新闻媒体的业务能力、职业伦理、舆论引导都是一个考验。

追求报道的新闻价值,是新闻媒体的基本共识。从新闻学的角度讲,重大突发事件尤其是突发灾难性事件,往往因其不可预见性、巨大破坏性、舆论复杂性、社会冲击性、持久影响性等特点,极易引发广泛的社会关注,具有很高的新闻价值,通常成为新闻媒体竞相追逐的报道选题。当灾难事件发生时,公众对于新闻媒体也会表现出异常强烈的信息诉求和角色期待,并希望媒体能提供一个值得信赖的信息通道,而这也是灾难新闻报道价值的另外体现。

面对突发灾难和公众诉求,媒体如何进行灾难报道？选择报道什么信息？何时介入报道？报道到什么程度？采用哪种形式进行报道？这既是对其专业性的直接考验,同时也隐含着对其社会责任感的现实拷问。对于主流媒体而言,在重大突发灾难新闻报道中,其不仅要明确灾难新闻的报道理念、报道标准和现场报道原则等深层专业要求,也要关注灾难报道带来的舆论价值导向和新闻伦理问题,更要思考并认清自己在灾难新闻报道中的责任与担当是什么,而这些都是主流媒体人通过一次次灾难新闻报道实战换来的经验感悟,也是主流媒体人的专业信念和新闻情怀所在。

正是基于这样的经验与情怀,在面对"5·12汶川地震""3·28王家岭透水事故""6·1东方之星客轮翻沉"等重大突发灾难时,央视记者一次次迎难而上,依托主流媒体的优势地位和专业实力,让新闻报道成为救援力量的一部分,在灾难救援中发挥了不可替代的作用,彰显了主流媒体的深情与大义,也为今后灾难报道提供了成功借鉴。

一、真实客观:完整记录新闻现场

走过灾难的泥淖,方能看见重生的花朵。2008年5月12日14时28分,四川汶川发生里氏8级特大地震,众多无辜鲜活的生命在大地剧烈的抖动下瞬间黯然失色,残垣断壁顿时遍布四周。这是中华人民共和国成立以来破坏性最强、波及范围最广、救灾难度最大的一次地震,而这一天也在中国人心中留下了深深的一道伤痕。这突如其来的灾难,给当地人民带来重大伤害,如何救援、救灾考验着社会的方方面面,这其中包括新闻媒体。

汶川地震灾害发生后,央视新闻中心快速反应并在当天派出报道团队抵达现场,随后连续数日在新闻频道全天24小时开启灾情直播。央视的第一支报道团队抵达灾区后,仍有余震不断来袭,记者的目光所及皆是废墟与遇难者的遗体,心灵备受冲击。但面对灾难,时间就是生命,记者也深知身为新闻人的专业职责——"真实完整地记录灾区现场发生的一切",报道团队迅速确定了报道原则:努力寻找亮色、寻找希望,不渲染伤痛和阴霾,将镜头对准救援现场,聚焦生的希望,并及时通过央视屏幕向人民公开,让社会看见。这次报道是我们对灾难报道模式做出的一次探索,由此也打造了央视新闻抢救生命不间断记录式直播模式。

2010年3月28日14时30分,山西王家岭煤矿发生透水事故,逾百名矿工被困井下。这是自2007年山东新泰透水事故以来,我国最严重的一次煤矿安全事故。中央对此高度重视,要求采取有力措施,调动一切力量和设备,千方百计抢救井下人员,严防发生次生事故。央视随即派出大批记者和数辆卫星直播车赶赴现场,通过持续的直播报道将救援现场的最新进展展现给观众。在王家岭矿难的报道中,我们再一次直面挑战,这次矿难救援报道也成为中国电视报道的一次新突破,获得了国内外同行的高度认可(如图5-1、图5-2)。

在直播动态中展现新闻的真实。对突发灾难性事件进行客观真实的报道,是新闻媒体人的专业职责所在。灾难发生后,人们急切想了解的是灾难造成的破坏程度、伤亡人数、影响范围、各方救援等真实情况。为了让观众在最短时间内、以最快的速度,直观地了解到真实信息,现场直播、现场连线就成了突发事件中新闻媒体的最优选择。因为现场直播这种"零距离"的报道方式,不仅能让观众目睹灾难现场和救援过程,而且直播中的声音画面,也同时调动着观众的视听感官,让观众"身临其境",新闻的真实性得到进一步强化。汶川地震时,央视对现场救援进行了连续数日的直播报道,这在中国电视 50 年的历史中是空前的。100 多小时不间断的《抗震救灾 众志成城》四川灾情直播报道,创下中国电视直播报道的历史纪录。

图 5-1 《新闻联播》山西王家岭煤矿发生透水事故

图 5-2 《东方时空》山西王家岭煤矿发生透水事故

重大突发灾难事件往往复杂多变,需要在直播动态中被逐步展现出来。对于王家岭矿难的报道正是如此。2010 年 3 月 28 日王家岭矿难发生的当天,本着"第一时间"的报道原则,在记者接到消息赶赴王家岭的途中,央视就率先在当晚新闻节目中与记者做了电话连线,待记者抵达矿难现场后,又通过连线及时介绍了现场情况,此后便立即开始直播救援报道。从铺设管道抽水、揭秘井下如何排水,到井下传出敲击声、矿车升井、现场救援部署,再到井口救援、升井成功、医院救治等,将矿难现场救援的每一个环节、每一个阶段、每一次进展都真实地记录下来,实时向公众公开,通过央视的直播报道让整个救援过程透明化,让公众看到最真实的现场。

全视角开放的灾难报道理念。灾难发生后,随着灾情的发展和救灾进程的推进,公众对灾难事件的关注视角会逐渐增多,由此,公众的信息需求量和对信息公开程度的要求也会越来越高。对于新闻媒体来讲,这意味着灾难新闻报道除了具备及时、准确、客观的一般特征,还需要具有全局性的报道视野,来完整、全面地记录灾难现场的全貌。而作为国家电视台和主流权威媒体,央视在汶川地震、王家岭矿难,乃至东方之星沉船事件等突发灾难报道中之所以能取得成功,或许正是因为我们的全局性报道视野。

在王家岭矿难的直播报道中,央视从全局出发,将报道镜头对准矿难事故发生的各个关键时间点(如图 5-3、图 5-4)。既全程记录了政府救援部署及各方救援行动,也客观呈现了矿难的严重性和救援难度;既捕捉到了救援人员在现场的真情流露,也聚焦到了救援现场的紧张氛围及井下被困人员相互鼓励、坚持不放弃的动人细节;及时满足了公众的欲知需求,同时还以补充丰富翔实的背景信息、邀请专家访谈解读等方式,帮助观众全面认识和理解这场灾难发生的起因、影响、救援困难等。

图 5-3 《朝闻天下》抢险救援工作紧张进行　　图 5-4 《24 小时》王家岭煤矿透水事故救援

这是一次没有准备,且信息极度匮乏情况下对灾难事件的全方位直播,这种立体化的报道模式使得央视的报道成为这次王家岭突发灾难事件中一支强有力的救援力量,秉着客观真实、公开透明的原则,央视对救援全程进行了忠实的记录,为今后的灾难报道提供了借鉴。

然而这种开放式灾难报道理念的实现,是需要全面立体化的报道策略来做支撑的。我们大致总结为两个方面。

其一是要有立体的报道编排与情感叙事。比如,在王家岭矿难的报道中,我们充分发挥大编辑部的优势,全台一盘棋,以连续组合报道、直播连线等方式,及时、快速、准确地向公众传递现场情况。首先,事故发生和救援初期,我们选择借助消息类新闻直通现场反应迅速的独特优势,报道事故现场及救援最新进展,抢占信息源头。救援攻坚时期,我们以整点新闻栏目为龙头,在央视新闻频道和综合频道并机直播,以大时段直播方式提供海量现场信息,也记录下了第一批被困工人升井的关键画面,牢牢把握新闻主动权。报道设计了两个主要现场:一是救援的井口现场,直击井口最新动态,中间穿插对指挥部等决策者和现场救援井上部分的报道;二是医院,及时反映最新的获救工人的救治、康复情况(如图5-5、图5-6)。

图5-5 《新闻直播间》华晋焦煤王家岭矿透水事故救援

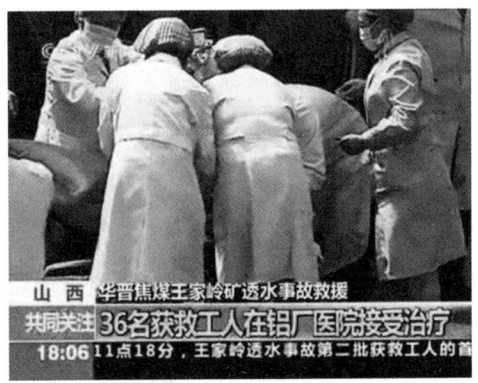

图5-6 《共同关注》华晋焦煤王家岭矿透水事故救援

其次,我们还通过深度报道和新闻评论,来弥合灾难带来的情感裂痕。比如《营救王家岭》(如图5-7)从亲人的视角,把关注点放在牵挂亲人的家庭,让情感成为报道的焦点,补充了此前报道中最缺乏的关于被困人员家属的内容,稳定了公众情绪,缓解了社会焦虑;《面对面:九天八夜》直接面对新闻核心人物;《新闻联播》以"本台评论"的方式(如图5-8)对"生命的奇迹"和"救援的奇迹"发出赞叹;《新闻1+1》还从应急体制建设层面对这次灾难进行了点评,通过观点鲜明的评论来表达媒体立场,彰显国家电视台的高度。

图5-7 《新闻调查》营救王家岭

图5-8 《新闻联播》本台评论

其二是报道之间要形成互文呼应。如果把我们在王家岭矿难事件发布的所有报道看成一个巨大的文本,就不难发现基于这一主题下的各个报道之间其实存在明显的互文关系。比如,《新闻联播》在此次报道中沿袭了其独特的话语权。在事故发生后5个小时左右就播发了消息,表明了国家媒体对此事的关注。在此基调下,其他滚动播出的消息则会涉及事件的各方面进展,以此搭建起事件报道的主要框架,而专题式的栏目则把事件被关注的细节延伸得再细致一点,把聚光灯下新闻事件的部分细节放大似的显示出来。

灾难性事件报道中,客观、真实、完整地呈现新闻现场,是媒体的首要职责。对于2022年发生的"湖南自建房倒塌事故",总台正是秉持着这一原则展开系列报道。4月29日12时24分,湖南长沙市望城区金山桥街道金坪社区一居民自建房发生倒塌事故。总台新闻中心快速反应,及时报道,持续更新事故救援进展,"已救出3名被困人员 均无生命危险""已救出5名被困人员 搜救工作仍在进行中",并发布权威消息《湖南长沙 居民自建房倒塌致23人被困 39人失联》,同时进行独家直播呈现多名被困人员获救过程,挖掘救援细节和感人故事。

新闻频道多时段关注了湖南长沙居民自建房倒塌事故现场救援的最新进展,5月1日15点、16点两个时段直击了"营救一名女性被困者""被困者获救并被第一时间送往医院救治"的过程。记者抵达事故现场——两栋自建房中间,清晰讲解救援过程:救援人员从倒塌的自建房西侧建筑破窗进入废墟,然后再斜向下开辟出一条到达被困者位置的"生命通道"。直播间15点播出连线报道《湖南长沙居民自建房倒塌事故现场救援最新进展》,整个直播持续了45分钟。这场救援直播比记者预想的时间要长,15:05,记者就说"快要救出来了",直到15:45,仍在营救中。报道一开始,记者连线以现场的救援进程为主,包括救援难点、现场环境、救援方式、救援设备等;同时对救援人员的具体操作进行解释。此外,还介绍了大量细节,用数据进行描述,表述简洁易懂,带领观众详细感知现场情况,比如,"被困者是一名女性,她是20日下午两点多被发现的,发现她的时候我们的消防救援力量距离她的直线距离是三米左右,在前方向下的方位,向下垂直距离大概是一米五""被救人员是侧卧的姿态,这种姿态是利于救援开展的"。连线过程中,记者还对最新的救援情况进行了及时判断,并在出现重要的救援行动、救援队员在进行重要的沟通时,停止介绍,为现场的同期声留出空间,比如救援人员齐声为被困人员喊着"加油!加油!加油!"而当救援队员进行常规操作时,记者则继续介绍相关信息。

二、尊重生命:彰显人文主义理念

通过一次次的报道实践,我们发现以尊重生命为前提,关注生命个体的生存状态,关爱特殊人群,是灾难新闻报道的正确打开方式。

(一)以尊重生命为前提

在汶川地震的报道中,我们将新闻视角对准灾难现场的每个人,着重报道每个人与灾难抗争的过程,用镜头记录灾难中的生死较量,其中有在震后危房中坚持作业的救援队员、有在废墟中爬进爬出的现役将军、有奋不顾身保护学生的老师、也有"敬礼娃娃""可乐男孩"……在王家岭矿难报道中,有携防爆电话下井或待命的救援队员,有负责救治的医生护士,也有救援现场的幕后英雄们。

我们把报道目光投注到灾难中的不同个体,看到了身处灾难现场的每个人都在用自己的行动书写着救援抗灾的感人故事。将这些灾难中客观真实的人物细节作为新闻素材进行报道,既是如实展现灾情,也是通过展现这种人性的暖色调,来与灾难的灰暗色调形成对抗,借此传递力量和希望。而这种明显的以人民为中心的报道理念,也使得央视的灾难新闻报道在客观中饱含着真切,在理性中蕴含着温情,体现出的正是灾难新闻报道理念的一次创新和提升。

新闻理念中的"以人民为中心",是指报道者在考虑新闻价值的同时,也要对采访对象给予应有的尊重,而不是将其视为完成报道的对象或者材料。对于灾难新闻报道而言,把握好这个"度"就显得尤为重要。这其中涉及的是新闻伦理的问题。

以王家岭矿难直播报道为例,上述理念主要体现在"适宜的采访"和"细腻的情感"两方面。

"适宜的采访",包括采访时机的适宜、采访地点的适宜。

当王家岭矿难中第一批被困工人成功升井时,媒体和公众都十分振奋,在振奋之余,也都急切地想知道这些被困工人在井下是怎么熬过来的?他们吃什么?是什么支撑他们到最后?然而,面对这些疑惑和好奇,作为国家电视台,我们的关注更多还是集中在刚升井矿工的身体状况,他们能否接受采访?我们选择在什么时候采访?如何避免在采访中对被困工人造成二次伤害?这也体现出央视记者的专业素养和以人为本的报道理念。

生命至上是灾难性报道的首要要求。第一批被困矿工升井后,央视记者没有选择立即向升井矿工直接询问他们在井下的生存状态,以及升井后的心情,而是通过和他们密切接触的人来获知信息。比如,记者通过询问当班医生,获知一名矿工已经开口说话,脱离生命危险。为了尽可能及时向公众传递有效信息,记者在救援第一线,让参与救援的队员来描述井下的实际情况和他们第一眼看到被救矿工的身体情况,使得公众对救援现场有了感性认识。可以说,在王家岭矿难直播报道中,我们通过一次次与被困工人换位思考的方式,以理性报道表现出对生命的极度尊重和人文关怀,既满足了公众欲知需求,也让灾难报道显得更加得体。

选择适宜的采访地点,也是灾难报道中人文关怀的一种体现。在王家岭直播报道中,我们的报道团队分别在井口、医院、救援总指挥部、二号钻孔等四个区域设置了报道点,其设置原则是,每个报道点要以保证不干扰现场救援为前提,让出生命通道。比如,在山西铝厂职工医院报道点采访时,记者和摄像每人只占用了一块地砖,为了给电梯出口和过道留足宝贵的绿色通道,在长达几个小时的直播中,他们几乎没有挪动过腿脚,拍摄位置也没有变过。由于环境的限制,直播报道只能从单一角度拍摄,呈现在电视屏幕上的没有对话没有采访,观众只能远远看到一个个被救矿工从电梯出来运到病房,以及在楼道里来回穿梭的医护人员忙碌的大全景。角度、机位的限制对于电视报道效果来讲无疑是一种伤害,但这也是我们毫不犹豫的选择。此时无声胜有声。在报道和生命之间,我们义无反顾地选择尊重生命,为生命让道(如图5-9)。

再来看"细腻的情感"。在突发灾难报道中,客观真实地还原灾难现场是最基本的要求,但这并不意味着对报道素材和角度可以不加选择不做任何处理,进行"原生态"报道。相反,媒体进行灾难报道时,秉持着尊重每一个个体生命价值的理念,对新闻事实进行适当细腻的情感处理,进行情绪的调控,在客观真实的报道下展示出灾难笼罩下人性的光辉,向公众传递力量和勇气,也是新闻人人文关怀精神所在。

在王家岭矿难报道中,我们有一条关于报道语气的不成文的规定,那就是现场报道语气的处理必须从所处的现场需求出发,从关心现场的人的客观情境出发,让报道的语气与现场情绪保持高度统一。比如,记者在矿井外的煤堆旁报道因连续奋战几昼夜而累得席地睡着的救援队员时,轻声慢语,唯恐惊醒在煤堆旁边睡着的救援队员,轻柔的语气与现场氛围极其和谐,使得整个报道虽短小却具有震撼力。

图 5-9 《新闻联播》医疗绿色通道让获救工人早日康复

在山西铝厂职工医院的过道里,担心现场报道有可能影响正在治疗的矿工,记者尽可能用最小的声音,轻声轻语地向观众传达着信息,情绪把握到位,不仅赢得了在场医护人员的尊重,而且公众在收看新闻的过程中也体会到记者对于矿工生命的那份牵挂和呵护,达到了良好的传播效果。

当矿难救援进入升井阶段,为准确记录矿工升井数量,央视报道团队在每个矿口布置专人统计人数,同时用最醒目的黄色标题,把升井人数打在直播画面上,每个数字代表的是一个生命,伴随着升井过程,数字不断更新。对当时的所有观众而言,没有什么信息比这个更重要!一名又一名获救矿工出现在矿口,屏幕上的数字也不断跳动:从 11……20……26……30……到 70……80……90……直到屏幕上出现 115 这个数字(如图 5-10、图 5-11)。这意味着受困的 153 名矿工里,除去不幸遇难的三十余人,115 人成功获救!意味着历经八天八夜的持续直播报道,报道团队终于成功向全国、全世界完整展现了这场生死救援!而这些细腻处理,让整个报道具有无法抗拒的感人力量,也让公众感知到我们的赤诚之心。

"汶川地震"的报道开创了不停机记录式直播模式,让观众看到了用生命抢救生命的中国式救援;"山西王家岭煤矿透水事故"的报道,八天八夜全程电视直播,已成为救援的一部分——电视人用"直播"迎来 115 名被困人员成功升井。从"汶川地震"报道到"山西王家岭煤矿透水事故"报道,有传承更有突破。汶川地震是记录

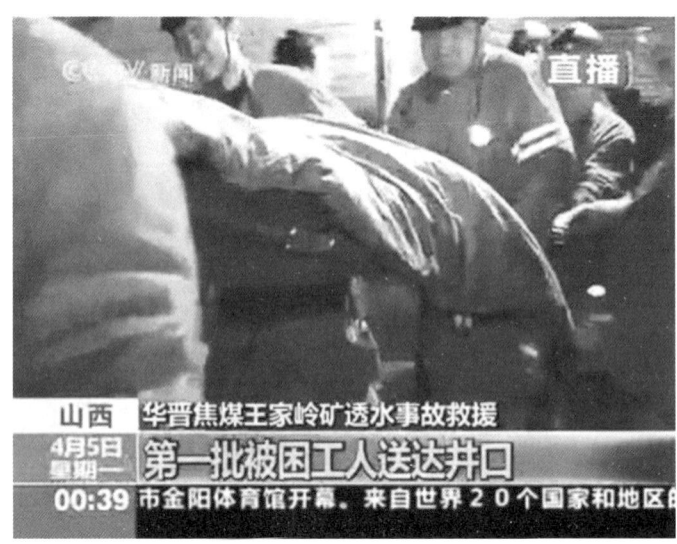

图 5-10 《午夜新闻》山西华晋焦煤王家岭矿透水事故救援

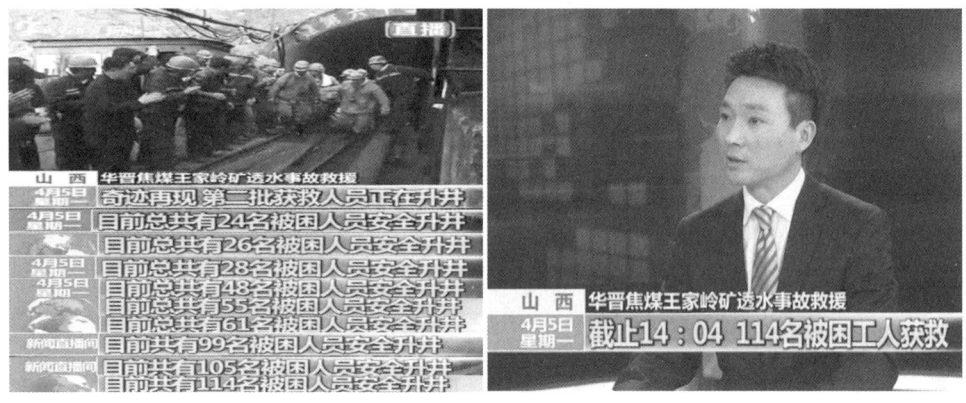

图 5-11 《新闻直播间》山西华晋焦煤王家岭矿透水事故救援

式、进程式的视频直播,王家岭是不间断、全程记录式的视频直播。从信息传播的角度看,视频直播实现了新闻的高度时效性;从传播价值的角度看,与文字直播相比,视频直播能更好地满足人们直接表达的需求,它在灾难事件中主要起着一种"日常陪伴""观者互动""精神支撑"的作用,它有助于创造"共识",形成社会动员。十余年前,视频直播意味着极大的资金和人力投入,随着5G技术的发展和应用,视频直播已经成为灾难报道的标配,"慢直播+移动直播+连麦云直播"等多种直播形式不断涌现。如同栾轶玫教授指出的,"通过视频直播进行信息发布其实只是信息流的开端,如何将信息进行扩散以实现更好的传播效果是更为重要的议题"①。

有一位哲人曾说过,伟大的时代催生伟大的作品。我们正处在这样一个伟大而又时刻充满着变化、发展的时代,总台的每一位新闻人都以报道为己任,将视角伸向社会的每一个角落,为观众奉献了一批又一批成功的新闻作品。温故而知新,作为新闻工作者,我们仍然要从过去的经验中汲取养分,不断创新与突破,今后的脚步才能走得更扎实、更稳妥,才能够为观众提供更多题材新颖、主题深刻的优秀作品。

(二)关注生命个体的生存状态

在"湖南长沙居民自建房倒塌事故"报道中,除了客观、真实、完整地呈现新闻现场,记者还关注灾难中生命个体的生存状态,发掘灾难事件中所蕴含着的人性美好,记录感人瞬间,彰显人文主义理念。新闻频道《朝闻天下》栏目2022年5月3日7点播出《埋压79小时 第八名被困人员获救》,报道了5月2日晚7点多第八名被困者获救的过程,这个被困的小姑娘所在的位置上有层层叠压的倒塌物,并开始出现整体下沉迹象,救援比较困难,她的两腿都被埋压,甚至有截肢的危险。救援人员花了很多时间做支撑保护,并输送生命补给,终于完整地把人救了出来。报道使用了救援人员通过音视频探测设备与受困者的对话同期声:被困人员称"我想大口大口地喝矿泉水,生理盐水不太好喝",救援人员回应道"好,我们已经看到你了,你保持体力,保持体力",被困人员应答"好,一定要快点来接我",救援人员宽慰被困人员的同时有序推进救援工作"已经来了,已经来了,已经看到你的手了,你的头在两个手中间对吧,然后你的腿不舒服你就不要动了,你手能动的空间,让我看一下你的四周",被困人员表现出充分的信任"没事,哥哥,我不会哭"。节目选用的同期声细节多,效果生动,体现了救援人员的艰苦努力和强烈的人文关怀。这名女孩被救出并送往医院进行救治,其健康状况牵动着公众的心,后续"好消息:女孩的双腿保住了!"则通过央视新闻新媒体进行传递,为密切关注事故救援进展的受众有效填补了"信息真空",一定程度上帮助受众减少恐惧、缓解焦虑、提振信心,体现主流媒体的责任与担当。

新闻频道还将"湖南长沙 居民自建房倒塌事故 公安机关已对9人刑事拘留"

---

① 栾轶玫.视频直播在灾难报道中的运用及传播边控问题——以新冠肺炎疫情报道为例[J].传媒观察,2020(3):25-32.

等内容穿插在动态新闻消息之间,尊重受众的知情权,满足公众对信息的深层次需求,回应社会关切,缓和舆论不安情绪。此外,新闻频道《关注居民自建房安全》系列报道聚焦居民自建房存在的安全风险,节目播出后迅速在全网形成热点,所反映的问题也得到了当地党委政府的高度重视。

(三)关爱特殊人群

人文关怀不仅体现在灾难性事件报道中,也体现在特殊群体报道上。针对一些特殊群体的报道,媒体要知冷知热,彰显人文关怀。每年重阳节来临之际,新闻频道都会推出一组敬老报道。2012年,延续敬老报道主题,央视将视角转向了关爱阿尔茨海默病患者和家庭,以"我的父亲母亲——关注失智老人"为主题进行了为期一个月的报道。不同于以往只是单纯地做节目,这一次借由这个主题,我们发起了一场大型的新闻公益活动。借助多媒体报道平台,央视以公益大使宣推、典型报道、连续报道等多种形式,引发观众的广泛参与和关注,从而探索出一条新媒体时代电视新闻公益行动报道的创新之路。

这次大型的媒体新闻公益活动,集合了央视新闻中心的核心制作力量,并且得到了政府机构、民间公益机构和多媒体平台的合力支持。同时,报道的辐射范围也进行了扩容,除了在《新闻联播》《朝闻天下》《东方时空》《焦点访谈》等栏目进行报道,还融合了网络宣传片、微访谈,以及多家门户网站共同发起的"老年痴呆"正名活动,从"老年痴呆症"到"阿尔茨海默病",从"老年痴呆"到"失智老人",不仅仅是学术化表达的变化,更是从关爱和平等的角度表达了一种关注和态度。报道方式上,我们通过选取"微"典型人物,通过他们平凡而又生动的故事来感染人、打动人。这组报道也是一组连续报道,以新闻事件的时间发展顺序纵向展开,层次是逐渐深入、逐步递进的。例如在《陈斌强:"绑着"妈妈去上班》这则报道中,他为什么要绑着母亲上班?在上班时如何安排母亲?最终结局如何?……这些疑问激发了观众的好奇心,提升了观众持续收看的兴趣(如图5-12)。

"急百姓所急,想百姓所想",这组报道贴近民生并传达了老百姓的心声,唤起了人们关注"失智老人"群体,体现了媒体浓厚的人文主义关怀,一定程度上改变了人们对失智老人的固有印象与观念,使患者和家属更有尊严、更有底气地生活。

另外,为了防止患病老人走失,由节目组发起、中国人口福利基金会具体实施,首批制作的2万个黄手环,在全国44个黄手环领取点免费发放。重阳节前后,公益行

第五章　恪守职业伦理：增强媒体履责的内在动力

图 5-12 《朝闻天下》"我的父亲母亲"新闻公益行动

动走进社区,通过发放护理手册和黄手环的方式,我们向人们普及相关知识,扩大了活动的辐射范围和影响力。至此,电视新闻由单纯的客观报道者转变为更贴近民生的主动参与者。而这组报道也实现了媒体角色的转变。原本媒体只充当新闻事实的报道员,而现在,新闻媒体成了大型公益活动的发动者、组织者、参与者(如图 5-13)。

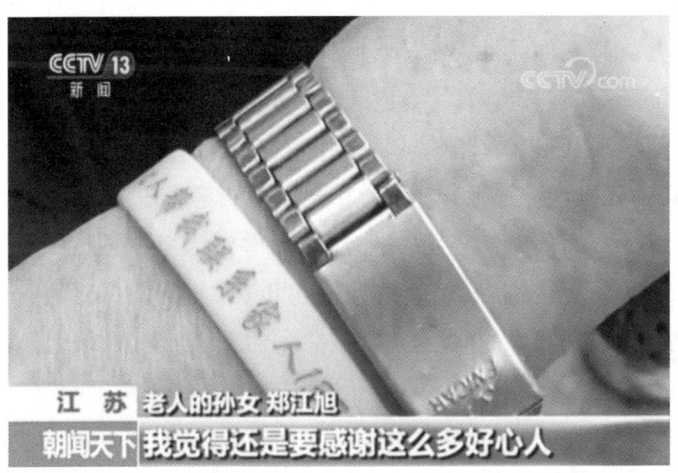

图 5-13 《朝闻天下》黄手环行动(走失老人家属采访)

弘扬主流价值观,传递社会正能量,也是央视这次新闻公益行动的一大亮点。这次活动充分发挥了新闻媒体舆论引导、凝聚爱心、宣扬孝道的作用,进一步弘扬了社会主流价值观,同时又塑造了央视"关心公益事业、承担社会责任"的品牌形象,探索出了新媒体时代电视新闻公益行动报道的创新之路。

三、回应关切:引导社会舆论走向

俗话说:"大道不传小道传。"一场重大突发性灾难事件的出现,必然会对社会运行秩序产生一定影响,同时伴随形成复杂的舆论环境。特别是当权威信息渠道缺位,信息真空状态出现时,各种流言、谣言就会甚嚣尘上。如果不对社会舆论进行及时引导,很容易促使社会氛围走向消极负面,严重的情况下甚至会对灾难救援工作造成干扰。

身为新闻媒体人,我们都知道这样一句话:"媒体可能无法决定人们怎么思考,却可以影响人们思考什么。"这句话实际上就是在讲媒体报道与公众认知之间的作用关系,同时也表明了一个观点,那就是面对突发灾难事件,媒体在满足公众的信息需求的同时,也会影响公众的态度认知,许多业界权威人士认为媒体是有这个能力和责任的。

对于新闻媒体而言,面对突发灾难事件,及时快速发布信息的同时,传播正向观念、主动担负起信息传播和舆论引导的重任应当是职责所在。作为国家主流媒体,央视在经历无数次的突发灾难性新闻报道实践后,磨合出一套自己的经验。

用权威信息堵住谣言出口。当重大突发灾难事件发生时,社会公众对信息有着强烈的需求,这时任何能够增添或减少不确定性的信息都会在舆论场上产生较大的波澜。因此,及时、准确地传递权威信息是扼制舆论危机的第一步。在汶川地震报道中,我们第一时间向社会发布权威消息,并滚动播出,随后不断跟进播发地震现场实况、政府应对措施、各方救援动态等相关报道。凭借充足的信息量、快速的反应,让真相跑在了谣言的前面,不仅破除了谣言、稳定了民心,同时也在国际舆论场上传递出了中国声音,让世界看到了"众志成城"的中国力量。

导向明确的公众注意力管理。从效果层面讲,新闻媒体对公众注意力的管理,是建立在媒体报道与公众需求密切匹配的基础上的。当媒体的报道与公众的信息需求错位偏离时,那注意力管理也将成为空谈。央视在历经数次重大突发灾难事件的报道后,也深刻地认知到了这一点,即面对突发灾难时,当媒体报道与公众不同阶段的需求形成回应时,其舆论引导功能才能发挥有效作用。

王家岭矿难救援中,随着媒体救援报道持续深入,公众的情绪也变得越来越复杂敏感,其间有对被困生命的关怀,也有对造成安全生产事故的人为因素的愤懑,以及由此牵连出的对各种社会深层次问题的情绪性宣泄。如何对来自各方面的意见、情绪、观点进行引导就成为破题关键。凭借主流媒体的专业素养,我们在此次救援报道中,始终保持高度清醒,在分析不同救援阶段的各方情绪和争议问题的基础上,新闻频道各栏目根据实际情况,不断调整新闻报道的重点和着眼点,分阶段、分步骤地引领舆论,促进问题的最终解决。其中,在开始救援阶段,面对家属焦虑的情绪,我们毅然选择把现场紧张的排水搜救作为报道焦点,着重把救援的难度和复杂性讲清楚,意在突出上下齐心协力、拯救生命的集体意志,为集中力量救援营造积极正向的舆论环境。在救援的过程中,针对观众和其他媒体受众的质疑,我们通过及时准确地提供最新权威信息,纠正谣传、化解怨气;当救援取得突破性进展,被困人员的生命体征逐渐好转时,才开始安排个体采访,一方面通过深度报道,对被困人员及其家属进行心理治疗和情绪抚慰,调节公众情绪。另一方面配合播发评论性报道,引导社会舆论,使不同媒体的多种意见逐渐汇聚统一,最终形成促进问题解决的社会舆论环境。

有了汶川地震报道和王家岭矿难报道的成功经验,央视在此后突发灾难新闻报道中进一步展现了优秀的专业报道能力和舆论引导水平。2015年6月1日,当震惊世界的"东方之星"客轮翻沉事件发生后,央视再次凭借专业的报道、周密的部署展现出了我国主流媒体快速应对突发事件的实力。在接到事故消息的第一时间,我们迅速展开部署,要求所有参与报道的前后方人员一定要"准字当先,准中求快",坚持"速报事实、慎报原因",严守突发事件的"四不"原则,也就是不随意猜测、不影响救援、不过度渲染、不情绪化表达,主动释疑解惑突出救援难度,化解负面舆情,传递正能量。即使在紧张的救援阶段,我们的报道也没有随意下结论,而是将报道注意力集中在救援进展动态、政府应对处置和各方紧急救援上,整个报道及时、客观、得当、到位。在救援关键时刻,发生了两次危机,一次切割突然叫停,一次起吊骤然停止,公众情绪开始变得焦灼敏感,为了正确引导舆论走向,我们在直播中邀请权威专家在救援现场进行权威解读和详细说明,传播效果和舆论反馈都非常好。"东方之星"沉船事故发生后,在长达半个多月的时间里,我们的报道始终保持着及时准确、重点突出、导向正确的特点,充分发挥了主流媒体的舆论引导作用,有效阻击了谣言的扩散。即使在新媒体兴起的状态下,作为传统电视媒体的央视依然成为最及时、最权威的信息发布平台,捍卫了央媒的权威性和政府的公信力。而这次报道,也被业内视作重大突发事件应急报道与舆论引导的成功范例,并且被中宣部作为典型案例,多次向全国新闻战线介绍经验。

四、小结:坚守伦理底线是媒体公信力的根基

功能主义导向的灾害社会学认为,灾害是一个具有时间、空间特征的事件,对社会或其他社会系统造成威胁和实质损失,从而造成社会失序、社会成员基本生存支持系统的功能中断,是对社会常规的破坏。从新闻报道来看,灾难事件会带来社会损失,尤其是对人的生命造成威胁,因而需要格外重视伦理底线。

在新闻伦理中,灾难报道也是最受关注、最容易引发争议的新闻报道类型。从汶川地震到"东方之星"沉船,再到东航客机失事,这些年,重大灾难性事件总是牵动全国乃至全世界的眼睛,媒体报道成为人们了解这些灾难事件最为重要的窗口。正因如此,媒体在灾难报道中更要强调媒体责任,遵守新闻伦理。在全网聚焦的灾难事件中,媒体的任何一个纰漏、不妥之处,都可能引来公众质疑,损害媒体的公信力。

灾难报道特殊之处在于其中的矛盾性,即新闻报道要报道事故的核心信息,但对当事人、遇难者及家属的过度挖掘又可能伤害到当事人,造成二次伤害。有时记者会深处两难境地,不知如何选择。如南非摄影师凯文·卡特拍摄照片《饥饿的苏丹》后,举家世闻名,但也因此遭受了无休止的谴责,直到他以自杀终结生命。

长篇小说《杀死一只知更鸟》中有一句话:"你永远也不可能真正了解一个人,除非你穿上他的鞋子走来走去,站在他的角度考虑问题。"对媒体和记者来说,灾难报道要了解当事人的心理异常困难,那些试图了解的举动对伦理有着非常高的要求。这就需要媒体要把握好其中的尺度和边界。这种平衡是灾难报道最难做到的一点。

第一,灾难报道的一个基本要求是对当事人造成的伤害应该最小化。媒体在报道时要有隐私意识和同情心、同理心,避免侵犯当事人隐私,避免冒犯家属或令家属感到不安。2022年3月22日,总台记者进入MU5735核心救援现场做直播,事故区域的地上散落着充电宝、钱包等物品。当看到一张乘务人员的证件时,记者马上伸手捂住,告诉摄像"这个不要给特写了",并示意镜头避开。这一做法得到了网友点赞。

第二,在报道焦点上,媒体不能有猎奇心态,不能为博取眼球而炒作低层次的八卦信息,要把焦点对准搜救工作及事故原因调查上。在当下所谓的"流量为王"时代,许多自媒体营销账号为了博取眼球,不惜采用无底线的炒作行为,主流媒体在这种环境下更要坚守伦理规范,积极引领舆论,不能陷入互联网的喧嚣之中,更不能同流合污,为了点流量失去基本的职业操守。

第三,在信源选择上,要选择可信的信源,对不同渠道获取的信息进行综合研判,明确标出信息的出处,不可断章取义。尤其是在初始阶段,事故原因、伤亡人数未知,会有各种谣言出现,相关信息也很零碎,媒体更要谨慎、严谨。对于灾难事故的原因,网民会有各种猜想,主流媒体必须担起权威信源的重责。

第四,在采访过程中,要有人文关怀,换位思考,秉持同理心,顾及当事人或家属的感受。特别是对他们的隐私、情感、人格尊严等,要予以充分尊重。这能在很大程度上体现出记者的个人修养。对记者来说,业务能力只是一个方面,职业素养和人文精神更应坚守。

第五,在作品呈现上,要做到真实、客观、准确,尽可能满足受众对灾难事件核心事实的关切,也尽可能引领舆论走向,避免产生负面的社会影响。在媒体融合环境下,一些媒体逐渐开始采用融媒体手段报道灾难新闻,各种技术手段的应用也应该遵循新闻伦理,要把准确的事实和正确的导向有机统一起来。

这些年总台的灾难报道始终把新闻导向放在制高点,一切报道要在正确导向之下开展。我们的经验表明,灾难事件报道,既要遵守真实、及时、全面、客观、公正等新闻报道的基本原则,更要有平等、尊重、同情、怜悯等人文主义精神。人类社会发展进程中,灾难事件在所难免,媒体报道责任重大。在报道灾难新闻时,要始终牢记新闻伦理的底线。

回顾人类社会的发展史,我们不难发现,灾难每天都在发生。近年来,随着经济社会的发展,重大突发事件还呈现出爆发频率高、波及范围广、社会影响剧烈、舆论构成复杂等特点,时刻牵动着受众的心。全媒体时代,在网络社交平台和自媒体的助力下,有关暴雨、地震、疫情等突发灾难的敏感信息不断蔓延,有时甚至干扰正常的社会运行秩序,带来不良的社会影响。而这也给传统新闻媒体的灾难报道工作带来了新的挑战和思考:

要专业,更要责任。作为社会公器力量的所在,面对突发性灾难事件,主流新闻媒体理应肩负着传播信息、舆论引导的社会责任。对于突发灾难,我们在报道时,不能只考虑它的新闻价值,而是更应该重视它的社会价值,要考虑会带来什么社会影响。同时,我们也要明确主流媒体在突发事件中的身份定位,守住新闻伦理边界,在灾难报道时,第一时间、第一现场发出主流权威声音,掌握传播主动权,将新闻专业精神与媒体责任使命结合起来,充分发挥主力军作用。

要正视舆论情绪。重大突发灾难性事件往往会形成复杂敏感的舆论环境,有时舆论灾难甚至比灾难事实本身还要严峻。武汉疫情、上海疫情皆是如此。作为主流媒体,我们必须保持舆论引导的专注度和传播主力军的强大自信,但同时也要清楚地认识到进行灾难报道时,绝不能无视舆论情绪。相反,还要学会转变思维方式,学会正视舆论,深挖舆论情绪基底,只有这样才能在报道中有效规避敏感要素,聚拢民心,及时阻断谣言,降低因报道而触发舆情的风险,打造公开透明、开放自信、积极正向的舆论氛围。

要保持媒体定力。正如前文所述,重大突发事件中常常出现信息混杂的情况,虚假消息、来源不明的消息总是会对社会舆论秩序造成干扰。而全媒体时代,人人都有麦克风,众声喧哗,自媒体的出现,使得灾难事件的报道角度更加丰富多元。在这样的背景下,作为主流媒体,我们进行灾难新闻报道时,一定要加强对消息真实性、信源可靠性的核查,秉持客观真实原则,避免使用"感觉靠谱"的内容,确保发布内容真实、准确、权威。同时,我们必须时刻坚守初心,坚持职业操守,要有所为有所不为,深刻把握新媒体传播规律,坚决杜绝哗众取宠、唯流量化的报道,规避低效与有害的传播现象,最终正确引导舆论走向,有力维护社会稳定。

第五章 恪守职业伦理:增强媒体履责的内在动力

附作品

作品一:《"3·28"王家岭煤矿透水事故》

一、矿难发生当天
1.播出时间:2010 年 3 月 28 日
播出栏目:《新闻联播》
标题:山西王家岭煤矿发生透水事

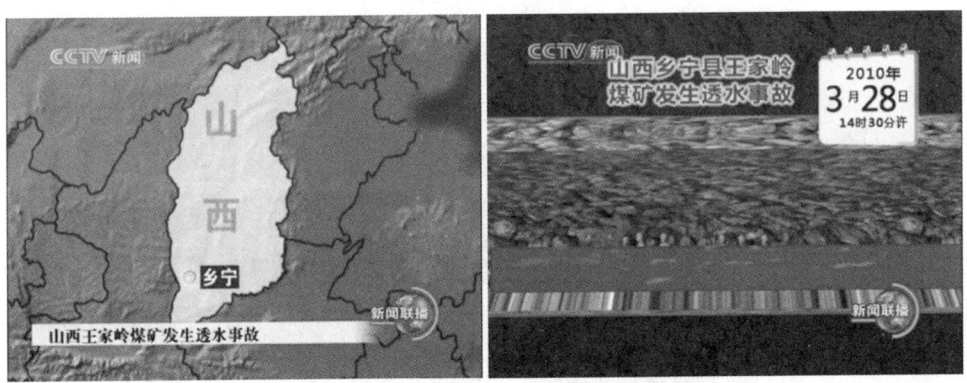

图 5-14 《新闻联播》山西王家岭煤矿发生透水事故

【导语】
今天下午 14 时 30 分许,华晋焦煤有限责任公司王家岭煤矿发生一起透水事故。现在请看本台记者刚刚发回的消息。

【正文】
据初步统计,当班下井 261 人,升井 138 人,123 人被困井下。

华晋焦煤有限责任公司王家岭煤矿项目是国家和山西省"十一五"规划重点建设项目,井田位于山西省乡宁县和河津市境内,面积约 180 平方公里,地质储量 23.42 亿吨,可采储量 10.36 亿吨,煤种为中灰、低硫、特低磷的优质瘦煤,是极好的炼焦配煤。

目前,事故的具体原因仍在进一步调查中。

2.播出时间:2010 年 3 月 28 日

播出栏目:《东方时空》

标题:山西王家岭煤矿发生透水事故（电话连线）

图 5-15 《东方时空》山西王家岭煤矿发生透水事故

3.播出时间:2010年3月28日

播出栏目:《晚间新闻》

标题:王家岭煤矿透水事故 救援已展开

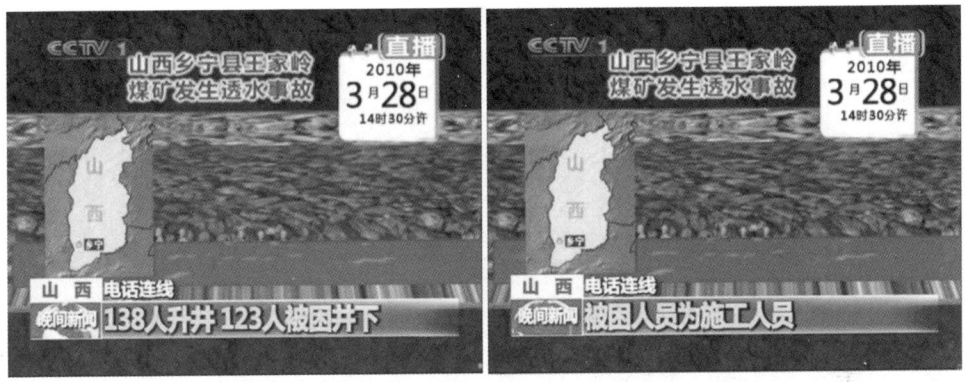

图 5-16 《晚间新闻》王家岭煤矿透水事故 救援已展开

二、矿难救援过程进展

1.播出时间:2010年3月29日

播出栏目:《朝闻天下》

标题:抢险救援工作紧张进行

图 5-17 《朝闻天下》抢险救援工作紧张进行

2.播出时间:2010 年 3 月 30 日

播出栏目:《24 小时》

标题:主播关注 王家岭煤矿透水事故救援

  管道铺设顺利 大功率水泵即将使用

图 5-18 《24 小时》管道铺设顺利 大功率水泵即将使用

【导语】

首先还是要来关注山西王家岭煤矿透水事故的救援进展,到目前为止,透水事故已经过去了 56 个小时,153 名被困的煤矿工人依然没有获救。根据今天前方传来的最新消息,参与抢险的人数已达 1600 多人,仅井下作业铺设焊接管道的工作人员就有 600 多人。目前井下救援的情况到底如何?今天下午,本台记者独家采访了几位刚刚升井的井下救援人员。

【同期】王家岭煤矿透水事故井下救援人员

现在水位已经下降了,下降了 10 公分(厘米),并且底下是五台泵正在往外排水,管道正在铺设。

【正文】

据施工人员介绍,八寸管已经接通到距离地面 150 米的地方,再过两三个小时,就可以接通地面,届时将为大功率水泵的使用创造条件。

【同期】王家岭煤矿透水事故井下救援人员

管道已经接通了 750 米左右。

记者:铺设管道难度是什么?

第五章 恪守职业伦理:增强媒体履责的内在动力

运输困难,难度大,坡度比较大,管子比较重。
【同期】王家岭煤矿透水事故井下救援人员
因为管道比较重都是人工。
记者:进展到什么程度
上午我们卸了十几车管道,马上就铺到地面了,只有把管道接通才能够接泵
【正文】

据介绍,目前山西王家岭煤矿透水事故救援采取井下水泵排水,目前排水量为每小时560立方米左右,还无法达到理想排水量每小时2000立方米的目标。救援方案采取铺设管道,同时从周边地区调运了4台大功率水泵,目前管道即将铺设完毕,大功率水泵投入使用后将加快排水速度。

另外,今天制定的最新救援方案是除了科学增加水泵,接力排水外,开辟新的排水通道。救援人员在井下巷道下方发现有空心区,这个空心区可以作为排水的空间。通过地质勘测后,救援人员将从井上打孔,一直打到井下深达150米处的空心区,利用落差将巷道里的水排到空心区里,加大排水力度,目前横向打孔深度已达20多米,纵向打孔正在进行卫星定位。如果这条新的排水通道能够打通,将使排水速度进一步加快。为此,现场指挥部专门成立了3个专项工作小组,包括钻孔打眼组、水情分析组和安全措施专家组全力投入救援。

3.播出时间:2010年3月31日
播出栏目:《朝闻天下》
标题:王家岭煤矿透水事故救援最新进展

图5-19 《朝闻天下》王家岭煤矿透水事故救援最新进展

4.播出时间:2010 年 4 月 1 日

播出栏目:《24 小时》

标题:主播关注 王家岭煤矿透水事故救援

水位降 115 厘米 救护人员井下待命

图 5-20 《24 小时》水位降 115 厘米 救护人员井下待命

【口播】

今天,王家岭煤矿透水事故的救援还在继续,(插画面)今天晚上 18 时,一口从地面到井下的垂直钻孔准确打在灾区巷道内,形成了地面与受灾区域的第一条通道,这为井下输送空气创造了有利条件。目前,救护队员已经在井下待命,水位一旦降到可以进人的位置,就立即进入透水巷道实施救援。

三、井下传回敲击声

1.播出时间：2010 年 4 月 2 日

播出栏目：《新闻直播间》

标题：山西华晋焦煤王家岭煤矿透水事故救援
　　　120 小时后 井下传来管道敲击声（电话连线）

图 5-21　《新闻直播间》120 小时后 井下传来管道敲击声

【导语】

来关注华晋焦煤公司王家岭煤矿透水事故救援的一个最新的进展，那么就在几分钟前，前方传来了一个消息，说井下出现了敲击管道的声音，那么最新的情况怎么呢，我们马上来连线本台前方的记者。

【正文】

主播：是不是出现了敲击管道的声音，就意味着可能有工人幸存呢？来跟我们说一下这个情况。

记者：没错，就在三分钟之前，我们刚刚疏通了这个管道，然后从管道里现在还是在不停地传来那种敲击的声音，现场大家都特别兴奋，觉得所有的努力没有白费，里面有人活着。

主播：的确是这样，可以说这是 120 多个小时五天来传出的一个最好的消息了。如果有新的进展，我们随时保持联系。

2.播出时间:2010 年 4 月 2 日

播出栏目:《新闻直播间》

标题:山西 华晋焦煤王家岭矿透水事故救援

　　救援指挥部确认井下有生命迹象

图 5-22 《新闻直播间》救援指挥部确认井下有生命迹象

【口播】

继续关注华晋焦煤公司王家岭煤矿透水事故救援进展情况。(插最新画面)今天下午 14 点 20 分左右,在垂直钻孔处的施工救援人员听到井下出现了敲击管道的声音,消息让现场救援人员十分鼓舞。15 点 10 分,又传来消息说,救援人员把钻杆伸到垂直钻孔再取出来后,发现钻杆底部有捆绑的铁丝。救援指挥部再次确认了井下确实存在生命迹象。到现在为止,153 名矿工被困在井下已经超过 120 小时,他们分别被困在井下的 9 个位置,有关救援的最新情况,我们《新闻直播间》会随时关注。

3.播出时间:2010 年 4 月 2 日

播出栏目:《共同关注》

标题:山西 华晋焦煤王家岭煤矿透水事故救援

  井下传回敲击声 确实存在幸存者

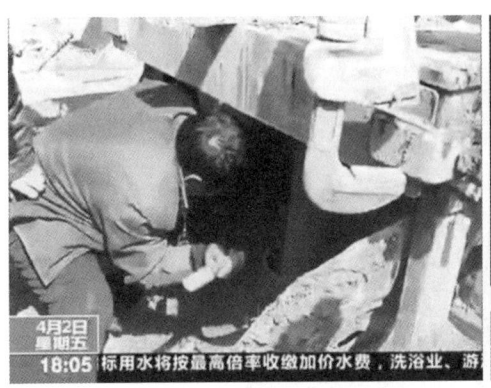

图 5-23 《共同关注》井下传回敲击声 确实存在幸存者

【导语】

今天下午 2 点 12 分,华晋焦煤公司王家岭煤矿透水事故现场,距离透水事故发生已经过去了将近 120 小时,在纵向打孔处井下传来了令人振奋的生命回音,证明有被困人员生存。

【正文】

今天下午 2 点 12 分,生命探测通道贯通后,救援人员围拢在纵向打孔处,不断用力敲击着通往井下的管道。

【同期】(现场)

【正文】

井下一次次传来的敲击声,让现场救援人员欢呼雀跃,这说明井下确实存在着幸存者。下午 3 点 10 分,救援人员在伸到井下的钻杆头上发现了新缠绕上的铁丝,表明被困人员体征应该比较平稳。

救援人员火速将早已准备好的食物、营养液和通信工具绑在套筒上,向下输送,争取让幸存者在最短的时间内得到生命补给。目前救援现场正在加大排水和通风的力度,保证井下生存环境的安全,使被困人员能存活待援。

四、安全升井

1.播出时间:2010年4月5日

播出栏目:《午夜新闻》

标题:山西 华晋焦煤王家岭矿透水事故救援

　　井下发现生还者 奇迹变成现实

图 5-24 《午夜新闻》井下发现生还者 奇迹变成现实

【导语】

再来关注华晋焦煤王家岭矿透水事故救援的最新情况。3月28日14点30分,华晋焦煤王家岭矿碟子沟在建项目发生一起透水事故,153人被困井下。2日下午2点28分,也就是在被困128小时后,井下终于传来生命信号。此后,地面和地下又失去联系,100多位同胞的生命牵动着全国人民的心,就在被困近180小时后(到2点),我们刚刚得到振奋人心的好消息,救援人员在井下发现了生还者,生的希望终于变成现实,我们马上来连线和大家一起在井口守候生命奇迹的本台记者赵旭。

【正文】

主播:赵旭,现场的最新情况是什么?

记者:我现在是在华晋焦煤王家岭矿透水事故救援现场,在今天晚上十点半的时候,我们得到了一个好消息,第一批搜救人员在井下已经找到了9名幸存者,整个救援通道已经全部被打开了,现在已有救护车在随时等候,随后我们也会发回最新的报道。现在我们正在跟随救援人员赶往洞口的途中,几分钟之后可能就会升井了,我们看到所有的救援人员与救护车都在严阵以待,我们正在随时关注最新的进展。

主播:你刚才提到现在井下是发现9名幸存者,有没有了解到他们现在的身体状况怎么样?其他人员有没有进一步的发现?

记者:9名幸存者现在在井下的身体状况还是不错的。井下搜救人员刚刚传回消息,确定有9人生还,其他的搜救人员仍在搜救途中。

主播:让我们共同祈祷,一起期待着这个激动人心的时刻的到来,我们会一直关注着现场的情况。

主播:赵旭,我们现在的线路一直是联通的,有最新的情况你可以随时给我们介绍。现在井上的救援队伍已经是严阵以待,那医疗队伍有没有随救援人员一起下到井下去,第一时间在井下展开这个医疗救护?

记者:是这样的,现场的搜救人员都是专业团队,他们本身除了能够实施救援之外,也能够实施紧急医疗救援,因此这点不用担心。

主播:经过了八天八夜艰难的救援,我们马上就要见证奇迹的出现了。之前我们一直在祈祷,也期盼着我们所说的这种生命的奇迹能够变成现实,而现在呢?这个现实马上就出现了,我们都期待着这一激动人心的时刻的到来。

记者:我们也期待着这扇门能够尽快打开。能有更多的好消息从井下传来。

主播:好,在我们等待奇迹出现的过程当中,我们来简单地回顾一下这次事故的情况。3月28日下午的一点四十分左右,华晋焦煤王家岭矿沟在建项目时发生了透水事故,有153人被困井下。4月2日下午的2:28,也就是在被困128个小时之后的井下传来了生命的信号,但是此后,地面和地下又失去了联系。而这100多位同胞的生命,也牵动着全国人民的心。现在的这一时刻,更是牵动着所有人的心,尽管现在已经是深夜00:35了,但是我相信此时此刻有很多人,他们都无法入眠,包括这些八天八夜以来一直救援的所有的搜救队的成员,还有这些被困工人的家属,还有我们所有为他们祈福的人,都在见证着这一时刻的到来。

主播:我们看到现场的画面显示,一名工人正守在这扇门前。当这扇门打开的时候,我们就会见证奇迹的出现。我们在之前的新闻当中也一直跟大家介绍了,这次的救援过程可以说是困难重重,最主要的是面临着两个困难,一个就是这个水量比之前预测的要大得多,井下被困人员用来避险的空间就比较少。同时巷道内的气流也不太稳定,说明底下的气候条件是非常复杂的,生存条件很艰难。另外,这个矿井是一个在建的矿井,井下的地形非常复杂,高低起伏不平处,有多处凹形,凹形地带积了很多水,这部分地带既阻拦了事发时井下人员的撤离,而在救援的过程当中,也是阻挡了救援人员……

【现场画面】救援人员即将升井

记者:我们看到里面的风特别大,可以听到里面救援人员正在呼喊的声音,现在抬着被困人员的担架已经从井下抬出来了……这是第1个……我们听到现场响起了掌声……这是激动的时刻,第2个被困人员也被抬了出来……后边还有……这是第3个,我们看到救援队员脸上洋溢着笑容,这么多天的努力没有白费……这是第4个被困人员正在升井,目前被困人员正在被送上救护车,现场响起掌声……现在第一辆救护车马上就要开走了,另一辆救护车也严阵以待……现在救护通道已经打开,第一辆救护车已经驶离现场,刚刚我们看到被困人员的生命体征状况还是不错的。我们将跟着第一辆救护车继续前行,刚才救援人员说井下9个人都活着。现场所有的人都非常兴奋……

第五章 恪守职业伦理：增强媒体履责的内在动力

2.播出时间：2010 年 4 月 5 日
播出栏目：《新闻直播间》
标题：山西 华晋焦煤王家岭矿透水事故救援
　　　第二批获救被困人员安全升井

图 5-25　《新闻直播间》截图一

图 5-26 《新闻直播间》截图二

3.播出时间:2010年4月5日
播出栏目:《共同关注》
标题:山西华晋焦煤王家岭矿透水事故救援
　　截至目前已有115名被困工人获救

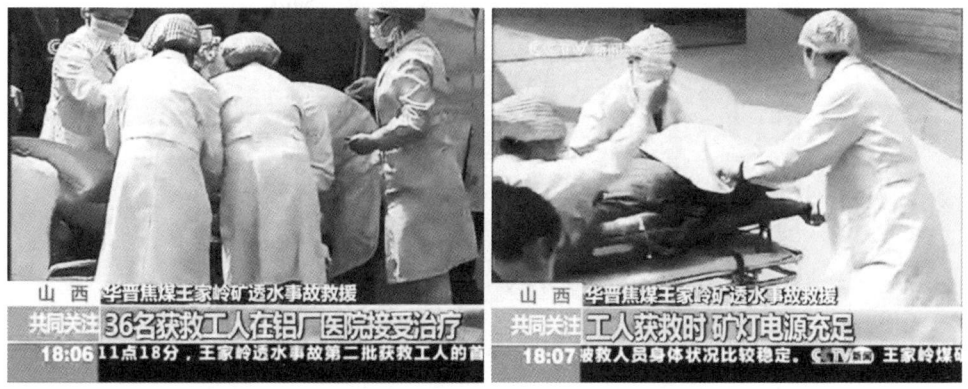

图5-27 《共同关注》截至目前已有115名被困工人获救

五、特别报道

1.播出时间:2010年4月5日
播出栏目:《新闻联播》
(1)新闻特写:为了153位被困兄弟

【导语】
参与王家岭煤矿透水事故抢险救援的人员多达三千多人,是他们的不放弃、不抛弃与被困人员的坚持创造了生命的奇迹。

【正文】记者出镜 张萍
从我旁边走过去的是井下的救护人员,我们在现场发现了一个细节,在井口我们看到一个戴着红色帽子的矿工,他趴这个管子上静静地睡着了,我观察从我上一节连线到现在他一直趴在那儿睡,我想他真的是很累了,目前井上井下参加救援的人都非常疲惫,大家都坚定信念,都在绷着最后一口气,都在绷着一股劲,持续地为抢险救援尽最大的努力。

【正文】
从3月28日下午1点40分,王家岭煤矿发生透水事故那一刻开始,来自汾

◇ 主动作为:新闻媒体推动社会文明进步的实践探索

图 5-28 《新闻联播》新闻特写:为了 153 位被困兄弟

西、霍州、晋煤和中煤的多支救援队伍上百人向王家岭集结,3000 多名救援人员昼夜奋战,每天工作十几个小时,技术骨干三餐吃在井下排水现场。一天、两天,72 小时的黄金救援时间过去了,他们没有放弃;四天、五天,默默的坚守让他们听到了来自井下的生命敲击声,六天、七天,执着的信念让他们终于在第八天与井下被困的兄弟相见。

【同期】救援人员 王根生

我主要是安慰了他几句,遇险人员问我,能不能将我带出去,我们就回答说,只要我们能进来,我们就能安全把你带出去。

【正文】

4 月 5 日,从王家岭矿井口,一个个被困人员的安全升井,是对 3000 多位抢险救援人员最好的回答。

【同期】救援人员

没睡觉,我们好几天了,但是我们感觉很好,我们的心情没法说,我们能把那些工人救出来,太棒了!

(2)医疗绿色通道让获救工人早日康复

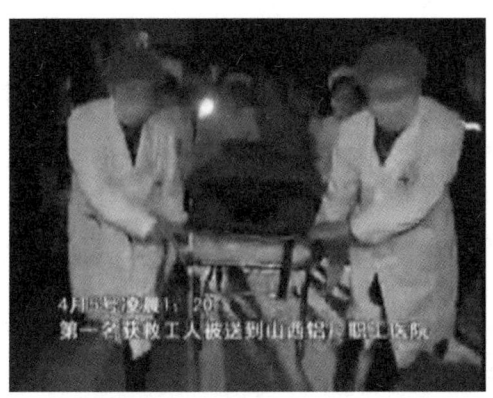

图 5-29 《新闻联播》医疗绿色通道让获救工人早日康复

【导语】

王家岭煤矿115名获救工人升井后,被火速送往附近医院,一条让生命延续的绿色通道,确保获救工人早日康复。

【字幕】4月5日凌晨1:20 第一名获救工人被送到山西铝厂职工医院。

【同期】本台记者 杨松涛

这里是山西铝厂医院,第一名被营救出来的工人现在已经被推上医院三楼的病房(刚刚走下电梯),我们看到他的脸上蒙着遮光布。医生还在继续为他输液,生命的接力棒现在将会交给医院。

【正文】

山西铝厂职工医院是距离事发现场最近的医院。从被救工人用担架抬下车到进入病房,仅用了4分钟左右的时间。

【同期】本台记者 李本扬

要接收被救人员的一共有五家医院,他们的整治救治方案是比较完善的,细化到输液的每一滴速度是多少。

【正文】

各家医院均按提前制定的方案实施救援,按153人全部可以获救,保证做到一人一车,一医一护。医疗救治领导小组制定了井下、坑口、医院和危重症患者4个救治方案。从出坑后的保护措施,到生理盐水漱口、润喉,再到具体检查项目,每一个细节都做了详尽安排。

【同期】本台记者 杨松涛

现在的治疗应该是取得了一定的成果。今天凌晨送到这里的 9 名工人,现在他们的身体体征都非常好,因为他们早晨都喝了米汤,这是他们身体体征转好的标志。

【字版】

华晋焦煤王家岭矿目前获救的 115 名工人被送往

山西铝厂职工医院 36 人

河津市人民医院 49 人

河津市中心医院 30 人

根据就近治疗的原则稷山县人民医院和运城市中心医院随时待命

【正文】

山西省还调集了省内所有的优良医疗资源,山西省人民医院等知名医院被确定为抢救行动的危重症患者救治医院,一旦进入医疗抢救阶段,这些医院将启动突发公共卫生事件应急预案。对煤矿救护非常专业的晋煤集团总医院专家从 2 日开始就 24 小时值班待命。

【正文】

周密的准备、精心的治疗,都是为了确保被救人员早日康复。

(3)新闻特写:救援现场的幕后英雄

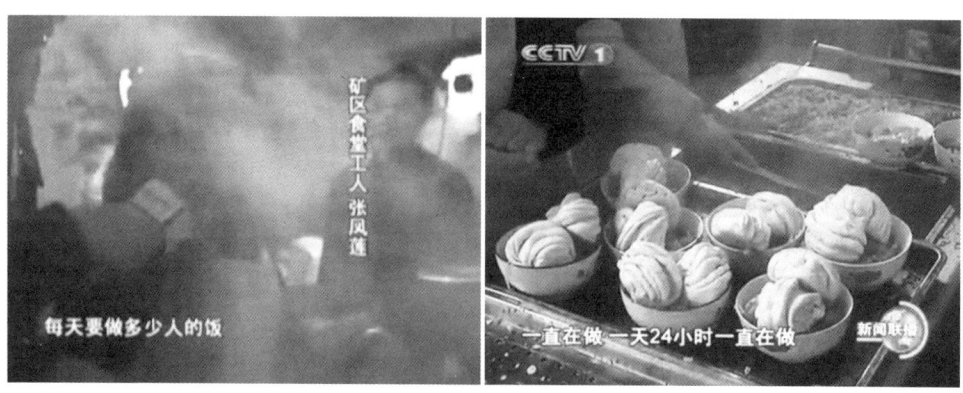

图 5-30 《新闻联播》新闻特写:救援现场的幕后英雄

第五章 恪守职业伦理:增强媒体履责的内在动力

【导语】

一切为了153名兄弟的生命。在争分夺秒的救援队身后,还有一群幕后英雄,正是他们的默默付出,确保了救援工作的顺利进行。

【记者出镜】本台记者 赵旭

在通往打孔现场的路上我们看到,路边的这些土还是湿的,而脚下的路也是非常松软的,实际上从透水事故现场通往打孔现场这条路是这两天为了大型打孔机的进入而紧急开辟出来的。

【正文】

紧张的救援工作昼夜不停,电力保障十分重要。山西省电力公司启动紧急预案,500多名工作人员24小时在电力线路下面蹲守。

【同期】山西省电力公司副总工程师 张兴国

连续下雨,就怕打大雷,或者其他自然灾害造成我们的主供电源中断,为了防止井下失电,我们把发电车调上两部,保证井下救援人员用电。

【正文】

透水事故发生后,数千名救援人员进入现场。为了保障通信系统的畅通,电信部门调来了应急通信车辆默默坚守。

【同期】中国联通山西分公司工作人员 张斗云

自出事那天就来了,一直在这里。原本信号不稳定嘛,放这现在稳定。

【正文】

在救援当中,公安交警和武警官兵不仅负责维护救援现场的秩序,而且还保障了救治生命通道的畅通,使得被困人员升井后,救护车能在最短的时间从矿口抵达医院。

【正文】

为了让参与救援的人们随时能够吃上热乎乎的饭菜补充体力,矿区食堂的职工们不辞辛劳。

【同期】矿区食堂工人 张凤莲

(多少人在这吃饭?)3000人,一天24小时一直在做,辛苦也是应该的,为了抢险嘛。

(4)本台评论:生命的奇迹 救援的奇迹

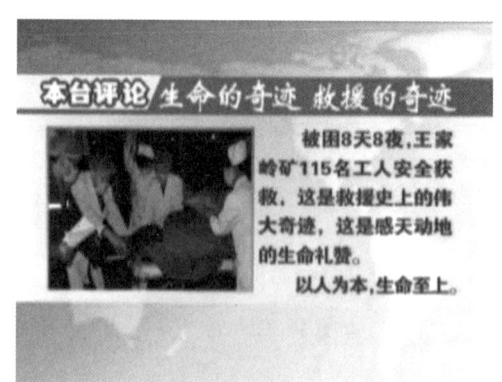

图 5-31 《新闻联播》本台评论:生命的奇迹 救援的奇迹

【正文】

现在播送本台评论《生命的奇迹 救援的奇迹》。

被困8天8夜,王家岭矿115名工人安全获救,这是救援史上的伟大奇迹,这是感天动地的生命礼赞。

以人为本,生命至上。事故发生后,党中央国务院迅速作出部署,调动一切力量和设备,展开生命大营救。国家安监总局和山西省委省政府救援有力有效。不抛弃,不放弃,只要有一线希望,就不惜一切代价。

齐心协力,科学施救。3000名救援大军分秒不停,与死神赛跑,打通了生命通道。全国医疗专家集结现场、日夜守候,153个医疗方案,给每个生命以精心呵护。

有勇有谋,顽强自救。被困工人面对灾难,坚定信念,挺过一个又一个生命极限。

伟大的生命奇迹,惊心动魄的救援奇迹,源于对生命的尊重,彰显国家的大爱和责任,诠释着社会主义大家庭的和谐与温暖。

作品二:《"黄手环"行动》

播出时间:2018年5月13日
栏目:《朝闻天下》
标题:"黄手环"行动
　　　老人走失 "黄手环"助其回家

【导语】

近日,江苏句容的一位老人走失,也是遇到了好心人,通过老人手上的防走失手环帮助他找到了家人。

【正文】

通过监控画面可以看到,这位走失的老人下午3点29分左右进入江苏句容的一个小区,在小区内走了十几分钟后,趴在小区居民董春秀的车上,董春秀和老人交谈后,感觉有点不对劲儿。

【同期】好心人 董春秀

在太阳底下,我说我们找一个(树)荫处坐下来,他就随便坐在地上了。

【正文】

董春秀怀疑老人患有阿尔茨海默病,准备报警时发现老人手上戴着一个黄色手环,上面写着手机号码,于是,她就拨通了电话,与老人的家属取得联系。20多分钟后,老人的家人赶来将老人接走。

老人的孙女郑江旭说,老人今年81岁了,患有阿尔茨海默病十多年。她是在电视上看到了有关防走失手环的宣传,就给爷爷买了一个。

【同期】老人的孙女 郑江旭

我觉得还是要感谢这么多好心人 感觉天下好心人还是很多的! 真心感谢。(如图5-32)

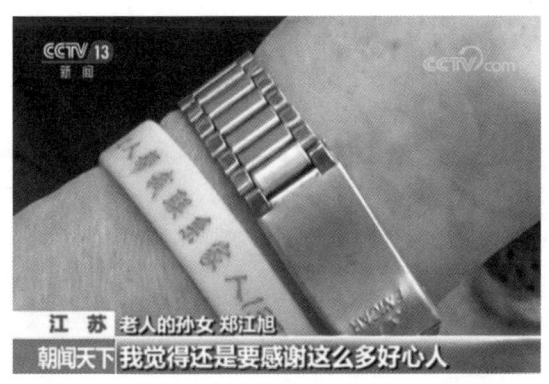

图 5-32　节目截图